课程质量与"三度"建设

隋姗姗　主　编

上海交通大学出版社

内容提要

　　本书围绕如何进行课程"三度"建设展开有益探讨,其中参与讨论的对象既包括学校相关教学管理者,同时也包括一线教师等,这为课程"三度"建设提供了有益的指导价值,也为应用型人才培养质量的不断提升奠定了思想基础。

图书在版编目(CIP)数据

课程质量与"三度"建设/隋姗姗主编. —上海:上海交通大学出版社,2019
ISBN 978 - 7 - 313 - 22878 - 9

Ⅰ.①课… Ⅱ.①隋… Ⅲ.①地方高校－民办高校－教育质量－质量管理－研究－三亚市 Ⅳ.①G648.7

中国版本图书馆 CIP 数据核字(2020)第 021674 号

课程质量与"三度"建设
KECHENG ZHILIANG YU "SANDU" JIANSHE

主　　编:隋姗姗			
出版发行:上海交通大学出版社		地　　址:上海市番禺路 951 号
邮政编码:200030		电　　话:021 - 64071208
印　　制:当纳利(上海)信息技术有限公司		经　　销:全国新华书店
开　　本:710mm×1000mm　1/16		印　　张:14.75
字　　数:263 千字		
版　　次:2019 年 12 月第 1 版		印　　次:2019 年 12 月第 1 次印刷
书　　号:ISBN 978 - 7 - 313 - 22878 - 9		
定　　价:68.00 元		

编　委　会

主　编

隋姗姗

副主编

于淑波　李晓倩

编　委（按姓氏笔画排序）

丁学用	王　丹	王　涛	文四立	尹　萍
田言付	冯汝常	皮永华	任丙南	刘雅斌
刘翔宇	孙文福	李卉妍	李晓伊	杨玉英
杨　扬	杨　帆	吴兰卡	吴亚男	吴晓淇
汪　源	宋　焱	张善斌	张慧芳	张慧鑫
陈小勇	陈　博	周显春	孟　翊	胡冬智
高一兰	唐蔚明	黄晓野	傅　萍	鲍富元

前　言

　　"十三五"期间，围绕提升学生竞争力、促进学生成长成才、提高学生的学习能力和学业水平，三亚学院的教学工作持续聚焦课程建设，在课程体系对标"五种品质"、课程大纲国际化、精品课程网络化、核心课程小班化等方面进行了连续的、系统的教育教学改革。

　　2018年8月，教育部印发《关于狠抓新时代全国高等学校本科教育工作会议精神落实的通知》，提出合理提升学业挑战度、增加课程难度、拓展课程深度，切实提高课程教学质量。同时，三亚学院新生生源结构和学生学业需求的变化也加深了学校对于课程质量建设的紧迫感和使命感。因此，为积极回应时代要求、响应内部需求，有效实施学校"以学生为中心"的发展战略，学校紧扣提高课程质量目标，持续聚焦课程建设，2018年9月，决定推动课程饱和度、深度和学业紧张度建设（以下简称课程"三度"建设）。

　　在课程"三度"建设中，学校始终坚持以下原则与思路：

　　首先，坚持质量核心，"早""新"为先。课程"三度"建设的核心是课程质量的提高，要在课程的信息量、学科观点、专业理论和方法上下功夫。一方面，起步要"早"，做到知识先知、饱和度先受益、方法先学、应用价值先体验；另一方面，方法要"新"，强调在"专业知识架构的系统性"条件下的"新"，即"新观念、新观点、新内容、新方法、新技术"，突出早学、学新、学得有用。

　　其次，坚持系统设计，管理同步。在教学管理安排上，设计系统性行动，系统支持课程"三度"建设，包括教学的系统性和教学配套的系统性。教学的系统性以课程大纲为载体，由相关任课教师按学校统一的建设标准设计完成；教学配套的系统性，由学校主导设计、学院安排，为学生组构无缝衔接的有饱和度、深度和紧张度的"四年学业拼图"。

　　再次，坚持"加减"有度，精细存量。在课程饱和度、深度及学业安排紧张度方面做"加法",加大专业核心课的学分。同时也要做"减法",一是精细学分存量,学分适度减少,提高学分要求;二是在课程以外的活动上做"减法",适度减少课程以外的校园活动,确保师生能够集中精力专注于课程"三度"建设。

目前,根据"鼓励积极,先行先试,分批建设"的建设思路,学校分两个阶段进行课程"三度"建设,其中"十三五"的后两年(2018—2020)为试点建设阶段;"十四五"初期(2021—2022)为推广阶段。

本书收录了三亚学院各级教学管理者、一线教师等对课程"三度"建设工作的阶段性探索总结,它对进一步扩大共识、深化课程改革有较好的促进作用,同时也为相关高校的课程建设提供了借鉴参考。

编　者
2019 年 10 月

目　录

"三全、四有、五驱动"课程"三度"建设 全方位撬动人才培养模式改革

　　课程建设与改革是近年来各级教育部门和高校工作的重点,在此大环境下,三亚学院将教育教学工作的重点持续聚焦在课程建设上,适时提出了课程饱和度、深度和学业紧张度的课程"三度"建设计划。本文在梳理课程建设时代背景的基础上,提出了课程"三度"建设在宏观层面上的全员参与、全课程覆盖、涉及全部教学过程的"三全"育人;在微观层面上的教学内容具有前瞻性、时代性,教学模式具有先进性、互动性,学习过程具有适度性、持续性,学习结果具有探究性、实践性的"四有"育人;在保障层面上的领导带动、政策催动、多方联动、资源推动、监控撼动的"五轮"驱动。

　　高等教育改革是提高人才培养质量的关键,以往的教学改革主要涉及的是人才培养方案、专业等,但对"最后一公里"的课程教学缺乏有力的改革措施。近年来,各级教育主管部门、各类高等学校都将课程建设提到教育教学改革的重要议程上,课程建设从边缘开始走向中心,改革进入了课堂层面的"深水区"。三亚学院顺应教育教学改革的大趋势,通盘谋划,审慎决策,提出了课程饱和度、深度和学业紧张度的课程"三度"建设,课程"三度"建设对三亚学院来说,既是"深水区"也是"无人区",无历史经验也无别人经验可借鉴,如何持续演好课程建设的这部"连续剧",需要我们三亚人持续不断地探索和努力。

1. 课程建设的时代背景

　　盘点 2018 年,中国开启了本科教育的新时代:2018 年 1 月 30 日,教育部发布《普通高等学校本科专业类教学质量国家标准》,这是向全国、全世界发布的第一个高等教育教学质量国家标准。6 月 21 日,教育部在四川大学召开了改革开放 40 年以来的首次会议——新时代全国高等学校本科教育工作会议,会议确定了本科教育的基本方针、发展路径和重要举措,强调要坚持"以本为本",推进"四个回归"。

为贯彻落实会议精神,8月22日,教育部出台了《关于狠抓新时代全国本科高等学校本科教育工作会议精神落实的通知》(教高函〔2018〕8号),全面整顿本科教学秩序,淘汰"水课",打造"金课",取消清考,切实提高课程教学质量。9月10日,国家召开了具有划时代的里程碑意义的全国教育工作会议,确立了中国教育"新三步走"战略。10月17日,教育部印发了《关于加快建设高水平本科教育 全面提高人才培养能力的意见》(简称"新时代高教40条")(教高〔2018〕2号),就建设高校本科教育提出了改革思路和具体举措,要求高校牢牢抓住全面提高人才培养能力这个核心点,把本科教育放在人才培养的核心地位、教育教学的基础地位、新时代教育发展的前沿地位。随后,教育部决定实施"六卓越一拔尖"计划2.0,计划中指出,办好我国高校,办出世界一流大学,人才培养是本,本科教育是根。

课程是人才培养的核心要素,是实现学校教育目标的基本保证,对学生的全面发展起着决定性作用,学生从大学里受益最直接、最核心、最显效的是课程。课程虽然属于教育教学中的微观问题,但却是关乎教育中最根本的、最重大的培养人的宏观大问题,是体现"以学生为中心"理念的"最后一公里",是真正落实人才培养根本任务的具体化和操作化。课程教学作为大学教育活动的核心环节,是教学的主阵地、主渠道、主战场,是撬动全方位人才培养的重要举措,谢和平院士曾说过:"小课堂可以折射出大世界,引领学生做大事情,在人才培养改革中起大作用,实现大作为。"因此,提高本科教育质量,课程改革是重要抓手。目前国内很多高校都将教学改革的关注点落在课程上,2018年12月27日,教育部发布《关于批准2018年国家级教学成果奖获奖项目的决定》(教师〔2018〕21号),四川大学谢和平教授牵头的"以课堂教学为突破口的一流本科教育川大实践"和华中师范大学杨宗凯教授牵头的"深度融合信息技术的高校人才培养体系重构与探索实践"获得国家级教学成果特等奖。这两个教学成果都是课程方面的,前者属于线下课程,后者属于线上线下混合式的课程,彰显了国家对课程教学改革的重视程度和迫切性。

三亚学院历来是教育教学改革的先行者、探索者、引领者。近年来,三亚学院围绕本科人才培养的根本目标,把教育教学改革的目光持续聚焦在课程上,从课程体系对标"五种品质"、国际标准教学大纲,到小班化课程教学、一师一课程等,都是深化课程教学建设与改革的举措,对提升人才培养质量有着显著的效果。2018年,学校顺应新时代教育教学改革的大趋势,响应海南省自贸区的大环境,适应新生招生质量提高的新要求,适时启动了课程"三度"建设计划。

2. 课程"三度"建设的"三全"育人

"三全"育人,即课程"三度"建设在宏观层面上要强调全员参与、全部课程覆盖、涉及全部教学过程。

2.1　全参与

"全参与",即课程"三度"建设需要全校教职员工、师生共同参与。

课程建设是一个开放的系统工程,不是教师与学生的独角戏,不单单是教师和学生的事情,也不单单是教学部门的事情,是一个涉及全校教职员工的事情,需要全校广大师生职员的广泛参与。因此,应打破课程"三度"建设封闭、单一的思维模式,当作全校的一个大合唱来演奏,依靠各方共同合作来完成。要从顶层设计、教师的教、学生的学、其他部门人员的配合等方面一起努力,各方人马应合理归位,各显神通,各部门要同频共振、上下联动,共同唱响这首歌。教师与学生理所当然是这首歌的主唱,主唱不出声或唱不好,其他人再努力也唱不出一首好歌。因此,教师和学生在思想观念上应充分认识课程"三度"建设的重要性,在行动上要积极主动地参与到其中,对课程"三度"建设有思考、有行动、有研究、有建设性建议,真正按照学校课程"三度"建设的路径要求,克服畏难情绪和抵触思想,转变原有教学中教师和学生浑浑噩噩混日子、轻轻松松上课、轻轻松松拿学分毕业的大学生活,教与学均有所得、有所益,真正实现教学相长。当然,这不是一蹴而就的,会触及部分教师和学生的原有"利益"或"好处",会造成一定程度的抵触,我们应做好充分的思想准备和应对措施。对其他员工来说,课程"三度"建设尽管不是主角,但也绝不是与己无关,学校每一个职工的工作都有可能涉及课程"三度"建设,比如学生工作、科学研究工作、人事管理工作,甚至后勤管理工作等等,因此每个人都应该了解学校的课程"三度"建设,在工作中支持课程"三度"建设。

2.2　全覆盖

"全覆盖",即课程"三度"建设覆盖人才培养方案中的全部课程。

优化设计一个专业的课程体系是人才培养的重要一环,专业培养目标就是由每一种类课程及每一门课程组成的课程体系来共同实现的。培养方案中的任何一门课程、任何一类课程在整个本科人才培养课程体系中,都有着独特的地位和功能。若把一个专业的培养目标分解为知识、能力、素养等一系列的子目标作为一个维度,把这个专业所有的课程作为另一个维度,建立课程矩阵,通过两个维度的关联考察各门课程与目标体系的相关性,可以看出每类、每门课程都将对学生的知识、能力、素养的培养起着举足轻重的作用。通识教育类课程着重培养学生的人文、科学素养;专业类课程着重培养学生的专业理论、知识和技能;实践类课程着重培养学生的创新、应用能力。每类课程在人才培养中的地位和功能既相互独立又相互关联,缺一不可。因此,课程"三度"建设不仅仅是某几门课,或某类性质的课程,而是必须覆盖人才培养方案中包括通识教育课、专业课、实践课以及必修课、选修课等在内的全部课程,以期达到人才培养的总体目标。当然,基于各种条件,我们可以先行试点,然后在总结经验的基础上逐步扩大,在具体操作上可以先专业课、后通识课,先必修课、后选修课,最终覆盖全部课程。

2.3 全过程

"全过程",即课程"三度"建设涉及课前、课中、课后等教学环节的全部过程。

首先,教师应在课前向学生提供导学方案,内容可包括学习主题、学习目标、学习内容、学习要求、学习方法、学习自测题和思考题等。学生应提前预习下节课的各个知识点,找出其中的重点和难点,对教师提出的问题进行初步思考,以便带着问题去听课。其次,教师应做好课中教学设计,课程设计一方面要提前规划好本节课需采用的教学方法、教学手段等,另一方面还要做好整节课的教学组织,包括如何开头、讲解哪些知识点、如何结束等。整节课应完整,有始有终,防止像"脱了缰绳的野马",随心所欲地乱讲一通,导致在教学进度上前松后紧,无法完成教学大纲规定的全部教学内容,学生接收的知识体系不完善。一般来说,每节课的开头应有问题导入,中间主体讲课部分对新知识的讲解要深入浅出,逻辑思维清晰,重点难点突出,结尾部分应有归纳总结,并留下课后思考题和阅读书目。最后,教师应在课后对本节课讲授的内容进行总结,反思本节课教学中满意的、可取之处以及需要改进的地方,并及时记录下来。学生应进行课后复习,巩固本节课的知识,阅读相关书目,思考教师布置的题目,完成作业。

3. 课程"三度"建设的"四有"育人

"四有"育人,即课程"三度"建设在微观层面上要强调教学内容具有前瞻性、时代性;教学模式具有先进性、互动性;学习过程具有适度性、持续性;学习结果具有探究性、实践性。

3.1　教学内容具有前瞻性、时代性

课程教学不是简单的知识传授,而是知识、能力与素质的结合,这就需要教师不是简单地传递课程内容,而是要在超越教材、超越原有知识的基础上,将本学科最前沿、最能反映现代社会先进思想和先进技术的知识传授给学生。

目前,制约教学前瞻性和时代性的一个原因是一些教师的学科素养较为薄弱,不能熟练地驾驭所教课程的前沿知识。教师的学科素养可分为纵横两个维度,纵的维度是教师对不同历史阶段学科知识的理解与把握,横的维度是教师对当代社会最新理论与技术的掌握与应用,纵横两个维度构成了课程"三度"建设在教学内容上的前瞻性和时代性。"打铁还需自身硬",教师只有在纵横两个维度具备了良好的学科素养的基础上,才能以一种更高的视角审视所教的课程内容,才能对现有课程内容进行必要的补充、融合、拓展。制约教学前瞻性和时代性的另一个原因是教师在课堂教学中基本上只讲一本教材,被人叫作"一本书"的大学。一般来说,整个知识领域是无限的,而教材内容是非常有限的,多门学派、多家理论很长时间的学术积累在一本教科书中无法全部呈现,况且教材出版具有一定的滞后性,教材出版时,其内容已落后于学术界前沿的成果和时代发展的脚步。因此,课程"三度"建设要打破传统的"一本书"形式,采取"教材+阅读书"的形式,通过读书来增长见识,拓宽视野,打开思路,认识和探索未知世界。

3.2　教学模式具有先进性、互动性

在信息技术快速发展的今天,传统教学模式受到前所未有的冲击和挑战,信息技术越来越多地改变着教育教学的形态,改变着师生的教学方式和学习方式,使得教学模式具有先进性和互动性。

目前,计算机技术、网络技术及大数据技术等现代信息技术的快速发展推动着信息技术与课堂教学的深度融合,正在倒逼教师教学模式的改革,比如"互联网+"教育催生的在线开放课程、线上线下混合式教学、翻转课堂等的迅速发展,改变了原有的教学形态,这些课程的"建、用、学",从国家层面上来说是可推动高等教育质量提升的"变轨超车",从学校层面上来说是课程"三度"建设的重要内容。这些由信息技术与课堂教学的深度融合所带来的新型教学模式,首先体现了教学手段的先进性,颠覆了传统教学中老师讲学生听的"满堂灌""填鸭式"的教学方式,促进了教学模式由"以教师为中心"向"以学生为中心"转变。其次可实现教师与学生的互动,在课程实施的过程中,利用现代化的教学手段更加容易实现教师与学生之间的积极

互动,通过教师引导下的线上线下小组讨论实现生生互动、师生互动,把沉默单向的"讲述症""静听症"课堂变成开放互动的课堂,变成碰撞思想、启迪智慧的互动场所,让学生主动地"坐到前排来,把头抬起来,提出问题来",让课堂转起来、学生动起来。

3.3 学习过程具有适度性、持续性

教育是有人性的教育,是有温度的教育。课程"三度"建设的"度"如何合理把握,是我们应该研究的重点。"度"亦有"度","三度"的"度"是适宜的"度"、合理的"度"。课程"三度"不是简单的量上的增加,不是简单地增加学生的学业压力、提高"压力指数",而是质上的更高要求,要实现学生主动学习,提高学业成就。课程"三度"建设不是要"教师为难学生",而是要以学生为中心、结合学生需求开展,是让学生主动、积极参与,因此教师应了解学情、分析学情,在课堂教学的深度、广度、难易度、阅读与作业量等方面都应该符合学生的实际情况,让学生"跳一跳能够得着",而不是"断崖式"地拔苗助长。

保持课程"三度"建设的适度性、持续性,需要从教师端、学生端和考试端三个方面进行。首先,从教师端来看,教学内容要循序渐进,由浅入深,由记忆、理解、应用的低阶认知能力逐步增加至分析、评价、创造的高阶认知能力。其次,从学生端来看,要积极引导学生增加课堂内外的学习投入,让学生快乐并积极地学习,让学生自主、自愿地投入学习。一方面要引导学生课堂内全面投入学习,解决学生上课玩手机、说话、睡觉、发呆等现象;另一方面要引导学生课堂外投入更多精力学习,根据学生的能力和可接受度布置阅读文献和写作题目。阅读和写作要与课堂教学相结合,形成一个整体,实现学习的课堂内外闭环。最后,从考试端来看,对学业成绩的考核应是多要素的,这种考核既要关注学生的低阶认知能力,也要关注学生的高阶认知能力;既有终结性考核,也有过程性考核。各要素分值所占的比例要合理,考核分值的设置既要体现相当比例的低阶学习测试,也要体现相当比例的高阶学习测试。要改变过程性考核缺乏合理的依据,考核规则执行不严(主要体现在考试信息提前泄露,补考、缓考放水严重等方面)的现象。要制定明确的评分规则,禁止划重点等透漏考试信息的行为。

学业考核是学生学习方式的牵引,应将考核方式由传统的以终结性考核为主转变为以平时的过程性考核为主,通过学业考核,督促学生全过程参与学习,改变"平时不烧香,临时抱佛脚"的应付期末考试的现象;改变单一标准化考试导致的死记硬背式学习,让学生在深度理解的基础上获得高阶认知能力;明确平时成绩的计分方法与评分细则,并将其提前告知学生,让学生养成依靠平时积累获得最终成

绩,而不是靠期中、期末一两次考试确定最终成绩的良好学习习惯,以此保证学生学业持续紧张、课程"三度"建设持续推进、教学质量持续改进。

3.4　学习结果具有探究性、实践性

学习结果应具有探究性。课程"三度"建设的实施不是简单地告诉学生什么是对的,什么是错的,而是培养学生去探究未知的世界,激发学生的想象力,培养批判思维和独立思考能力。社会经济的发展向高等教育提出面向未来的要求,这就要求我们在教育理念上要尊重学生在教学活动中的主动性和主体地位,实现从以"教"为中心向以"学"为中心转变,从"讲授模式"向"学习模式"转变,从"以教师为主"向"以学生为主"转变;在教学内容上要尊重学生对知识的自我选择和自我建构;在教学方法上要改变传统的灌输式教育,让学生去探究知识、建构知识。课堂上教师应该为学生提供批判性思维、探索未知世界的机会,要把课堂变成一个智慧的场所,变成一个思维碰撞的舞台。

学习结果还应具有实践性。"三度"课程的实施要以实践应用为落脚点,以培养学生的能力为主要目标。学生在实践活动中,易于掌握课程知识点的技能技术,获得分析调查、处理信息的能力,提高独立解决问题的能力。教师应鼓励学生参加各种社会实践活动,通过实践活动引导学生关注课堂内容之外的知识,把握知识与实际问题的联系,并尝试知识的具体应用,培养学生好奇、质疑、想象、批判等卓越的思维,让学生更多地关注国家社会生活和个人生活体验,关注周边生活,重视课程知识的运用,享受学习课程的乐趣,享受学习过程中的情感体验,增强学生的社会责任感、创新精神和实践能力,真正让学生学而有得、学而有思、学而有益、学而有用。

4. 课程"三度"建设的"五轮"驱动

"五轮"驱动,即课程"三度"建设的实施需要领导带动、政策催动、多方联动、资源推动、监控撼动,这是课程"三度"建设的保障。

4.1　领导带动

课程"三度"建设必须统筹兼顾、把握重点、整体谋划,注重系统性、整体性、协同性。领导在其中应发挥好参谋部、咨询团、指导组、推动队的作用。各级领导都要高度重视课程"三度"建设工作,做课程"三度"建设的带头人。学校领导是课程

"三度"建设总体思路的顶层设计者,谋划课程"三度"建设的大略,指导学院、师生的课程建设;学院领导应在学校课程"三度"建设的大框架下,充分调研,依据学院学科专业和师生的实际,研究、探讨和制订本学院课程"三度"建设的实施方案和计划,并亲自建课,亲身参与到课程"三度"建设中,起到表率和示范作用。

4.2   政策催动

课程"三度"建设需要有一个包含建设思想、原则、要求、进程及评价指标体系在内的总体设计,以统领学校课程"三度"建设的总体方向,达到预设的目标,所有这些都需要学校颁布有关课程"三度"建设的政策。自实施课程"三度"建设以来,学校相继出台了《三亚学院课程"三度"建设指导性意见》(三亚院教字〔2018〕57 号)、《三亚学院课程"三度"建设推进方案》(三亚院教字〔2018〕70 号)等文件,对课程"三度"建设起到了推动和指导作用,从而统一课程"三度"建设的步调进程、指标要求等,引领课程"三度"建设达到"视域融合",形成共同目标引领下的"众志成城",不至于使课程建设出现"各自为政""一盘散沙"的情况。当然,课程"三度"建设还需要走向统一基础上的"百花争鸣",各学院应根据自身的实际情况和需要,制订符合院情、专业情、学情,特色鲜明、目标明确、路径清晰的方案,精细化地指导本学院的课程"三度"建设。

4.3   多方联动

课程"三度"建设没有旁观者,都是建设者。教务处、教学质量监控处、学生处、学生中心是课程"三度"建设的政策制订、指导服务、监督评价的管理与服务部门,各个二级学院是课程"三度"建设的政策细化与执行、业务指导与检查的管理与服务部门,教师与学生理所当然的是课程"三度"建设的实施者。各方对课程"三度"建设的认识要高度统一,熟知课程"三度"建设的政策体制,明确自身在课程"三度"建设中的功能定位,探索研究课程"三度"建设的运行机制,学校和学院、教师与学生应多方联动、上下联动,调动各方的积极性、主动性和创造性,不断提高教学质量。

4.4   资源推动

课程"三度"建设还需要有相应的人力、物力、财力等配套资源的推动和配合。教师是课程"三度"建设的实施者,是教学之魂,是所有教学资源贯穿、集成和系统化应用的核心。教师作为课程"三度"建设的重要人力资源,其数量和质量都决定着课程"三度"建设的成功与否,因此,应建设一支具有一定规模的、业务过硬的师资队伍。物力资源包括图书资料、实验室、教学设施等,其中学校图书馆和学院资料室应积极支持配合课程"三度"建设,提供的图书资料应能基本满足学生课外阅读书目的需要。财力资源是学校和学院为课程"三度"建设投入的资金,包括学校管理部门的研究费用、学院和专业的组织实施费用、对教师投入增加的补助费用等。所有这些都为课程"三度"建设提供了有力的物质资源保障。

4.5　监控撬动

课程"三度"建设还需要发挥监督评估的撬动作用,使得课程"三度"建设的各项政策有始有终,形成闭环。一方面要完善督导评估机制,形成动态监控、定期评估和专项督导相结合的监控体系,使监控常态化、多元化。另一方面要强化监控的诊断功能。监控分事前、事中、事后,应强调监控的诊断功能,也就是说,监控是为了"治病救人",而不是为了惩罚人;是为了更好地分析问题所在,找到解决问题的"良药",以促进课程"三度"建设更好地进行;是为了震撼和警醒课程"三度"建设的组织者和实施者,确保课程"三度"建设的持续长久发展和教学质量的持续提高。

（教务处　于淑波）

关于商法课程"三度"建设的几点思考

2018 年秋季学期,三亚学院校长陆丹教授针对教学的关键环节,提出了课程"三度"建设的问题,一石激起千层浪。随后,全校教师热烈地参与讨论,积极申报教研教改题目的立项,学校在出台相关"三度"课程建设推进方案的同时,还通过召开教师座谈会、研讨会、经验分享会等形式,对不同课程"三度"建设给予相应的引导和规范。

所谓课程"三度",指的是课程的"饱和度""深度"和"紧张度"。前二者是针对课程本身的,要求的主体和对象显然是教师,后者主要针对学生的学习环节,要求的主体和对象当然是学生。长期以来,大学教育之弊常常表现为"学校中心""教师中心",无论名校还是普通高校,鲜少真正做到把"学生中心"不仅仅作为理念,并且把这一理念贯彻到教学过程的全部环节的。

此次校长首倡的专业课程"三度"建设,重新确定了高等教育"以学生为本"的教育理念,把学校人才培养,尤其是对学生的全方位关注、课程建设的软硬件投入、教学管理的改革、考核方式的丰富和完善、教学效果评估体系的重新构建等,重新放到本应有的最重要的位置,功莫大焉,善莫大焉。

商法课程是法学专业十六门核心课程中的一门,该课程在国内大学开设得比较晚。大致有这样几个方面的因素。

第一,从中国的历史和现实来看,中国的商事活动不仅不活跃,规模及影响也不及同一时期的其他资本主义国家。而商法本身从它产生之初就是规范商主体及商行为的,缺少了现实生活的需求,没有大量频繁发生的商行为,商法的不发达就是必然的现象。而商法作为一门课程,开设更加滞后,就是一个必然的结果。

第二,一些学者认为,近代商法起源于古罗马法。更多学者认为,近代商法开始于中世纪。并且很多国家立法时采取"民商合一"的体例,商法被包含在民法中,其重要地位没有完全凸显出来。与之相对应,高校课程的开设在很长一段时间内,也一直是将民法学课程与商法学课程合二为一,与中国民商法"民商合一"的立法体例、观念及处理上也基本是一致的。

中国的商品经济及市场经济在 20 世纪 80 年代以前不发达是不争的事实,与之相应,不仅民法不发达,商法更是如此。商法学作为高校法学专业的课程,以及其后由普通课程升格为核心课程,都是晚近的事情。

尽管民商法的基本原则从大处说是一致的,但与民法相比,商事主体及商行为的特点,决定了商法有它自身的规律和发展特殊性,仅就原则来看,更注重强调商事交易的安全和效率。商法课程"三度"建设首先要求我们要明晰商法这门课程本身的特点。

1. 商法课程的特点

1.1 技术性规范多、实践性强

商事规范大多来源于中世纪的商事习惯,这主要基于其结合商事活动的实际需要,将大量的市场行为习惯和规则、公司企业组织行为及一些管理规则上升为法律的过程。其主要目的在于为商事主体的营利性活动提供普遍遵守的、具有强制性效力的规则,以提高商事交易效益,维护商事交易安全。商法学也因此具有很强的应用性、实践性。

据此,商法学课程的讲授应注重其实践性、技术性。商事活动与一般的民事活动不一样,它不那么贴切人们的现实生活,它更加注重商主体之间交易的效率,因此,商事交易规则包含较多的技术性规范,而这些技术性规范通常较为抽象、难懂。比如,海事海商案件中的共同海损、票据(汇票、本票与支票)的行为无因性、公司证券的发行及交易、公司及企业破产及重整程序等,仅凭人们日常生活常识及伦理知识是很难理解的,这就要求学生对典型交易中的商行为具有更贴近其本义的理解,而不能仅凭个人的生活常识想当然地下结论。培养学生依商法思维模式思考、分析和解决问题的习惯,将成为教学环节中的重要一环。

1.2 与学生的日常生活联系不紧密

商法所调整的商事法律关系、规范的商事行为均是典型的市场经济活动,对大学校园中尚未步入社会、参加工作进入职场的在校大学生而言,深入接触、准确了解并把握商事交易活动的机会很少,生活实践体验不足,且商事规范更多的是技术性规范,晦涩难懂,很难像伦理性规范较多的民法、刑法等课程那样,通过代入感去体验学习。因此学习难度自然比较大。

1.3   理论体系基本源自民法

民法、商法均为私法,民法是基础,商法中的理论、制度基本源自民法。开设商法课程之前,学生通常已完整、系统地学习了民法的理论知识体系,初步具备了商法基本理论制度的知识储备和法律思维,结合商法技术性规范多、实践性强的特点,对商法的教学深度应不同于民法教学,应更注重对学生商事行为实际操作观念和技能的培养。

商法课程以上几方面的特点,也是商法课程的教学难点,基于此,商法课程的深度不宜超出教学大纲要求或教材过多。

2. 当下商法授课中存在的问题

2.1   以讲授式教学为主导的教学模式难以激发学生的学习主动性

讲授式教学是一种以教师讲述为主、系统传授学科知识的方法,该种教学方式以教师为中心,学生被动接受学科知识,其教学过程呈现从教师到学生的单向性特点。该种教学方式使得授课者能够在规定的学时内同时向多人进行知识信息的传授,完成教学任务效率相对较高。讲授式教学作为一种单向的知识传授方式,难以激发学生的学习兴趣和积极性,学生的主动参与性不足,学生只是为了考试而学,学习效果相对较差。因此,应转变教学理念,以学生为主体,调整教学方法,可以采取小组讨论式教学法、案例教学法、研究式教学法、情景式教学法、课外实践教学法等。

2.2   授课教师缺少司法实务经验

就商法本身来说,是极具技术性和实践性的一门课程,具有与市场经济社会的商主体及商行为联系十分密切的特点,其自然会对授课教师实务经验有较高的要求和期待。先通过备课及授课的反复确认和明晰过程,授课教师有一个重要的职责:必须把理论知识与实践技能打通,进而使学生对所学知识也能够融会贯通。了解并熟练掌握商法理论知识,与运用商法知识及理论去分析解决商法中的实务问题,是学生学习的两个完全不同的阶段。第二阶段是对第一阶段所学商法学内容的内化与提升。俗话说"纸上得来终觉浅,绝知此事要躬行",作为传道授业解惑的老师,缺少从事商法实务的经历,教授的商法理论知识就是纸上谈兵,对讲授内容的理解没有深度,课堂教学就难以做到游刃有余,对相关商法理论问题也就难以引导学生进行全面探讨、掌握并深入剖析。因此,作为该商法课程的授课者,须具备合同的签订与履行,公司法务、商事纠纷和争议处理等基本问题处理的经验,了解并熟悉公司设立流程、公司治理结构、公司的运营、股权设置、公司解散及公司清算等实务,方能在授课环节深入浅出、具体生动、理论实践相结合,从而激发学生学习商法的强烈兴趣,引导学生进入商法课程学习的自由天地。

2.3 实践教学投入不足

如前所述,商法学课程的特点是实践性强,自觉地通过课堂教学环节反复强化实践教学的价值,是商法教学目标的题中应有之义。然而最为常见的实践教学之一的案例教学方式存在案例脱离实际和缺乏优质案例教材等很多问题。课堂教学因为课堂授课时间的限制,实践教学方法较为单一,具体表现为把司法考试真题或较为简单的案例作为思考题目并让学生们反复练习。通常,因为考核对象的不一,司法考试真题或案例分析题所选取的案例材料往往脱离实际,基于其是为考查知识而非技能进行的专门命题,基本没有考虑体现真实的商事交易过程、商事交易的内容、商事争议等原生态司法素材。通常,真实司法案例的情况往往更为复杂,分析原始素材、定性法律关系、提炼争议焦点、列出诉求、组织证据等,这一系列的思维训练是将学生所学知识转化为应用能力不可或缺的教学环节。因缺乏原生态司法素材和高质量的案例教材作指导,致使案例教学质量不高,达不到预期效果。

更为重要的是实验课程设置、课外实践教学等商法实践教学环节,但因目前我校课程设置和教学资源匮乏,尚难以实现,希望引起足够的重视并得到应有的解决。

2.4 师生交流互动比较少

传统的授课方式在课堂上占有绝对的统治地位,演讲式授课方式历史十分悠久,自有它不可比拟的优越性,但也有明显的缺陷。大学教学工作,从未停止过对教学方式的探讨及互动方式的增加。"苏格拉底互动式"教学法采用一问一答的互动方式,引导师生同时思考,同时抵达那个更"真"的答案。对于商法学课程这种技能要求高、实操性强的课程,教学环节中学生的参与度、参与方式、互动交流的频次等,都将变得特别重要。

3. 商法课程的教学目标

商事思维和商事行为技能的培养,针对学校学生的毕业就业方向,商法教育不仅要讲授商法体系知识,更要培养学生的法律实务能力。我们培养学生的目标主要是具有广泛的法律知识并能运用法律解决实际问题的法律实用性人才,而不是法律研究性人才。现今的法学专业本科生普遍缺少对商事活动中法律知识、结合经济知识及其他相关知识的实际运用能力,而实务中要求毕业生能准确理解法律,且可以将法律知识储备转化为生产力,以解决问题为导向,为公司企业增效,并帮助其规避实际存在的大量法律风险的操作能力。

频繁并且经常发生的营利性商事活动,强调学生不仅要了解商事争议的处理,以及选择用仲裁还是诉讼处理争议的优缺点,还应当教会学生能够熟练运用商法知识为公司企业规范章程、防范商业风险、追求经营效率,其应具有效益思维、规则思维和安全思维。因此源于商法课程及其调整对象的独特性,商法的教学活动不应仅仅传授商事规范知识,更应锻炼思维,培养学生的商事思维和商法技能。

4. 商法课程三度建设路径

4.1 课程设置

开设商法实验课或在已有的商法课程教学学时中加大实验课比重。

开设商法实验课,应与商事实践相联系,增加综合性、开放性的商法实验课程的时间,通过实践加深学生对商事规范与基本制度的理解,培养学生的商事思维,提升学生分析和解决实际商事问题的能力及水平。基于以上目的,商法实验课的设计主要包括商事主体设立及变更、商主体内部管理制度的制订、商事合同的审查、商事行为的规范、商事诉讼、商事仲裁等。

具体落实操作:与三亚中小企业联合会等协商,学生以个人或小组为单位给会员单位提供法律服务,熟悉企业设立登记流程;锻炼法律文书制作能力,为会员单位起草、修改公司章程、股东合作协议、公司业务方面的合同等。

4.2 教学方法——案例、实践教学

教学方面突破传统的教学模式,将教学的方向锁定为为生活、为实践服务。

1）案例教学

（1）案例选择。根据教学内容选取合适的案例。鉴于商法学与市场经济联系的紧密性，该课程应结合实际，选择与市场经济具有紧密联系及重大影响的典型案例，这些案例基本涵盖了商主体、商行为、商事管理、股权、保险、破产等重要知识。

（2）课前准备。课前（至少一周），任课教师应布置好案例题目和讨论题目，并为学生推荐相应的预习阅读的资料文献。学生可自行分组，每组6～8人之间，学生根据老师布置的案例题目或讨论题目，并围绕争议的重点，查阅资料，列出分析讨论的提纲，准备下一周的课堂讨论。

（3）课堂讨论与教学。由老师组织讨论。讨论时由1～2个学生作主题汇报，其他学生参与到提问与评论环节中，老师主要把控节奏，对学生进行引导、鼓励和调动课堂气氛。教师总结学生在讨论中发现的问题，引导学生进行更深层次的讨论。最后，教师根据学生的讨论情况，提出其优点，并结合发现的不足和薄弱环节，有针对性地进行讲解和总结。

2）校外实践教学

这种教学方式具有极强的开放性，要求学生真正地走出学校，进入社会进行实践。因此，学院也在积极与当地知名的企业、律所、司法机关建立合作关系，并鼓励和引导学生走出校园到社会中去实习，更真实地感受和认知商事活动及商事规则。

商法实践教学改革主要从以下几方面入手。

第一，多渠道调动学生参与商法实践的主动性。可以结合学校的创业大赛、创新大赛等活动，鼓励学生了解公司的创办过程，在这个过程中让其掌握公司的注册、公司机构运作、股权流转、公司解散、公司清算、公司注销等事项，使学生掌握进行上述事项时的法律规则；鼓励知名企业、创业校友来校进行创业授课，结合创业实际，激发学生对创新创业的兴趣，打破法学学生总是在公、检、法以及律师事务所实习的局限。

第二，建立校企联盟，为学生搭建商事实践教育基地。与三亚中小企业联合会等协商设立实践教育基地，组织、推荐、鼓励学生担任企业、个体工商户等各种商事主体的法务人员，全程参与商事主体在商事行为中的商事活动，提升体验学习，将课本知识转化为自身的专业工作能力。

第三，创立校企互动模式，把企业家引进来。为了建立商事思维，需要近距离地了解企业家的思维方式，积极引进企业家、经理人等针对商事实践问题开展讲座，由其结合实际与学生分享其创业故事，讲授其进行企业管理、商事中的实践及趣闻，使学生更加深刻、生动地了解商业实践，扩展商业视野，锻炼商业思维。

3）考核方式更加重视对学生实践操作能力的考查

根据案例及实践教学改革，对学生的实践操作能力考核比重加大，如对课堂布置的案例分析作业完成情况和实践教学中到实践教育基地实习工作等予以考核、评价等。

期中考试采用开放式题目，如采用案例实操（形成案件卷宗）或小论文形式；期末考试试题设计注重理论知识的记忆理解与解决实际问题的能力相结合。

4）加重阅读考核力度

督促学生结合课程内容进行有的放矢的大量阅读，阅读相关的经典书籍、专业学术期刊，区分精读与泛读的范围，并把阅读与课程考试有机结合起来，把阅读与小组讨论、课堂互动、小论文联系起来。将阅读的书籍形成阅读心得、读书报告或小论文的，计入平时成绩，占总成绩的10%。

5）突出过程考核

课程成绩须由过程性考核和期末考核综合评定，学习过程性考核应突出课前预习、各项任务的完成情况和课后学习时间投入、课后作业完成情况的考核，通过课堂测验、提交读书报告、小组发言、课程小论文、案例实操等方式检验学生的完成情况，并加大在成绩考核中的比例。

此外，我校的毕业生包括法学专业的学生，毕业后更多的是直接走向社会参加工作，少部分学生会继续深造。因此，毕业生的核心竞争力比拼的是实务操作能力，而不是泛泛的学术能力或研究能力。这可以通过课程设置中增设实验课时和提高对学生实操性作业要求两个方面来提升，即提升课程饱和度和学业紧张度，让学生在毕业走向工作岗位之前就具备用人单位对新入职员工的工作能力的基本要求，减少毕业后与从业初的磨合期，提升我校毕业生的就业竞争力。

基于每门课程的自身特点，并结合我校学生毕业就业方向两个方面考虑，我校毕业生的就业方向决定了商法课程的教学深度不宜过深，在课程"三度"建设中对三个维度，即课程饱和度、深度和学业紧张度应有所侧重。

（法学与社会学学院   宋   焱）

基于知识的民办大学教育质量自律
——以三亚学院"三度"实践为例

2018 年 6 月 21 日,教育部召开了全国高等学校本科教育工作会议。这次会议是自改革开放以来,教育部针对高校本科教育召开的一次全国性、专门性的教育工作会议。随后,教育部下发《关于狠抓新时代全国高等学校本科教育工作会议精神落实的通知》(以下简称"《通知》"),《通知》从加强课堂教学管理、加强学习过程管理、切实提高毕业论文(设计)质量、强化教师教学主体责任四方面强调了本科教育教学环节。要求各高校要全面梳理各门课程的教学内容,淘汰"水课"、打造"金课",合理提升学业挑战度、增加课程难度、拓展课程深度,切实提高课程教学质量。各高校要聚焦本科教育,加大过程考核成绩在课程总成绩中的比重,严把毕业出口关,坚决取消"清考"制度,切实提高毕业论文(设计)质量。《通知》中表示对大学生要合理"增负",要求从 2018 级学生开始实施新的人才培养方案,连续狠抓四年、全程管到位,努力使每一级在校生都受益。高校要相应地严格执行师德师风一票否决制,把教学质量作为教师专业技术职务评聘、绩效考核的主要依据。

2018 年 9 月 10 日中央又组织召开了全国教育大会,习近平总书记在会上发表长篇重要讲话。正如陈宝生部长所说:"我们把高等教育的这池平静的水,搅动起来了!"全国所有的本科院校都开始反思当前的本科教育,思考未来的行动计划。"消灭'水课'、打造'金课',提高本科教学质量"不仅是全国高校师生热议的话题,同时也成为全社会普遍关注的焦点。

1. 问题提出

审视目前我国本科教育,"移动硬盘""高分低能""精致利己"等词汇经常用来形容当今的本科人才培养质量状况。教师"一丝不苟规划自己、稀里糊涂培养学生",学生"课上卧倒一大片,课下游戏谈恋爱"已成为高校本科教学的普遍现象,教师职业倦怠和学生学业倦怠并存,且互为增强。

对于高校本科教育而言,课程是人才培养的微观核心要素,课程使知识在教师和学生之间的传达更为系统。教师针对某门课程的课堂面授(线上或线下)对于学生和某个专门领域的"知识"而言,是"媒介"。好的"媒介"不仅要让"学生"和"知识"得以"谋面",还要让他(它)们擦出"火花"。这样的课堂教学将简单、外显的"知识传达"转变成复杂、内隐的"文化养成"。而这个过程才是学生接受"高等教育"的"初衷",更是办高等教育的"初心",也是衡量高等教育质量的基本认知前提。

高等教育质量规定不同于一般的有形商品或无形服务的质量规定。高等教育质量不仅具有以课程所包含的若干"知识点"为表征,以教师对"知识点"的讲授覆盖程度、学生对"知识点"的掌握程度为衡量标准,以及清晰外在规定性和即时反馈性等外显特征,高等教育质量还兼具"人本"前提下的"多元价值诉求"以及"迟滞反馈性"等内隐特征。高等教育质量管理既要包括线性的、精确的质量标准控制,也包括非线性的、模糊的质量标准控制。前者关乎当前的"知识传达",后者关乎长期的"文化养成";前者关乎利益相关者的单一价值评判,后者关乎终极教育价值主张。因此,高等教育质量提升在依靠外部质量管控的同时,更要依靠以高校教育质量自觉为前提、以自我激励约束为保障的高等教育主体的质量自律。

中国的民办高校一直以来与中国市场化改革并行成长。既不完善也不完备的外部环境、长期处于短缺的资源及要素供给,是中国民办高校与生俱来且未来较长时期仍然要直面的现实。然而,面临 21 世纪的全球化与单边主义冲突、AI 伦理边界与人本价值冲突、精英主义与教育公平冲突,大众化时代的高等教育正面临基于社会变迁、技术变革的行业规则重建、行业秩序重塑。这或许为一直在市场竞争中处于不利地位的中国民办高校提供了一个"弯道超车"的历史机遇。面对"高等教育质量提升"这个具体问题,民办高校要思考的绝不仅仅是如何在今天的行业竞争中获胜的问题,而应该通过积极地打造"金课"、淘汰"水课",提高课堂教学质量的同时,还要以更高远的眼光、更开放的姿态,积极思考新技术带给高等教育行业的机遇与挑战,面临机器深度学习、轻量化的移动超算终端给教师角色带来的冲击,民办大学更应该提早研究如何有效提高教学质量,以应对未来可能出现的由教育质量引发的生存危机。

2. 大众化时代的高等教育质量监管困境

自 1998 年中国高校扩招,中国高等教育质量经历了 20 多年的以规模扩张为特征的高速发展时段。根据全国教育事业发展统计公报数据显示,2017 年全国各类高等教育在学总规模达到 3 779 万人，高等教育毛入学率达到 45.7％，如图 1 所示。高等教育在中国的普及为我国国民整体素质的提高和中国社会经济发展所需要的高级、专门人才的保障作出了巨大贡献；与此同时，高等教育的高速发展也不可避免地会出现教育质量下滑的问题。相对于我国的基础教育和发达国家的本科教育，我们的本科生学业变得轻松，学生自主学习意愿和能力不高甚至很低，许多学生沉迷网络、深陷网贷，大学生极端行为事件时有发生等，提高本科教学质量迫在眉睫。

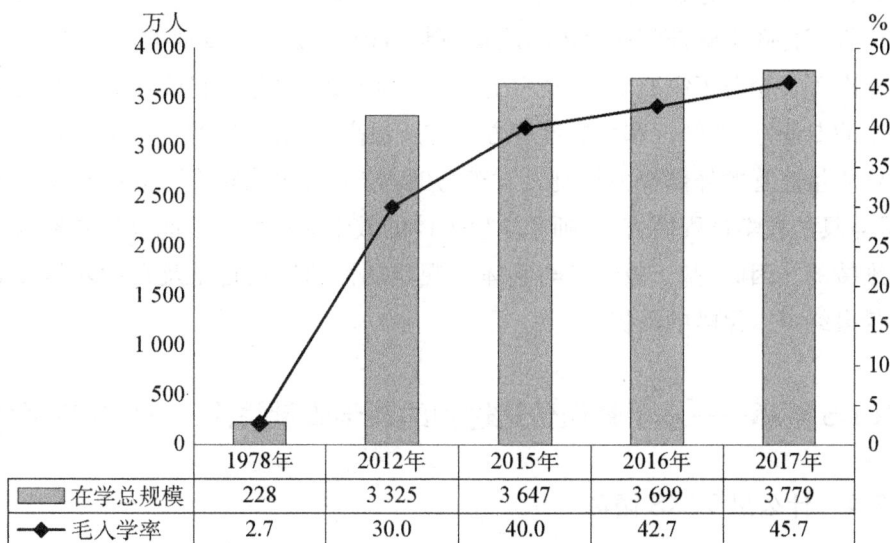

	1978年	2012年	2015年	2016年	2017年
在学总规模	228	3 325	3 647	3 699	3 779
毛入学率	2.7	30.0	40.0	42.7	45.7

图 1　1978—2017 年中国高等教育规模增长趋势

2.1　质量诉求多元化困境

当精英教育时代的稀缺资源——高等教育进入大众化时代以后，其质量保障及监管将变得复杂。因为当高等教育作为有闲阶级和社会精英独占资源的时候，高等教育资源的垄断性及价值取向的精英性决定了大学本身就代表着质量，而无须更多的外部评价和监管。高等教育的大众化使高校面临更多元的利益相关者、更加多样的价值诉求，这使得精英教育阶段单一的大学质量评判变得复杂。来自政府、社会、家庭、雇主及大学等不同的利益相关者对大学质量的诉求各不相同。不同利益主体在教育本质、教育过程、教育结果、经济价值、个人体验等不同维度间质量关注不同。因此，当高等教育进入大众化时代后，大学质量面临多元价值诉求，质量标准设定复杂的困境。曾任哈佛大学校长的 Derek 曾先后出版《走出象牙塔》《回归大学之道 重塑大学教育目标》两部观点迥异的书,他在书中提道:"……当大学醉心于利润,便开始聚敛财富和道德缺失的噩梦……"这在一定程度上反映了大学在现代商业社会所面临的多元质量诉求困境。

2.2　质量外部监管困境

教育行为具有创造性、创意性及互动性等易受特定情境、情感影响和支配的人类行为。教育的这一特征决定了机器工业化时代普遍采用的标准化的外部监管手段在教育领域应用存在局限。引进政府之外的第三方机构参与高等教育质量监管是当前教育行政主管部门所热衷的质量规制路径,例如各种专业的国际认证、专业国家标准等。相对于政府"大一统"的直接规制方式,这种规制模式在高等教育质量规制的专业性、科学性和可靠性等方面有所提高。但是,这些手段依然是属于高等教育质量监管的外部权力机制。对于"知识传达与文化养成""刻板知识与创意灵感"兼具的教学过程而言,教师和学生个体的教学能动性是不能仅靠外部权力激发和维持的。因此,基于教学参与主体主观能动性的质量自觉及自律才是高等教育质量最终得以保障的前提。

3. TCKS 循环——基于知识传达过程的教学质量关注:一个分析视角

3.1　什么是 TCKS 循环

TCKS 是"teacher""course""knowledge"和"student"四个英语单词的缩写,分别代表学生获取知识过程中的四个基本要素,其中"知识(knowledge)"和"学生(student)"是核心要素,"教师(teacher)"和"课程(course)"是辅助要素。学生有效获取知识的过程是四要素之间的循环往复过程(见图 2)。TCKS 循环的核心观点是聚焦如何有效地在"知识(knowledge)"和"学生(student)"二者间建立起"联系",

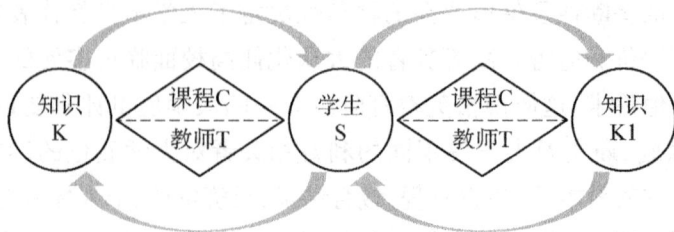

图 2　TCKS 循环

即知识被有效传达到学生；对于促使二者建立"联系"这个核心任务，"教师（teacher）"和"课程（course）"作为外部辅助手段，要回答的是"为什么存在"的问题，即教师和课程在"核心任务"（知识传达）完成过程中的使命，这个问题有助于解决 AI 时代新技术引发的教育困境问题。

3.2　TCKS 循环解析

1）知识（knowledge）、学生（student）和教师（teacher）

从某种意义上说，高校"教师""学生"其实是在特定情境——高等教育情境下"相对角色"扮演的一种特定称谓。与基础阶段的教育不同，一般情况下，我国高等教育的受众群体——大学生是成年人。在这一特定情境下，教师与大学生之间关系的建立及维系是以知识为媒介的，但"教师""学生"角色并不一定因知识而存在。因为对均已成年的"教师""学生"而言，其二者均可与客观存在的知识本身建立起一种独立的主客体关系，即知识的传达（获取知识）。从理论上讲，大学生可以摆脱教师，独自与知识建立某种"联系"，此时不存在"教"的行为，"教师"角色也就不存在了。此种现象在当今的互联网社会更为普遍。只有当大学生无法与知识独自建立起"联系"的时候，"教"的行为才会被需要，"教育情境"及"教师""学生"角色因此出现。随着人工智能领域新技术的不断突破和应用，相对于"创意性知识"，大学生与"刻板知识"建立联系将会变得越来越便捷。甚至在某些情况下，"大学生"的这种与知识建立联系的能力会超过"教师"，那么在这种情形下，"刻板知识"的传达还会需要"教师"角色来承担吗？

对于知识、学生及教师三者之间关系的分析，有助于我们从本质上理解大学"教学"行为发生，有助于对以大学课堂教学为基础的各种教学方法创新的理解、消化，以便促进再创新。例如，我们经常使用的"翻转课堂""线上线下混合式"等教学方法，其实质就是对"知识""教师""学生"三者的本质关系在理解基础上的教学方法的创新。随着越来越多的现代信息技术在大学教育中的普及应用，我们越要从本质上理解、把握大学教学过程的本质，认清高等教育的"技术伦理"边界，只有这样才能让"技术"更好地"服务"于高校课堂，提高教学质量，避免高校课堂被技术"绑架"。

2）服务于知识（knowledge）的课程（course）

一般来讲，以专业为基本单元的高校课程体系是高校人才培养工作的抓手。课程体系其实就是以既定的人才培养目标为约束的"课程集合"。但是，如果从"知识"与大学生建立联系（获取知识）的角度去思考，那么基于过程的高校教学质量提升首先要回答的是"课程因何存在"的问题。这个问题不仅关乎课程体系的制定，而是有关"课程使命"问题的深度思考，以及对作为知识载体的课程存在价值的终极追问。课程理应为承载有价值的知识而存在，理应因对知识的有效整合而使学生与知识建立的联系更加高效而存在。

以专业为单位的课程体系设计，实际上是用课程的形式对专业知识的归纳和分类。这种方式是当今绝大多数高校沿用的人才培养体系。这种体系使得专业知识在教师和学生之间的传送更高效，更专、精。然而，教育终究不是以"利润最大化"为目标，因此，经济学的思维及理论在教育行业的应用还是有其先天的局限性的。因此，对知识本身而言，这种以"分工"为基础的课程体系存在先天性设计缺陷，例如"知识割裂""知识重复"与"知识盲区"等问题。就知识本身而言，虽然课程之间的知识各有侧重，但是不同课程承载的知识应该是全面的、互补的、系统的、连贯的。

3）服务于学生（student）的教师（teacher）

厘清了"知识"与"课程"之间的关系之后，我们要思考学生为什么学，教师为什么教。我们可以肯定学生不是因为教师教而学，教师也不是因为课程而教，教师课堂面授的价值不是因为课程的存在。学生要学、教师要教的真正原因在于帮助学生更高效地获取知识；在于让学生获取的知识更加"鲜活"；在于"知识"被传达到学生的过程更"生动有趣"，在于学生在获取"刻板知识"的同时还同时收获了"创造力"。

通过对知识传达过程的解析，能帮助我们从更深层次关注专业课程体系设计、教学过程中的安排；使教学目的从教师"知识传达"上升至学生"文化养成"，从而真正实现基于过程的高校教学质量提升。这不仅有助于解决学生学习动力不足的问题，还有助于解决"因人设课""知识陈旧""知识有效整合""知识载体创新""课程跨界与开发""学生自主选课""教师团队授课""信息技术在教学中的创新应用"等高校教学改革与创新所面临的一系列现实问题。

4. 三亚学院质量过程控制："TCKS"框架下的"三度"教学实践

4.1 "三度"理念基本内涵

教育要遵循规律，回归本质。为贯彻落实教育部本科教育工作会议精神，有效实施学校以学生为中心的发展战略，提高课程质量的目标，持续聚焦课程建设，三亚学院提出课程"三度"建设，即课程饱和度、深度和学业紧张度。课程"三度"建设是在教育部提高本科教学质量的大背景下，三亚学院作为一所民办本科高校的办学初心的表达和办学理念的顶层设计，是将教育部宏观要求真正在微观办学层面落地的一项举措。三亚学院的课程"三度"建设的目的就是回归本科教育在高等教育中的根本地位，切实提高本科教学质量。课程"三度"建设的各项要求具体体现在教学内容大胆取舍、课程信息扩容、学科知识系统架构、学生学科素养养成、教学方式创新、考核方式变革、相关管理服务配套等方面。

4.2 "三度"实践中的 TCKS

1）"深度"：课程知识重组（"K"&"C"）

三亚学院"三度"教学实践明确体现对"知识"关注以及知识安排的创新上。通过对课程深度的要求，体现优选教学内容，突出"新观点、新观念、新内容、新方法、新技术"。教师以课程为载体，进行知识重组，注重知识从广度、深度、关联度多方面、多维度构建系统的课程知识逻辑与体系；通过课程，引导学生探究具体知识所隐含的思想、方法以及解决问题的核心策略；注重培养学生对知识的运用能力，引导学生进行知识迁移、创新，将所学知识转化为技能，并迁移应用到真实情境中解决复杂问题。通过提交课程学习成果，获知学生学习深度，使学生获得成就感，有效激发学生学习乐趣。提倡开设有利于学生思维能力培养的课程，鼓励教师在课程中增加有利于学生批判性思维和思辨能力训练的知识要素。要求教师综合研析、融通使用教材、参考资料，厘清学科知识脉络，还原学科知识产生的特定情境，丰富课堂教学的知识信息、学科观点和技术方法。

总之，三亚学院"三度"教学实践注重课程的知识创新安排，注重揭示、阐释事实性知识背后所蕴含的价值旨趣，帮助学生拓宽知识广度、拓展知识深度，使之与学生的先备知识发生关联、反应；突出专业知识结构的系统性，使之内化为学生的学科素养。

2）"饱和度"：教师教学创新设计（"T"）

"饱和度"是三亚学院"三度"教学实践的重点。课程"饱和度"要求贯穿教学全过程，从课前预习、课堂实施以及课后任务三个环节对教学过程进行创新设计。教师通过课程大纲，以"契约"的形式布置预习任务、建议预习方式、提供阅读书目；合理设计"课堂导入"，教学内容设计兼具基础性和前沿性，信息量充分，阶梯式设计课堂教学任务，层层递进，使各层次学生均有收获；课后任务布置包括提供学生自学的学习资源，利用 office hour 制度保证课后的学生答疑、讨论及辅导环节，及时反馈学生在学习中遇到的各类问题。

在教学方式上,鼓励教师"逆向课程安排",打破"先理论后实践"的传统思维,鼓励教师根据课程特点,将实践环节提前,造成学生的理论"缺失感",激发学生主动学习的兴趣。改变"照本宣科""满堂灌"的落后教学方式,鼓励项目合作式、游戏式、探究式等灵活多样的教学方法。

鼓励教师进行课程考核方式创新。突出过程考核,突出阅读在课程考核中的比重,鼓励"非标准答案考试",命题提倡开放式问题、实际应用问题等侧重考查学生综合素质的试题。

3)"紧张度":学生学业反馈("S")

在"饱和度""深度"基础上,三亚学院提出学生"学业紧张度"。在学业任务安排、学生学习投入、课程考核等方面,关注学生全学业周期的学习状态。教师会为学生指定阅读书目,并要求学生撰写读书笔记;三亚学院专门成立了"大学生写作中心",由专职教授指导学生的学术论文写作训练;在学生的学业安排上,坚持"加减"有度,精细存量。一方面加大专业核心课学分,同时精细学分存量,提高学分要求;同时,适度减少课程以外的校园活动。对学生每门课程的课后学习时间有明确要求,并利用现代信息技术及时获得学生课后学习状态的反馈。

5. 结论

教学质量是大学的生命线。提升高等教育质量需要大学的质量自觉和自律,TCKS循环有助于我们认清教学实践的本质,为基于过程的高等教育质量提升提供了一定的理论及实践指导,帮助高校打造更多的"金课",让教师教得有价值,让学生学得有意义。

(管理学院　王　丹)

新时代教学管理者关于课程"三度"建设的思考

　　"教育兴则国家兴,教育强则国家强。"高等教育是衡量一个国家发展水平和潜力的重要标准。新时代,党和国家的各项工作离不开高等教育的支持,我们的国家和社会比过去任何时候都迫切需要科学知识的供给和优秀人才的支撑。习近平总书记在十九大报告中对全国高校和教育事业提出要求:"加快一流大学和一流学科建设,实现高等教育内涵式发展"。2018 年 5 月 2 日,习近平总书记又在北京大学师生座谈会上指出:大学是立德树人、培养人才的地方,是青年人学习知识、增长才干、放飞梦想的地方。大学绝不可成为误人子弟、乌烟瘴气的地方。同年,教育部在四川成都召开新时代全国高等学校本科教育工作会议,随后发布了《关于狠抓新时代全国高等学校本科教育工作会议精神落实的通知》,要求加快振兴本科教育,构建高水平人才培养体系,全面提高高校人才培养能力,提出合理提升学业挑战度、增加课程难度、拓展课程深度,切实提高课程教学质量,为广大高等院校和在校师生提出更具体、更深入的要求。

　　三亚学院为贯彻落实教育部的本科教育工作会议精神,积极响应学生生源结构变化的内环境,有效实施学校"以学生为中心"和"提升学生竞争力"的发展战略,紧扣提高课程质量目标,持续聚焦课程建设,提出了课程饱和度、深度和学业紧张度建设(以下简称课程"三度"建设)。作为三亚学院中层管理者之一,笔者在此首先就课程"三度"建设的基本内涵来谈谈其内在的运作规律和张力;其次,结合当前高校课程设置存在的问题,"一带一路"以及海南自贸区(港)建设所带来的挑战与机遇,谈谈课程"三度"建设的必要性及其现实意义。

1. "三度"建设的基本内涵

　　《礼记·大学》开篇即言:"大学之道,在明明德,在亲民,在止于至善。"大学是一种功能独特的文化机构,是立德树人、培养人才的理想场所。青年人在这里学习知识、锻炼本领、增长才干,为以后走入和奉献社会作准备、打基础。使广大读书人臻于至善,拥有光明正大的品德素质,立德与育人兼备才是大学的应有之道。现在的大学呈现出课程松散、学业散漫的现状,因此加强课程"三度"建设十分有必要。

"三度"建设意味着调理学业紧张度、提升课程难度、拓展课程深度,从学业、课程两方面入手,对高校本科学生的教育管理、能力培养、课程学习进行全方位、深层次地提升。借助学校各部门之间的密切配合,制订出优化合理的学业及生涯规划,提高学生在校学习的充实感和满足感,促进学生自由而全面的发展。将学校教学管理中的各项工作统筹分配组合,使各部分无缝衔接、精诚合作,修订并完善课堂教学建设和管理的相关规定,把课堂教学建设强起来、把课堂教学质量提起来。由此,在建设过程中需坚持三大原则。

1.1   坚持质量为核心,"早""新"为先

课程"三度"建设,核心是课程质量的提高,要在课程的信息量、学科观点、专业理论和方法上下功夫。一方面,起步要"早",做到知识先知、饱和度先受益、方法先学、应用价值先体验;另一方面,方法要"新",强调"专业知识架构的系统性"条件下的"新",即"新观念、新观点、新内容、新方法、新技术",突出早学、学新、学得有用。

1.2   坚持系统设计,管理同步

在教学管理安排上,设计系统性行动,系统支持课程"三度"建设,包括教学的系统性和教学配套的系统性。教学的系统性以课程大纲为载体,由相关任课教师按学校统一的建设标准设计完成;教学配套的系统性,由学校主导设计、学院安排,为学生组构无缝衔接的有饱和度、深度和紧张度的"四年学业拼图"。

1.3   坚持"加减"有度,精细存量

在课程饱和度、深度以及学业安排紧张度(学校的、学院的、专业的、课内外的)方面做"加法",加大专业核心课学分。同时也要做"减法",一是精细学分存量,学分适度减少,提高学分要求;二是在课程以外的活动上做"减法",适度减少课程以外与教学关系不大的校园活动,确保师生能够集中精力专注于课程"三度"建设。

课程"三度"建设,其核心是课程质量的提高,而课程教学的主体是学生。现代教育经过进化,摒弃数量了过去填鸭式、灌输式以及以教师为中心的教学模式。在坚持"以学生为中心"的理念下,回归教育初心,把时间和精力放在学生身上,增加

对学生的关注和投入,切实提高课程质量,切实提高教学效果,通过课程改革促进学习革命,成就学生梦想。

当然,各学院和各专业的背景及要求各不相同,应根据具体专业的人才培养目标、课程在专业课程体系中的地位和作用,以及课程本身的特点,有效选择课程改革建设的切入点,适当选用教学内容、教学方式和考核方式,进行课程的再研究、再开发和再设计,不断积累,持续改进,形成课程特色。

除此之外,课程"三度"建设的检查验收情况仍然回归学生本身。坚持成果导向,以学生学习产出和学习能力提升作为评价课程的主要标准,通过课程的学习,教会学生学会学习和自主学习,提高学生的专业知识、专业方法、专业技术和专业能力,并有助于学生的专业成长和今后的职业发展。

2. 高校课程建设中的问题

教学作为一所高校最基本的职能之一,是学校立德树人成功与否的重要手段。其中课程建设是教学的基础部位,是实现学校人才培养目标的基本途径。另外,课程教学的水平关系到教学水平的高度,直接影响高校人才培养的质量。课程建设作为高校教学工作的重要基础建设之一,在某种程度上决定着学校整体工作的展开。因此,加强高校的课程建设是深化教育改革、提升教学质量的一项重要措施,也是教育教学工作中一项具有深远意义的工作。但是,目前我国高校课程建设中仍存在着以下几个方面的问题。

2.1　课程建设的系统性认识欠缺,长远规划不科学

主要表现为学校和教师两个层面的课程建设意识淡薄,长期实行的高校集中管理的课程管理模式使得教师只能按照学校教务部门的要求编撰教学计划、教学大纲,征订或编撰教材,教务部门只要完成这些教学文件,就算完成了课程建设任务。接下来教师的课堂授课主要是教师的事,学校除了例行的监督之外,基本上不干预。教师在课程建设中,某种程度上只是受众者,作为客体出现。因为课程安排的主体是校院两级的管理者,且未必是学科方面的专家,教师只需服从计划和指令即可。学校的教学目标和人才培养计划得不到保证,教师的积极性受到打压,长远性、系统性的课程建设得不到有效的实现。

2.2　教师对课程教学的研究不深,思想观念落后

新课程标准实施以来,在一些高校的课堂仍会出现"教师照本宣科、填充灌输式"的教学现象。教师对课程教学的研究不深,学生的主体地位缺失,学习效果不明显。虽然随着科学技术的发展和新媒体技术的应用,现代化教学辅助手段增加,但是就课件而讲课的现象屡禁不绝。课堂上,教师牢牢掌控绝对位置,将大量准备好的教学内容和专业知识教授给学生,只管输入而不论输出。以教师的片面性理解代替学生的系统掌握,在此过程中,学生缺乏参与,课堂沉闷,没有活力,学生积极性差。教师的教育理念停留在以教为主的职前教育,专业教学知识许久没有更新,教学研究中缺少对教学实践的理性反思,"以学为主"的转变还是没有发生。信息爆炸的时代,学生接触新知识的渠道和内容比较多,教师循规蹈矩、日复一日的机械教学逐渐与学生的教育教学脱轨。

2.3　大学生课堂行为规范懈怠、自律能力弱,课程课业完成情况不乐观

信息时代的学生课堂行为呈现不同的问题,最为明显的是课堂上注意力无法集中,更多关注于手机和网络,"低头族"绝不是一所大学的现象。信息化时代为人们带来极大的便利,不止为教师提供教学辅助工具,学生同样可以利用新工具——手机和平板电脑来进行学习,但是看小说、看视频、网上聊天等大有人在。除此之外,睡觉、讲小话的情况也依然存在。大学生在进入大学之后,缺乏明确的学习目标,寒窗苦读之后不能保持良好的作息习惯和自律性,当然,其中也有外在因素,比如教师教学能力和学生无法适应现在的专业课程等。其他的课堂问题行为还有逃课、吃零食、迟到等,这些情况中专业课的情况比选修课好些,但是通过现实状况来看,上课学生中半数学生没有认真听课,而最为严重的是公共基础课:学生疯狂刷着手机、玩游戏、聊天、购物等,教师在讲台上慷慨激昂地忘我演讲。课程课业的完成情况同样不容乐观,对课程考核成绩的重视不足。

这些问题是实现新时代下"加快一流大学和一流学科建设,实现高等教育内涵式发展",全面提高高校人才培养能力的要求所亟须解决的,三亚学院提出的"三度"课程建设切实可行地成为教育部所提出的"提升学业挑战度、增加课程难度、拓展课程深度,切实提高课程教学质量"的有效举措。

3. 课程"三度"建设的必要性及现实意义

3.1 "三度"建设的必要性

课程建设的核心在于人才培养,但是主体间的断裂使得教育不能上通下达,良好配合,"学校—教师—学生"不能三位一体形成共同体,使得人才培养计划得不到有效实施,因此,全面整顿教育教学秩序,严格本科教育教学过程管理十分必要。教育部《关于狠抓新时代全国高等学校本科教育工作会议精神落实的通知》指出,加强学习过程管理,各高校要全面梳理各门课程的教学内容,淘汰"水课"、打造"金课",合理提升学业挑战度、增加课程难度、拓展课程深度,切实提高课程教学质量。在此基础上,三亚学院根据学校实际情况变化,积极响应学生生源结构变化的内环境(普通本科二批次以上录取人数占比 90%),有效实施学校办学的核心战略,紧扣提高课程质量的目标,持续聚焦课程建设,推动课程饱和度、深度和学业紧张度建设。根据《三亚学院 2018 级新生问卷调查》的数据显示,新生们的学习动力更强、学习需求更大、专业志趣更高、学习目标更明确,更愿意珍惜大学时光。这对学校坚守"以学生为中心"、提升"学生竞争力"的核心战略提出了更高要求和更高期待。"三度"建设将教师队伍建设、学生素质教育和学校课程管理统筹成一体,以人才培养质量为目标定位,提高教师队伍的实践教学能力和打造"教育共同体"的教育理念为手段,共同提升课程质量,旨在真正实现质量提高、水平提升、内涵发展的本科教育。

3.2 "三度"建设的教育意义

"三度"建设,即学生学业饱和度、紧张度和课程深度建设,能够促进高校教育模式的转变,为当前教育改革提供经验。我国高校教育暴露出教育质量不高、市场人才需求脱节等弊端,对处于全面建成小康社会的现阶段而言,无法满足人才的需求。对此教育部提出要合理提升学业深度、增加课程难度,提高教学质量。因此,三亚学院提出的"三度"建设回应了时代发展的要求,也是响应实际发展的需要。"三度"建设关注教育过程中最重要的学业和课程模块,要求以学生为本,改革教育模式,注重理论知识与实践的结合,尤其重视实践的重要性,专注核心课程质量,旨在提高课程质量和人才培养能力,力求与国际接轨,推进学生全面发展,探索新的教育模式和教学方法,能够为高等教育课程建设提供经验。同时,"三度"建设也有助于突破我校教育教学过程中的瓶颈,为学校的进一步发展奠定扎实基础。

3.3　"三度"建设的经济意义

"三度"建设注重实践,将理论知识与实践联系起来,用学术知识与研究指导实践,同时在实践中又不断完善学术知识与研究,将潜在的劳动力转化为现实的生产力,创造出经济价值。其次,"一带一路"和海南自由贸易区(港)的建设在战略构思和实践环节中都需要大量的人才作为智力支撑,要求人才具备国际战略思维和较强的外语应用能力,具备创业创新精神和"互联网+"时代的必备信息技术,具备了解企业所在国家的风土习俗和促进企业更好发展的战略眼光等。"三度"建设能够为此提供优秀的人才以满足发展的需要,同时也能够促进学生个人发展。最后,"三度"建设的人才有利于当前经济结构和发展动力的转变。高校教育通过知识与资本、创新和成果的阶段性转化,对产业转型升级和提高产业质量等产生积极的作用,也在间接推动着当前经济发展模式的转变。

3.4　"三度"建设的社会意义

其一,"三度"建设促进了本科生素质全面发展,有利于提高毕业生的就业率。当前社会存在就业难的问题,原因之一在于学生的专业与技能要求与职位的不匹配,"三度"建设注重学生发展的质量,增强问题意识和创新意识,充分发挥学生的主观能动性,提升核心竞争力,从而缓解毕业生的失业问题;其二,"三度"建设与过去忽视学生兴趣和感受的教学方式不同,它重视学生个性的发展,提高学生自主探索的创新意识和能力,进而使学生成为社会发展所需的新型人才;其三,"三度"建设重视高校本科生的教育质量,提升其市场竞争力,有利于营造良好的本科生教育环境和社会氛围。

(外国语学院　唐蔚明)

教学管理者谈课程"三度"建设

1. 背景

　　教育部于 2018 年 6 月 21 日召开了"新时代全国高等学校本科教育工作会议",陈宝生部长在会上作了《落实,落实,再落实》的讲话。要求在新时代的历史背景下,要坚持"以本为本",高度重视大学本科教育,提高水平,提高人才培养能力。紧接着,8 月 22 日,教育部印发了《教育部关于狠抓新时代全国高等学校本科教育工作会议精神落实的通知》(教高函〔2018〕8 号,以下简称《通知》),《通知》明确要求,要紧跟新时代步伐,按照全国高等学校本科教育工作会议精神的要求,积极贯彻落实有关会议精神,针对本科教育存在的各种问题,加快振兴、构建高水平人才培养体系,努力提升大学的人才培养能力。

　　《通知》提出:"聚焦以本为本,深刻领会高教大计、本科为本,人才培养为本、本科教育是根,充分认识本科教育在人才培养中的核心地位、在教育教学中的基础地位、在新时代教育发展中的前沿地位。"这些都为像我们三亚学院"以本科教育为主"一样的院校提供了重大发展机遇。

　　三亚学院高度重视、认真贯彻落实教育部"新时代全国高等学校本科教育工作会议"和《通知》精神,结合我校实际,特别是新生生源结构和学生学业需求向好的变化,制定印发了《三亚学院课程"三度"建设指导性意见》(三亚院教字〔2018〕57 号)、《三亚学院课程"三度"建设推进方案》(三亚院教字〔2018〕70 号)等文件,对课程"三度"建设提出了明确要求。

2. 课程"三度"建设内容与本质

　　教育部在《通知》中提出,要合理提升学业挑战度、增加课程难度、拓展课程深度,切实提高课程教学质量。据此,三亚学院将其内容概括为课程"三度"建设并具体化为:课程饱和度、课程深度和学业紧张度,简称课程"三度"建设。

课程"三度"建设的"三"之间相辅相成,具有内在逻辑性,其本质上是提高课程质量,形成高水平的人才培养体系。这是深刻理解、准确把握习总书记提出的"我国高等教育改革发展的核心任务"的具体抓手和具体体现。

提高课程饱和度,就是要不断丰富、完善、创新课程大纲,综合研究分析、融通使用教材和各类参考资料,厘清学科知识脉络,还原学科知识产生特定的情境,不断丰富课程教学的知识信息、学科观点和技术方法,使专业课程特别是核心专业课程内容充实、丰富,帮助学生拓宽知识广度,促使其能够将知识融会贯通、触类旁通。

提高课程深度,就是要在课程准备、课程讲授中,努力搭建系统知识架构,在教师自身提高知识技能的同时,帮助学生拓展知识深度,在教学中组织和引导学生深层、深刻、深度学习,与学生的先备知识发生关联、反应,突出专业知识结构的系统性,通过学习培养并逐步形成学生的学科专业素养。

提高学业紧张度,就是随着课程饱和度和深度的提高,必然带来学生需要投入更多的时间精力。面对浩瀚的知识海洋,只有激发学生的兴趣和学习热情,才能真正使其主动追求知识技能,从"要我学"自觉转向"我要学",使学生学得更充分饱满、专业方法学得更多更新。

3. 提高课程"三度"建设的针对性

教育部《通知》中明确要求各级地方主管教育的政府部门和各个大学要坚持问题导向,全面梳理、认真查找本科教育中存在的各种问题。这些问题是目前教育领域普遍存在的问题,具有典型性和代表性,主要反映在"四个不到位",即:一是领导精力投入不到位;二是教师精力投入不到位;三是学生精力投入不到位;四是资源投入不到位等。这就需要三亚学院也要对照对标查找我校在这些问题上的具体表现,并针对问题提出解决办法和措施。

三亚学院具有自身的特点和自身优势,我校目前全部是本科教育教学,学校明确定位在应用型大学,秉承"走进学校是为了更好地走向社会"的理念,经过十多年的发展,在就业导向、市场导向方面创造了民办高等院校的一套发展经验,取得了重大成绩,在民办高校中名列前茅,但是也面临招生、生源素质、师资水平、双高人才引进等多方面的挑战。把握这些特点和挑战有利于我校课程"三度"建设找准切入点、找准有效的方法路径。

课程"三度"建设离不开"两个重要标准"——立德树人和师德师风。立德树人的成效是检验学校一切工作的根本标准,师德师风是评价教师队伍建设的第一标准。习近平总书记 2018 年 5 月在视察北京大学时发表了重要讲话,指出教育的一个根本任务是培养德智体美全面发展的社会主义建设者和接班人。这充分反映了"两个标准"的重要性。

课程饱和度、深度考验教师在教学过程中的责任心,学业紧张度反映教师引导学生形成的良好学风和对学生学习兴趣与热情的激发,也考验教师的爱心。"立德"首先是"师德",体现在教师备课是否充分、对知识的理解是否深刻、对专业的把握是否到位、对学生的讲授是否能够形成积极正向反馈,而不仅仅是局限在现有的教材、简单地照本宣科,真正树立良好的"师风""学风"。"立德"其次是"生德",也即是"树人",按照培养社会主义建设者的大目标,不但"教书",而且"育人",教书育人融为一体,培养德智体美全面发展的新时代大学生,培养教育学生形成正确的人生观、价值观的同时授人以渔,使学生掌握正确的学习方法,进而掌握认识问题、解决问题、认识世界、认识社会的方法,形成积极健康向上的人格,由此才是落实习总书记"两个标准"的"三度"。

4. 教学管理者的使命与"三度"建设

4.1 教书育人是核心使命

三亚学院实行办学责任主体下沉至二级学院制,学院院长及领导班子成员、专业主任等教学管理者,本身既是教师也要管理教师,肩负师德学风建设重任,对于"三度"建设起到重要的关键作用。教学管理者需要充分发挥组织协调的作用,有效运用管理科学和教学理论的相关原理方法,统筹教学过程各要素,包括教学计划、教学组织、教学质量等,使教学活动达到学校既定的人才培养目标。课程"三度"建设,以课程为核心,要想达到"三度",必须全方位入手,包括学院制度建设、师资队伍建设、学生管理工作的全过程。涉及教学计划安排、教学运行秩序,以及学科、专业、课程、教材、实验室、实践教学基地、学风等一系列内容。

4.2 师资队伍建设是重中之重

关于教师的素质要求,习近平总书记 2014 年 9 月在北京师范大学曾经讲道:

"扎实的知识功底、过硬的教学能力、勤勉的教学态度、科学的教学方法是老师的基本素质。"中共中央国务院《关于全面深化新时代教师队伍建设改革的意见》（2018年1月20日）提出，百年大计，教育为本；教育大计，全面提高教师质量，建设一支高素质创新型的教师队伍至关重要。目前，旅酒学院教师队伍整体上比较年轻，双高型（学历和职称）人才不足，对此，我们按照学校的部署和要求，利用申报旅游专业硕士（MTA）点契机，着力提升现有教师的科研专业能力，充分挖掘教师潜力，走内涵式发展路子，通过课题研究、论文撰写辅导、集体讨论、专业团队建设等方式，搭建教师交流发展平台，与高水平科研院所和大学建立合作机制，通过传帮带、提高专业能力，带动课程饱和度和深度提升。而邀请名师面对面给本科生举办讲座，"名人在身边"近距离接触，增强学生对专业的兴趣和自信，激发出学生的学习热情，这些都对"三度"建设大有裨益。

课程"三度"建设，既是大学教育本质的回归，也充分彰显了学校"以学生为中心"的一贯办学理念，必将极大地促进大学生能力素质的提升，更好满足新时代对大学教育的期盼。

4.3   以高水平"金课"促进"三度"建设

随着我国进入高质量发展阶段，面对新时代人才需求，目前我国高校人才培养也必须进入高质量阶段。

大家常常听到家长们、社会上的人说"考上大学就好了"。从小学到初中再到高中，小升初、中考、高考，一直是学生和老师的指挥棒，也迫使家长们让孩子从小就"套上了夹板"，本该强调"快乐教育"的阶段变成了"应试教育""痛苦教育"，书包沉重、补习不断，沉重的课业负担致使很多人把考上大学当成了人生奋斗"目标"，考上大学成为少年时期学习的"重点"，也是"终点"，忽略了学习的乐趣培养。本该强力吸收知识技能的大学宝贵阶段，变成了自由散漫的"解放"。

教育部部长陈宝生在会议讲话中特别强调了大学生学业负担问题。他认为，我国大学"水课"过多。当前，我国的大学课程许多内容比较陈旧，跟不上时代的变化要求；课程的难度和深度也存在问题，一些人感觉进了大学就进了"保险箱"，高考是"千军万马过独木桥"，进了大学反而容易轻松过关，这与欧美发达国家大学"宽进严出"的状况相反，课堂的挑战性和美国高校相比存在一定差距。所以，中小学生"减负"任务重，缺少快乐童年，大学生由于"水课"广泛存在，培养出来的学生缺乏竞争力，迫切需要给大学生合理"增负"，提升大学生的学业紧张度。这也正是我校进行"三度"建设的必要性。要在课程难度、课程深度、课程广度上下功夫，激发学生的求知欲、好奇心、增强学习动力和压力,变"水课"为"金课"。做好大学生的激励和约束,严格学习过程中的考评,鼓励大学生珍惜宝贵的青春时光,集中更多精力用在学习上。同时,严把毕业出口,扭转学生轻轻松松就能大学毕业的不正常现象,把课程内涵建设、质量提升体现在每一个学生的学习成果上。

5. 旅酒学院"三度"建设的措施

5.1 提高认识

促进旅酒学院"三度"建设,首先需要提高认识,充分理解开展课程"三度"建设的重要意义。为此,我们专门召开了党政联席会议和全体教师动员会,传达了学校在从试点到逐步推广"三度"建设的要求,对相关工作作了部署,强调开展"三度"建设的重要意义。"三度"建设是我校落实教育部《通知》要求的具体行动,更是我校积极回应新时代形势变化要求、响应内部需求的重要措施,对于持续提高课程质量、全面提高人才培养能力具有重大意义。

结合工作作风专项整治,新学期树立新风貌。要求全体教职工对照标准、清晰自身定位和责任,要以积极主动的态度投入新学期和"三度"建设工作当中。学院制定出台了奖惩制度,努力打造一支效率高、凝聚力强、专业能力突出的高素质教师团队,为学院 MTA 申报工作保驾护航。

5.2 提高教师专业素养

三亚学院历经十几年的发展,占据了海南良好的社会资源,培养的学生得到了社会的高度认可,但学院自身并没有取得相应的影响力,反思原因,与我们的学科建设深度不足直接相关。每位教职工都应在组织进步的过程中不断提升自己的专业素养,借助 MTA 申报契机,对标相关标准,加大在科研方面的投入和产出,以此带动课程"三度"建设。针对学生课程实习工作,要求指导老师在实习过程中加强学生实习指导,定期与实习单位沟通,保障学生顺利完成课程实习,培养学生的核心竞争力。旅酒学院由原旅游管理学院和国际酒店管理学院合并而成,对于两院合并后的学生工作进行了专门部署,着重强调了各任课教师对学生的出勤、学习管理要保持高要求,进而促进我院教学一体化。在首先保证学生到位在场的前提下,引导学生专心投入学业。学院办公室要有针对性地强化执行力和主动性,在今后的工作中突出动态管理,强调过程管理与目标管理并重,更好地为教职工开展工作提供支持和保障服务。

5.3　加强教育教学过程管理

严格按照教育部《通知》要求,加强教育教学过程管理,学习领会《中共教育部党组关于加强高校课堂教学建设提高教学质量的指导意见》要求,认真查找问题,规范加强教学秩序,完善教学管理的各项制度建设,强化课堂教学环节,提升课堂教学质量。对现有的课程教学内容进行全面梳理,杜绝"水课"现象,努力打造"金课",结合旅酒学院实际,修订完善人才培养方案,切实把全国本科教育工作会议的精神和各项要求落实到学校人才培养的各项工作中。

5.4　补齐短板,力争突破

梳理学院发展中的问题,寻根溯源,明确问题导向,补足短板。

在科研上,力争产出高水平成果,做到勤奋、钻研、成效、团结协作。

在课程设计上,坚持"产出导向",以"课程地图"的构建思路构建课程体系,充分开展行业需求调研,根据行业或岗位群的技能要求,以"能力为核心"构建课程;坚持"持续改进"的原则,结合新问题、新现象、新技术,完善人才培养方案和课程体系,充分了解毕业生走向、社会用人单位要求,动态适应社会发展的需要,构建质量改进的课程体系;坚持突出特色和优势,把学校和学院的办学优势和办学特色体现在课程中。

在课堂教学上,更加严肃、认真、谨慎,提高水平。通过教学体系系统思考教学安排的合理性、合规性,向课堂要质量,杜绝"水课"现象,使学生在校的每一堂课都有所收获,积极研讨符合当代年轻人的教学方法,推动课堂的参与性与互动性。

在学生工作上,坚持以学生为中心,追求更加细致、敏锐。在学生日常管理中,加入专业素养训练,使日常管理和专业学习关联度更高,使人才培养更加系统化、科学化。

以学生成长发展为中心,以社会和行业的需求为基准修订人才培养方案,使我院教职工思想认识清晰、执行能力增强、整体素质提高、岗位履职到位。

（旅游与酒店管理学院　杨玉英）

高等教育教学主体因子变化与
"三度"建设的响应

当代中国的高等教育正在经历着一场绝无仅有的变革,各层级的样板范式学府的打造、带有鲜明时代属性的专业机构、推陈出新的人才培养模式,高等教育领域凡此种种的使人眼花缭乱的举措,吸引着关注高等教育走向的各界人士。这是一场没有成熟经验参照的探索,这是一次关乎时代命运的升华契机。身在其中,如切如磋,如琢如磨。在此仅将聚焦关注于教育的基本环节——课堂教育、实践教育,尝试通过分析教学主体相关因子的变化,与课程"三度"建设之间的响应关系,探讨未来"三度"建设的改革模式。

"三度"即为课程饱和度、课程深度、学业紧张度。这是当前高等学校教育者针对当前高校教学现状不约而同纷纷聚焦的教学重要环节。正是因为关注具体,而这些教学环节又最高程度地覆盖了教学过程中所涉及的大多数教学因子,以小见大,使之成为我们探讨当前高校教学模式改革的最佳变革空间。

1. 剖析学业紧张度,透视教学效果检验模式的改变

学业紧张度作为教学效果检验的重要观测点,长期以来在高等教育内的不同体系不同时段,各方予以的关注也有很大差异。部分高校以"学业紧张度"为教学效果检验的评判初始点、参照点之一,这是遵循教育基本规律,"重过程"习惯的一种体现。这一习惯既有长期以来中国基础教育阶段教育模式、教育思维的延伸,又带有教学成果显性化、教学评价体系量化的心理暗示。但作为学科体系庞大、专业门类繁杂、学情变化频繁的当代中国高等教育,我们就不得不设计出能够覆盖绝大多数学习行为的检验模式,以满足以"学业紧张度"为教学效果检验的基本诉求。

我们应该明确的是必须设立具有差异性分类的检验模式,才符合当前的时代环境与个体形成的平衡。那么,作为成果检验的具体目标,仅以理论型课程、实践型课程为例,我们在高校本科教学阶段忽视了或者说应该丰富哪些检验的因子呢?

第一,高校作为教学的主要阵地,多年以来以高校教师作为教学主体的教学行为,高校教师一直是教学成果检验的主要评测人。近些年来,以产、学、研、用为特色的各类协同体建设过程中,高校也在大力引入行业资源。跨领域、跨学科的项目交流、人才交流,在各高校都屡见不鲜,但此类合作大多数都只存在于教学环节的某一个阶段。完整地参与全部教学过程、更有针对性的教学效果检验模式的提出,都是相关合作方不愿深入触及的"晦涩"领域。这里有合作双方彼此尊重、保持适度距离的心理,也有承担人才培养规格成败的责权考虑,但这种习惯也只能适用某一个阶段了。随着时代的发展,当代高校人的办学心态已经有了很大转变,积极、开放、包容的心理与对于专业的尊重都使得教学检验环节可以融入更多的业界视角、行业手段参与。

在针对实践型课程教学效果的检验过程中,我们可以发现行业的业务创新与学习过程中专业思维的创新具有先天的一致性,行业的分工合作与专业的知识建构具有互为参照的依附性,行业的产品验收与价值体现更是教学成果符合时代要求的重要依据。我们以此为背景不难发现,丰富高校教学检验模式,即打破以高校教师为主体的单一检验体系,引入行业合作体系内的评测手段,不但具有先天的合理性,更会推动实践教学效果的提升。而一个具有产业思维、行业体系建构、专业成果价值评价的互动体系,可以成为我们指导教学效果检验的有效手段。

在这种设定的实践型课程教学检验模式体系中,我们以此来推演学生的学习行为,并以此来观测其学业的紧张度。其学业的紧迫感既有专业知识厘定的探索、专业思维发散辨析,又必须明确树立以坚实基础为依托的专业自信;其学业的量化密度,既有专业知识的涉猎视野考量,又有专业成果转化的效率敦促;其专业心理的紧张感,既有在职业素养形成中的磨合,又有职业心态理性疏导。凡此种种可以得出下面的结论,学业紧张度的检验模式,必须是在完整建构融合多体系检验构成的基础上,才可以科学地量化评价的。

第二,作为高校教学的重要组成部分,理论型课程的学习是高校相对成熟且具有坚实基础的领域。在本科教育阶段,理论型课程既是全体专业学生必须掌握的专业基础性知识的重要源头,也是当前越来越多的有学历提升追求的学生深化专业水准、夯实考研基础的重点关注课程。

由于教学对象、教学内容、教学体量等原因,大多数高校的理论型课程都以普适性教育为主。在本科阶段是否引入专业导师予以分类培养、是否引入学科理论的后续课程甚至是外延课程,一段时间以来诸多高等教育人士从多角度争论辨析,仁者见仁。笔者认为当前的中国高等教育发展现状,已经倒逼我们重新审视不是

"该不该"的问题,而是"能不能"的问题,是怎样做的问题,是我们教育产品必须要符合受教育者需要的问题,是我们的教育精准化的问题。合理地设置专业导师,专业导师的连贯性指导与评价,是理论型课程学习成果检验的重压参照因子。

我们都知道教育是一个相对长期的过程,某一个阶段某一个环节的学习并不能成为人才培养规格评价的最终结果。我们当前所采用的学分制,虽然有其科学性,但由于对受教育者个体的关注缺乏长期的连贯性,难免对其专业学习习惯、专业领域兴趣点分布、专业理念的理解等都存在不足。那么能够解决上述问题的专业导师制的建立,就自然呼之欲出了。在大群体职业能力培养的范畴内,偏重理论型知识体系学习的研究型学习的体量,必然相对小众,特别是在大学阶段,学生的价值观、世界观尚处于初步形成阶段,这一阶段的磨炼,必然会分流一部分兴趣点偏离的学生。这也就保障了专业导师个性化指导、分类型培养的可能。

随之而来的,恰恰是如何建立一个具有可操作性的理论型课程导师跟踪评价模式,才是我们以此判定学业紧张度的指导性策略依据。在当前的高校专业课程体系中,专业基础课、专业核心课中的理论型课程占有较大比重。其教学目标所决定的掌握程度、适用领域,都在潜移默化地影响着学生的求学心态。专业导师的跟踪评价机制,可以适度超越现有的通用型人才培养规格,在学业的紧迫感上应该侧重规划建立足够宽泛的学术视野,并设计当前学科体系内相关知识的学习;其学业的量化密度上,合理分配史、论等专业领域基础知识必须由专业导师予以遴选推荐;其专业心理的紧张感,则是在充分掌握专业知识依据后伴随学生的专业迷茫期,专业导师扮演其引路人角色发挥功能的重要学习历程。

与上述基本设定所匹配的专业导师评价机制,其所观照的学业紧张度,是学术视野的拓展,是学科发展的积淀,是专业应用领域的思辨演练,是海量学界前辈经验的总结与凝练。唯此,才能培养专业基础知识厚重、专业知识体系完整、专业思维科学的符合高水准学历学习者的人才规格。

第三,当前的高校理论型课程、实践型课程,彼此交叉互补,并不存在完全的割裂性界定。相关专业的前置、后续性课程也互有融通,那么我们所设计的评价模式也必须要考虑其衔接性,贯通评价。前置性课程学业比重在后续延展性课程中,学业精力分配是否有所考量,学习效果评价是否可以作为专业延展的前提,甚至是否设定强制性固定值,可能是需要我们继续尝试不断探索、不断完善的教学评价模式改革的深水区。

2. 厘清专业信息内涵,凝练课程饱和度

曾几何时,高校教学课堂作为象牙塔最为核心的圣地,为莘莘学子所敬仰。教与学的简单关系,在这片包含学术光环的沃土上精彩演绎,似乎是无须思辨的简单问题。随着时代的发展,不时流传的关于高校教学的五花八门的信息,通过一次次刺激大众的眼球,似乎在传递着高校教学模式到了一个深刻变革时期的信息。是我们的教学对象变化,导致了我们的教学理念与之脱节了吗?是教学的内容更迭,使我们的教学手段无所适从了吗?是社会的变迁,使我们的教学环境无法从容与之匹配了吗?当我们聚焦"课程饱和度",转换一下以评价模式为出发点的这一教学环节的重要表现,我们可以得到几点有益的启发,并使之成为高校课堂浴火重生的切入点。

"课程饱和度"的一个基本参照因子,即为在课堂的有限时段内,有效的专业信息量的多与少。我们且放下信息量化数值的多少争论,因专业属性、学习阶段、环境差异等因素导致,简单的数值考量其意义不大。但针对有效的专业信息如何评价,受教育者信息接收掌握情况等通用型标准,还是具有普遍探讨的意义所在。

一般意义上,当前高校所教授的专业知识可以划分为专业结构性基础知识、专业实践型应用知识、学科领域相关通识型知识。三者各有侧重,学习方法也不尽相同。结合笔者教学经验,不同类型的专业信息,有效传播的目的也应有较大区别。

(1)专业结构性基础知识常见于高校专业基础课教授阶段,在后续专业课程实施中,逐步积累并最终形成人才培养规格中所强调的完整的专业知识结构谱系。鉴于这类专业信息的课堂传授,所针对的教学对象大多数为初入学科专业门槛,并不赞成以大量专业信息占有学生的专业认知空间。恰恰应该遴选具有高度专业代表性、符合学生学情、带有鲜明时代特色的专业与行业结合点类的信息,引导学生发现专业魅力,找到专业学习的路径。由专业概念信息的"一",引领专业解读信息的"二",涉猎专业背景信息的"三",是这一类型专业信息教授的理想分布。特别在当前资讯信息获取高度自主化的时代背景下,信息的占有量过度求全、信息的保真度百分之百求精,都是对专业结构性基础知识简单理解、简单教授的粗糙传授方式,并不能根本性影响受教育者专业学习的效果,对于学生的专业思维方式影响还可能会起到反作用。而往往在专业解读信息的传递过程中,又有就事论事、以偏概全、张冠李戴等误区,这又极大地稀释了课堂教学环节专业信息的传播效果。

(2)专业实践型应用知识是当前各高校打造专业特色,推广人才培养规格品

牌的重要抓手。这一类型的专业知识信息，以目的明确、教学效果呈现明显、行业社会认知度高，一直以来都是教育者、受教育者最为关注的领域。在教学双方都能够特别重视的推动下，大多数专业实践型应用知识的传授都能取得不错的教学效果。当然，随着时代的发展，这一类别的专业知识传授也提出了更高的要求。行业生产水准的升级必然带动相关专业技能的提升，专业技能的提升也必然对高校的专业实践型应用知识提出要求。其传授方法、信息适用实效、产业转化效率，甚至是生产成本、技术转化率、产能比，都已经成为高校教育者必须思考的问题了。

此类专业知识信息的饱和度，就已经不能简单参照数量比的多少来评判。其前置的技能发源演变信息要表述，其核心理念的解读信息要深入；当前的专业实践型应用信息，产业背景要有思考，在产业中应用的生产模式，教授者必须有清醒的认知；与之相关的专业思维方式，如何在专业实践中体现创新，都是观测其专业课程饱和度的重要标准。而为数不少的教授者，由于教学经历、教学环境的制约，往往还停留于操作模式的演练、熟练，教学模式的有教无问、一问一答、多问一答层面，遑论对受教育者专业思维方式的开发，更忽视了将专业技能培养向职业技能转化，甚至是职业素养养成方面的诉求。与之相对应的，我们在评价此类课程饱和度的时候，一方面有效发挥各级学术委员会的功能，评测专业信息的有效性、行业前瞻性；细化教学监督流程，对于案例选用、实践成果评判、教师专业技能考核等得以落实；另一方面，适度丰富教学主体的参与者，跨行业、跨领域、跨学科的教学参与者，可以极大补充完善教学主体力量的不足。

当前高校的专业设置紧随市场行业变化而调整，由于行业间的深入融合，高校不同专业间也呈现出彼此交叉的普遍情况。为了保障受教育者能够具备更广泛的社会适应能力，高校在教育阶段也在大力加强学科领域相关的通识型知识传授。

这一类型的课堂教学模式相对传统，教学目的又无法针对个体展开充分的精确辅导，以至于此类课程成为当前教学双方最大的心理障碍。由此导致的课堂信息传授的饱和度也无从归类划分评价。笔者认为，此类课程的普适性、包容性，恰恰是我们教学模式改革的最佳调整空间。来源广泛的受教育者群体，可以带来更多的专业思想碰撞，有益于学生深入理解本学科专业特色；多类型的团队构成，正是学生尝试职业化工作作风形成的演练模板；本专业的技能应用，又可以树立学生的专业自信并及时发现专业认知短板。当然，这一切的前提是，教育者要能够有效选择适用于更大受教育群体的前沿案例，更具带有行业特色的团队统筹与管理能力，多元化的专业知识结构。以此为原点的课程饱和度评价体系，才能够充分发掘教育者教学设计潜能，正确评价教育者教学艺术。

　　"三度"建设是高校自我审视、自主更新的一场默默无声却又影响深远的教育革命。它在不断推送一批又一批高校学子成功、自信走向社会的同时，也重新明晰了自我的新时代的使命认知。我们还没有成功的经验可以品味，但我们已经有了坚定的信念和前进的动力。愿所有走在这条高等教育变革大道中的同伴，共勉之。

（传媒与文化产业学院　　孟　翊）

学·思·用

——我对学校加强课程"三度"建设的一点认识

英国著名教育家阿弗烈·诺斯·怀特在其论著《教育的目的》一书中指出:"大学存在的理由是:它把年轻人和老年人联合在一起,对学术展开充满想象力的探索;从而在知识和生命热情之间构架起桥梁。大学传授知识,但是它以充满想象力的方式来传授。"中国的文化思想家韩愈在《师说》中提出"师者,所以传道受业解惑也"。

我们的学生——年轻人,从孩童时的懵懂到逐渐对世界的认知,怀揣着学习专业知识、技能服务社会的志向和对未来人生的美好追求走进了校园。但面对一个需由自我约束和自我求知、探索的学习新环境是陌生的,他们尚不清楚脱开久已熟知的家长和老师呵护下的环境如何学习,大学可以说是一个从自然人成为专业人的重要转折期。通过大学的专业学习,学生们掌握了一项服务社会的技能,成为社会有用之才或不断求新、探索成长为创新和改造世界的栋梁。这一阶段,教师就是他们的支柱和引路人,如何正确引导,科学地传播知识,激发学生学习的热情,从而自觉地投入到求知探索的学习中,是我们每个教育者或一个师者的职责和社会道义。

社会的进步、科学技术的日新月异带来了生活水平的极大提高。尤其是网络的迅猛发展,使得知识学习的手段日益进步,手机的普及更使得许多知识手指一点,唾手可得……知识的传播一夜之间成了"快餐"。日新月异的发展,当然影响到了新思想最敏感的触角——高等学校,许多学生不再需要去图书馆查询知识,上课时亦被新鲜的网络游戏和不断翻新的各种知识、社会新闻而吸引,这种现象已成为当前大学学习的潜在威胁,甚至导致了学业的危机。反观国际,回想自己 2004 年在德国做访问学者时的所见所闻,和多年对境内外高校的访问交流,加上自己儿子在国外学习的切身体会,深为目前我国高校学生"快乐"学习的现状而忧虑。国家亦注意到了这种危机的可怕,教育部在 2018 年 8 月印发了《关于狠抓新时代全国高等学校本科教育工作会议精神落实的通知》,学校亦高度重视和积极应对,在校长的亲自主持下,颁布了一系列课程"三度"建设的指导性意见,内容涉及如何在教学中加强课程难度、拓展课程深度和提升学业挑战度。三亚学院课程"三度"建设的指导性意见中指出,坚持质量核心,"早""新"为先,课程"三度"建设,核心是课程质量的提高,要在课程的信息量、学科观点、专业理论和方法上下功夫。一方面,起步要早,做到知识先知、饱和度先受益、方法先学、应用价值先体验;另一方面,方法要"新",强调在专业知识架构的系统性条件下的"新",即"新观念、新观点、新内容、新方法、新技术",突出早学、学新、学得有用。为此,艺术学院响应学校的号召,在教务处的直接领导下,按照"鼓励积极,先行先试,分批建设"的建设路径。从艺术设计教育的规律出发,依据知识、技能、感悟的三个学习层次,充分发挥高职称高学历教师的积极性,以教学态度、授业求新、职责严谨为评价标准。第一批选定 15 门专业学习课程为试点课程,并报学校审核通过实施。作为学院院长、教学的第一负责人、一名资深教授,笔者主持了学院的课程"三度"建设的一系列制度和文件的制定及落实。学院成立课程"三度"建设工作指导小组,由院长任组长,副院长及分管教学院长助理为副组长,专业教研室主任为成员,切实指导课程"三度"建设的工作。组织完成了艺术学院 2018—2019 学年秋季学期课程"'三度'建设的自查报告"和"三亚学院艺术设计学院课程三度建设标准对照表",充分利用学校的经费支持,各专业从学科知识的新、精、尖的角度出发,首先选购了一批专业领域经典的学术著作,找到了学科知识的原点,在严谨、科学的学科要求下,完善教学,指导学生,加强课程"三度"建设。艺术学院多为青年教师,他们充满活力和新思想的尝新,但同时也存在教学经验不足,阅历和见识,尤其是学科的知识研究高度和创新缺乏一定的认知。作为一名具有 30 年教龄的资深教授和学科带头人,首先要做的是,对学科专业高度和经典性的认识,使全体教师清晰知晓学科的高点和名师名校的学术影响。艺术教育尤其艺术设计教育是一个充满感知性的人性技能的自觉学习过程,它绝不是依靠简单的知识"灌输"能掌握的技能,且有学科严谨但充满与其他学科知识交叉融合的特征,是"科学与艺术结合"的交叉性的人文融合的学科,它既要求有扎实的学科历史基础和善思的哲学人文精神,又要求有善于动手的人文体验感悟,所以其知识的学习就要求知识的"精",更要求知识结构的"杂"。为了良好完成"三度"建设课程的任务,更为了学院的学术未来和学科高点,因而,学院首先从课程体系入手,根据艺术设计教育的三个层次——"知识、技能、感悟",从专业基础、专业技法、专业训练的三个课程版块,提出了 5 门专业基础课和 10 门专业核心课进行"三度"建设,依托二系(设计艺术系、环境与规划设计系)一部(专业基础教学部)为实施主体开展工作。担任 15 门试点课程的教师,在原有教学大纲基础上,认真结合学科的高点、知识的创新、学科研究的前沿进行修订,完善并指导课程的科学性、现代性、探索性。从课程的源头加强学科学习的紧张度,对学科专业的学习提出明晰的要求,提升学习的难度,以及增强学习的饱和度。"三度"建设工作指导小组从列入试点的每门课程的课程设置、课程中的指导环节、课程的教学参考书,直至课程的结课形式等方面全方位督促指导。同时,结合学科专业的新发展形势,重新组织修订了《艺术学院专业导读》教材,并提交学校科研处。设计教育的另一个侧面是实践教学,这是现在艺术学院教学中缺失的重要环节。2018年夏季,在学校经费的支持下,学院成立了"空间设计教学实验中心",现尚在建设中,学院安排专人专题负责实验中心的建设,尽快完成并投入教学使用,以弥补现在设计教学的缺憾,完善设计教学手段,建立完整、科学的设计教育培养体系。同时,学院在陆丹校长的关心和支持下,将尽快建设固定的高年级专业教室,向世界高点看齐,建设一流的设计教育中心。将学生学习、实验、教学研讨,与探索融为一体,从根本上解决设计教学授课难、杂的问题,提升学院的学科核心竞争力。"三度"课程建设表面上是课程教学深度和难度、学习紧张度和饱和度的提高,实质上是教育水平的提升和品质的加强,将从根本上提升学校的核心竞争力和品牌效应;是对社会责任的自觉承担和对学生家长的尽责。因而课程"三度"建设是教学的重中之重,它关系到培养人才服务社会的重大历史使命。

在课程"三度"建设试点工作中,根据学校要求,院长需率先示范做好排头兵。"环境艺术专业设计导读课"和"风景园林设计导读课"为自己在学校所开设的专业导读课程。自己以30余年的学术积累和教学认识,分别完成9万字的"环境艺术设计专业导读课"及7万余字的"风景园林设计专业导读课"图文并茂的PPT,并按学校要求完成了"风景园林设计专业导读课"的网络试讲。此次在学校关于课程"三度"建设的要求下,自己选择"风景园林设计专业导读"的专业基础课为建设课程,作为第一届教育部土建学科风景园林专业本科教学指导委员会委员,自己对风景园林学科有较深的认识,具有近30年的教学和设计实践的经历。同时,自己正在完成专著《读园》的撰写工作。在该课程"三度"建设过程中,首先从风景园林学科的定义、历史、研究领域入手,结合学科当今及未来的绿色、有机的发展研究理念,全面梳理该专业学科的专业导读,努力在知识的科学性、学科发展的前瞻性和学科的人文精神特征等方面,传授学生学科专业知识概要,并结合互联网的信息平台,拓展学生自觉学习的兴趣;加强学习的饱和度,以PPT教学结合两篇5 000字的专业论证小论文,提高学习的紧张度;列出20余本泛读教材和一本精读教材要求学生阅读,并辅以国内外专业经典杂志和网站,拓宽学生的专业知识面,为学生未来真正步入专项的专业课程学习夯实基础。课堂教学中,创新教学方法,辅之以学生场地调研、讨论等形式活跃学习气氛,激发学生的创造力,通过这种教、学互动的形式,激发学生的学习兴趣,变被动学习为主动学习。正如怀特海先生所说的:"学生是有血有肉的人,教育的目的是为了激发和引导他们的自我发展之路。学生的成长要经历浪漫阶段—精确阶段—综合运用阶段,与自由—训练—自由三个阶段相匹配。"专业导读课程不是简单、累赘的"填鸭式"传授,而需要通过大量的设计案例来解读当今世界学科专业的发展和研究的前沿,因而解读案例是一个极为重要的环节,而案例的优选则是十分重要的前提,这就要求授课者要不断自觉学习、知识更新。所以,课程"三度"建设看似是对学生课程深度的学习要求,其实是对教师学习知识和更新知识的重大促进。在今天网络信息爆炸时代,教师知识的老化将是教育的重大障碍。由此"三度"建设引发的是教师的自觉充电,作为一个艺术设计专业的教师,不断自觉地设计实践和研究是其教学品质的重要保障。艺术设计都是围绕生活的对象而展开,而位于建筑学科下的风景园林设计更是以场地、气候、文化等为研究条件而真实展开的实际存在。教学中虽然可以利用网络获取大量的设计案例和资料,但是知识产权的限定使得你不可能获得最新的第一手资料。因而,教师以自我的设计案例实践为蓝本示范解读则是学生掌握知识的有效学习路径。还是回到不断重复的老话,老师只有自觉加强学习,不断更新知识,同时设计专业的教师持续地参加设计实践,才是课程"三度"建设核心竞争力的本质保障。

"走进校园的目的是为了更好地走进社会",三亚学院的办学宗旨明确了学校办学的方向。作为培养应用型设计人才摇篮的艺术学院,培养人才、学以致用是其根本要义。目前,学生的就业率看似很高,实际上毕业生从事设计行业的数量却不尽乐观。如何强化课程体系、加强课程建设是学院当前的首要任务。围绕这个任务展开的是活力、求新、高端学术人才的引进和现有教师的再学习与充电。对于学生来说是"授之以鱼,还是授之以渔",这是严肃而迫切的任务。"三度"课程的建设表面上看似是对课程教学与方法的改革和督促,实质上是教与学不断前行的时代要求。如何上好课,使学生真正在严谨的学科要求下,掌握专业技能为社会持续培养合格的设计人才和研究人才的准备,是艺术学院的历史使命。三亚学院在改革的浪潮中勇立潮头,成为民办教育的尖兵。但面对未来瞬息万变的世界,如何在学科研究领域,真正树立自己的学科平台,能与国际名校站在同一平台上,是我们在创新、严谨的学科建设中的目标。如何利用民营经济的红利,充分依托地域优势,探索和研究地域国际化的创新,实现"弯道超车"是我对艺术学院响应学校加强课程"三度"建设的一点思考。

(艺术设计学院　吴晓淇)

基于"室内设计原理"课程"三度"建设的思考

　　学校推动的课程"三度"建设工程,可以理解为是三亚学院基于自己的办学理念和对环境的解读,在形成核心竞争力上迈出的重要一步。回顾学校数十年的办学历程,在处理好立校招生、规模扩展、校园建设、内涵提升的一系列问题之后,课程建设作为大学建设的重中之重——它凝聚了目前社会对待知识的所有价值观念的分歧,终于走到了台前。考察中国近代大学沿革的历史能够发现,相比构成大学声望的各种缘由,课程往往隐在边缘——即使费孝通先生在1950年担任清华大学副校务长期间,就提出过"大学的……改造将具体表现在每一个课程的内容上"。三亚学院把成为民办院校标杆作为发展目标,正可以借势而为正本清源,把课程质量作为体现学校办学理念和社会价值的一项评判标准。

　　课程"三度"建设的目的是课堂教学质量的全面提升,这就要求对课程核心因素从学理上和环境上进行分析。按照设计学科一般教学流程的规律,针对课程知识编制、理论讲述、实践辅导、过程测试等要素所展开的分析,将会为改进教学质量提供学理依据。

1. 阐述——显现对智性知识体悟后所感受到的知识魅力

　　知识原理本身的抽象性概念倾向,往往使初学者难于和现实现象相联系。这是由于初学者还不具备足够的专业观察和体验积累。既不熟悉知识概念提炼的方式,也无法确认个体感受是否具有普遍的意义。这两点是造成对原理性知识解释时的障碍,导致阐述者与受众面对同一个目标时,在心理上形成两种不同的理解语境,导致讲述的信息传递效能衰减。现代信息技术手段在阐述形式上形成的吸引力,造成了教育手段上的新面貌。通过更大的覆盖范围,不仅大幅降低教育成本,而且能够提供跨越名师资源稀缺的限制。与受此影响的传统教育手段面临的改变压力相比,有效的"阐述"传授方式的价值没有受到根本性的影响。或者说,技术手段的丰富还不足以动摇"阐述"传授方式所具有的复杂内涵。传统的阐述方式是在已经准备好的知识框架内,由于其生动性、鲜活性和充满灵性的偶发性,能够形成多层次的综合阐述演示效果。尤其在解释知识的多意性和不确定性时,也是知识最具魅力的部分,仍是最能显现知识魅力的演绎手段。即使现代信息手段能够在信息传递方式中营造出仿真的效果,但正如好莱坞导演卡梅隆所坚持的,对虚构场景和故事的接受,也还是坚持要在"生活真实"的基础上才能展开。其实质仍是在阐释者和受众者之间营造出共同的语境和氛围。

对于学者来讲,通过知识观看世界不同于表面的外在面貌,形成了与庸常生活的脱离以及享受生命过程的独特乐趣。这种乐趣最易于在讲述中自然流露出来,使接触者也能够感受到与其相似的欢乐。教学中的阐述过程,既是演讲一种排练好的内容,也是阐述者学养、知性的天然流露。这正如观看戏剧、电影、听相声的经历——耳濡目染、身临其境就是这种情景的写照。授课时"阐述"的重要性就在于此,它所展现的是知识所带来的超越于庸常生活之上的乐趣。

这种只能通过知识的学习积累才能获得的智性,是人从单纯的自然属性增加至更复杂的社会属性的即使不是唯一,也至少是最重要的途径。这种智性成色上的差别,反映知识内容积累的量以及基于所掌握知识基础上形成的洞见,进而在潜移默化状态下改善自然属性,形成以社会规制为准则的思想、胆识和行为举止上全面的影响。最终,这些模糊的各种因素,会通过文字、声音、动作等不同的触媒形成具体形象展现出来。学生喜欢以"教师魅力"描述在教师身上发现的这种难以言明的感受,这种教师魅力其实成为知识魅力的替身。有趣的是,学生在受到教师这种无形的影响之后,进而产生这种"魅力"的出现并不需要建立在理解全部知识的基础上,而是以更加感性地如"一见倾心""顿悟"般的形式建立起来。这种情景的出现,对于在初次接触抽象的知识概念并试图理解时,显得尤为重要。对信息输出与接受双方来讲,在"知识魅力"的吸引下,这往往是双方在通过抽象知识概念接触时能形成的唯一共同因素,能够顺利营造出共同的理解语境。

就原理性知识的阐释来看,其实质是在各种物理环境、心理环境因素的限制下,进行知识魅力展示的过程。它不是单一知识因素的显现,而是所有因素综合取舍后的重新构建,这种构建始于输出者而完成于共同的语境之中。

2. 改图——知识概念的现实转化与具体呈现

修改学生的构思图纸,是从以语言为触媒演示知识概念之后转入的演示知识概念的第二个阶段。相比在双方共同营造的语境中主要用语言所描述出的概念形态，这个阶段则是针对学生脑海中产生的知识概念形象，通过图形的方式进行修正和具体化。相比倚重语言的阐释方法，这种学科内习惯称之为"改图"的方式更加具有设计学科的特征。

既然是针对学生脑海中产生的概念，不重复和唯一性是面对每个概念形象时的共同特征。其间的差别显示出知识概念在阐述阶段所产生的理解上的偏差和误解。这些偏差和误解不全是错误，基于个体自然属性的洞见往往蕴含其中。在功能的标准化要求基础上，辨识出个性洞见（或独特理解），进而引导这些碎片化的"念头"进入阐述阶段所形成的语境当中，通过扩展、连接，形成符合知识概念要求，却又是新的形态的设计方案，是最为隐秘而艰难的教学环节。参与这一过程的双方，主要针对两类问题展开互动：硬性的技术应用和软性的见解植入。技术应用标准明确，只需通过反复练习就能掌握。见解植入类似于创意，最为耗时和费神。对学生来说是一个个体经验提炼为概念的上升过程，对教师来说则是将概念赋予个性的落地过程。前者从具体现象出发至概念结束，后者从概念出发至具体个例结束。这个过程需要往返多次，才能形成相对统一的设计方案——既符合概念的各项要求，又具有特殊的具体性。

"知识魅力"在这一阶段的显现主要体现在对个体见解的解析、判断和裁定上。在阐述阶段，教师还可以在设计好的脚本上进行演示，在这个阶段面对学生的见解，教师需要放下在第一阶段共同语境中形成的成见，进入归零状态，开始重新面对将现实提升为知识概念的过程。这个过程将随着意见的交换、异议的打磨，以图形的方式逐渐建立起与前阶段语境吻合的、双方认可的新语境，最终形成清晰的图形演示方案。

3. 评图——新建立概念的重新开放与价值确认

设计方案（成果）的完成是随着新知识概念的建立，形成封闭系统而被确认，是经过阐述理解、改图修订阶段之后，在合乎规范的语境中营造出的图形形态。在理想状态下，这个新建立的知识概念在产生过程中已经和典范进行了充分的对照，从图形形态上看，概念的完整、全面与特殊个性相互平衡的性质已经具备。无法确定的只是在多大范围内具有普遍意义。

为了获得更大范围的价值测试，需要通过评图手段引入新的评价方，对新建立的概念进行全面评价。它始于系统的开放，目的是打破前期费尽周折所建立起来的语境认同，接受其他具有共同标准却未曾有关于个体特殊性交流的权威的审视。如果能够获得认可再次建立起共同的语境,则说明这个新建立的概念得以成立。不同于前阶段沟通的主体限于教师与学生,这个过程中教师之间的学识碰撞成为显著特征。这些碰撞显示出知识的多义性,也可以展现出更加多元化的知识的应用手法。从信息输出效率来看,教学过程往往采用简化的知识内容,以明确的因果逻辑方式传递——信息内容的清晰与目的的单纯能够保障输出效能的最大化,这显然不利于展现知识的多义特征。参与评图的教师之间,可以超越授课规律的一般性限制,尽可以在评图环节充分展现知识概念的多义性和普世性。而学生则可以在不同观点的研讨碰撞过程中开阔眼界,领略到更为细腻和丰富的知识魅力。评图的过程,成为在与更多知识权威的见解测试中确立新概念在主流知识体系中价值的手段。

评图是建立在批评的基础上,是从打破新建立知识概念的合理性上入手。往往会从组成这个目标概念结构的所有组成单元中,挑出其自身以及各部分连接的不合理之处,进而推导出新概念结构整体的矛盾与不成立。在严苛的评图之下,学生建立的知识概念很可能全面塌陷,如果被批判的概念中有些结构单位能够屹立不倒,就可以作为新一轮概念构建的基石。

评图也是知识传输过程中对产品的最后"测试"环节。目前课程测试的主要思想与依据并非完全来自知识传统,而是更多受到现代商业经营的影响。它包含产品过程的透明化、操作方法的标准化、成本持续降低要求、质量品质可控等内容。以手册的形式进行任务清单划分和贯通持续的任务节点评估是测评的显著特征。通过控制一系列分解为单纯技术操作的环节,使得知识传授过程一目了然,在出现偏差时能够及时纠正。教学目的与结果保持一致的渴望,是测试手段不断改进的基本要求和动力。

4. 剪辑——课堂知识编制中的蒙太奇方法

知识体系的建立是通过完整的知识概念的学习获得的整体性认识,这和具体的教学实施环节中各单元的知识构建有着很大的差别。课堂知识受到课时单元划分、受众心理状态变化因素的影响,相比整体的知识结构编制,通常有着自身的编制特点。知识结构的重新编制因为总会受到各种现实条件的限制:固定的时间单位里要放进去更多的知识内容;课堂上的讲话语速有着一定的节奏要求;知识的着眼点在发生变化;授课的环境不可能有大的改观。所以,编制有效的课堂单元知识体系是第一个要解决的问题。

课堂知识体系在编制时通常存在着几种不同的形态:首先是线性编制方式,

即按照时间顺序罗列,最后导出结果;其次是茎块式编制方式,即总体概念之后,按照不同的应用需求,组成相对独立的知识体块,每个体块的知识相对完整,各知识体块之间是平行关系;还有梭形编制方式,前两种的编制方式结合后可以形成这种形式。不同的课程应该选择合适的形态编制知识体系。另外,随着新技术手段引进课堂,知识传播过程中的碎片化、娱乐化的成分也随之增加。在这个过程中,教师的讲授任务非但没有减轻,反倒更加具有指导意义。教师有时候要具备导演剪辑电影的能力,通过有效的组织和讲解,把每个授课单元内知识的针对性和整体的完整性的关系不断进行揭示。在信息技术手段不断更新的情况下,教师作为知识搬运工的角色日益减弱,而引导和揭示知识所带来的感染性可能变成了更加重要的事——学生对课程的兴趣往往从此而来。

"室内设计原理"作为一门概念性较强的理论课,主要做了如下修订。

(1)知识结构。室内设计原理的知识结构分为三个板块。①设计坐标的建立。通过了解传统设计经典范式和批判方法,使得学生建立起室内空间美学和样式的基本概念。②设计语言和设计方法。通过了解室内空间的基本设计语素和设计基本修辞手法,使得学生掌握设计的基本方法。掌握从功能划分到空间塑造的路径和手法。③经典案例分析。在具备基本的基础知识和技能之后,通过实际案例的分析,增加知识的应用能力和加深基础知识的牢固度。

(2)知识广度。通过增加世界住所案例的了解,在设计类型方面有所加强。对于设计评价更加地中肯,在文化价值的判断上更加具有普世性眼光。同时,结合教师在国外的考察成果与体验的分享,对设计在不同文化传统、种族特性、地理环境中的局限性与适应性,有了更多的认识。

(3)知识深度。通过对源于自身的建筑传统的进一步了解,对于文化的原创性价值有了更加真切的体会。主要通过加强对中国典型民居的分析,选取了四合院、窑洞、干栏式几种传统住宅中,祭祖、风水、仪式因素对空间设置的影响,结合学生自己家族的情况进行对比,让理论成为有温度的切身感悟。

(4)知识密度。通过将真实市场的设计标准引入课堂作业,挤掉了原本似是而非的知识盲区。在制图规范、图纸编制、设计的落地性方面,有大幅度的提升。提升了设计的有效性。

(5)课程考核。重视设计思想的生成、设计过程的推演步骤以及最后成果的落地性。

(艺术设计学院　陈　博)

基于健康产业人才培养谈"三度"建设

在学校紧抓课程"三度"建设的背景下,从健康产业人才培养的角度总结了几点课程建设的感悟。首先,保证优质的教学内容,要求教师合理选取和安排教学内容,实现课程内容的准、精和新;其次,创新教学模式,实现"以学生为中心"的课堂,合理运用多种教学工具,增强实验实践教学;再次,确立学生在教学中的主体地位,学生在教师的指导、组织下,学会"如何学习"知识,充分发挥学生的主观能动性,进行医学思维方法训练,培养分析问题和解决问题的能力,培养创新意识;最后,在具备相当基础知识的基础上,可将病案导入教学内容,在课堂上让学生通过病案设计来帮助学生将学习的理论知识转化为实践。践行"三度"建设,结合健康服务与管理、康体与抗衰老专业的特征,遵循学以致用、致力于培养学生全面发展的原则,以学校资源为依托培养一批拥有专业健康管理知识,同时具备较强的实践能力的健康管理人才。

2018年,我校这一届生源结构发生很大变化,普通本科二批次以上录取人数占比90%。根据"三亚学院2018级新生问卷调查"的数据显示,新生们的学习动力更强、学习需求更大、专业志趣更高、学习目标更明确,更愿意珍惜大学时光。这极大提升的生源质量既是对学校追求卓越办学品质的充分肯定,也对学校坚守"以学生为中心"办学理念,提升"学生竞争力"战略核心提出了更高要求和更高期待。陆丹校长表示,聚焦本科教育,聚焦"学生竞争力",以课程"三度"建设为抓手,是学校落实教育部对高校提升课程质量统一要求的重要举措,是学校积极应对新的生源结构变化的快速响应,也是学校"十三五""十四五"时期人才培养的重点工作。本次课程改革在现行人才培养方案上只做"存量",不做"增量""减量",课堂教学合理"加码",对学生合理"增负"。学生在校学到什么,未来用到什么,可持续发展借助什么,这是本科教育的着力点,而课堂质量建设是重要抓手,抓住核心课程就基本抓住了专业质量。

学校高度重视提升课程和学生学习的饱和度、深度及全学业周期的学习紧张度。经六长联席会议、校长办公会的充分讨论及各学院的充分调研,由教务处牵头,制订了提升课程"三度"具体工作方案,从观念、技术、方法、策略、管理等方面进行了整体设计。本学期,学校将在法学与社会学学院、财经学院、管理学院、人文与传播学院、艺术设计学院、信息与智能工程学院、盛宝金融科技商学院 7 个学院率先进行立项试点。试点学院将根据学科特点和师资队伍情况,遴选出若干专业,每个专业遴选 6~8 门核心课程进行"三度"建设试点工作。学校将对试点学院在研究经费、教学资源、配套设施、激励机制上给予大力支持,教学质量监控处、师资处、学生中心等多部门也将积极联动配合,大力推进"三度"建设。

课程"三度"建设明确了课程要进行饱和度、深度和学业紧张度的建设,其核心内容就是要进一步完善课程建设,提高课程质量,实现人才培养目标。通过细读三亚学院课程"三度"建设的相关文件,现将感悟总结如下。

1. 保证优质教学内容

大学的扩招使越来越多的学生走进了梦寐以求的象牙塔,如何让这些学生以满腹才学走出大学,以最优的姿态走进社会,取决于大学时光里学校与教师赋予了学生怎样的品质。

"师者,所以传道受业解惑也",作为教师肩负着塑造学生的重任,因此务必保证课程的质量。保证教学的内容准、精和新。"准"是基础,首先要确保教学内容的准确性,知识的不断革新,论点的不断被论证,需要教师不断地去探索和考证教材中知识点的准确性。"精"要求教师把握教学内容的宽度和深度,删繁就简,在有限的学时里择取最优的教学内容,如果没有重点,一味追求"面面俱到",反而让学生不明该门课程的核心,也无法激发学生拓宽思维、主动求知的意识。"新"即前沿知识、信息和技术,教师不可以固守教材知识,要多了解行业领域内的最新讯息,了解行业对于人才的需求和要求,从而将"有用"的教学内容授予学生。且要多阅读专业文献和书籍,了解最新的学术成果、观念、方法和技术,将"新"融入课堂教学中。

教学内容的合理选取和安排,是保证课程质量的重要一环,因此也是实现课程"三度"建设的关键点。同时根据教学内容性质的不同,分为理论和实践两大板块,以往通常理论课程的学时数远高于实践课程的学时数,但学生更多钟情于实践课程,适当地增加实践的课时,在实践中检验理论,寻求理论的"缺失感",以促进理论知识的学习,不失为良方。

2. 创新教学模式

　　传统的"灌输式"和"填鸭式"教学模式制约着高校的人才培养质量,传统教育模式主要重视知识传授和知识记忆储存,这样的教育模式忽视学生创新能力与全面综合素质的建设培养,不利于培养学生的个性思维,压制学生思维发挥和扩散的空间,不利于培养当前经济时代需要的"创新人才",不能适应新时期教育需要。因此可见推陈出新教学模式并不是一件易事,但确是一件正确的事,所以"改"是必然的。但笔者认为不可急功近利,需循序渐进,不断摸索和探讨,不断革新和实践,否则全盘推翻以往的教学模式,可能会造成教师的手足无措,无法把控课堂节奏。

　　在近年的教学讨论中我们发现很多老师都有如下烦恼:现今的学生怎么越来越不爱学习了,上课玩手机的人越来越多。教学模式的革新,首要的是改变以往"以教师为主体"的课堂,实现"以学生为中心"的课堂,真正意义上将"饱和度、深度和紧张度"融入课堂教学中。想要发挥学生的主体地位,教师的角色就不可以绝对化,需要转变身份,由单项的知识传授转变为激励、引导学生进行知识探究和自主学习,教师不是课堂的主宰者,而是课堂的设计者、组织者、引导者和参与者,是学生学习的伙伴和学业成果的欣赏者。

　　现如今是互联网、信息智能的时代,教学资源不再是单纯的"黑板粉笔",多媒体教学已经成为再普遍不过的教学形式。记得我小时候上学偶尔一节课会遇到多媒体教学,丰富的色彩、跳动的字符和视觉感受,牢牢抓住了我的注意力。这显然对于如今的学生是不管用的,手机才是抓住现今很多学生的工具。于是出现了上课暂时上交手机的对策,然而效果并不理想,因此,扔掉工具,不如利用工具为教学服务。"雨课堂"就是一个利用互联网教学的很好的例子。雨课堂在线学习平台的组建是由清华大学在线教育办公室带领学堂在线共同组建、研发完成的,利用互联网的线上线下相组合的学习平台,建立连接学生与教师的智能终端,将课前预习、课上听讲、课后预习的每一个教学环节都赋予全新的感官体验,极大程度地释放了教与学的传授能量,推动了教学变革。雨课堂平台看到的现下主流交流软件的实用性和广泛性,利用信息技术手段融入 PowerPoint 和微信,使课下与课上建立直接联系,让课堂学习、互动永不下线。利用雨课堂,教师可以将课前预习、课后复习的要求发送到学生手机,通过平台告知也将带有慕课视频、习题、语音进行推送,有助于学生的学习理解,对于不太明白内容的还可以通过线上找老师进行交流、反馈;课堂上的实时回答,现在课下也能实现,打破传统的教学风格,为师生互动式学习提供了完美的解决方案。"雨课堂"科学地覆盖了教学的每一个环节,有效地结合课下和课上的学习,同时雨课堂还为师生提供了完整立体的教学数据支持,生成个性化报表、自动下发任务提醒,这些让教与学更明了。

教学模式我们可以不断地创新和借鉴,但是教师最重要的是学会用教学模式,如果盲目套用模式,可能会造成课程容量不足,课堂秩序混乱,教学目标无法保质保量完成,失去了课程"三度"建设的初衷。

3. 教学模式有效地融入实验、实践

实验教学是课程教学的重要组成部分,健康服务与管理专业更是要进行实验教学。通过实验可以有助于学生更好地消化所学内容,帮助学生更好地理解理论知识,有利于发散学生思维想象空间,更好地培养学生的创新、科研能力,因此在教学的实践过程中,应该加强课程教学的实验教学。在切实教学中,一方面可以增加部分教学时长,使实验教学与理论教学的学时比例达到1∶2,这样的组合既可以给予学生充足的时间,又使学生有时间进行课外实践探索、思考。也可打破原有的先理论后实践的传统思维,将理论与实践课程同步设计。另一方面,加强对实践操作的考核,在以往授课过程中,对于学生忽略了对实践过程进行有效评价,更多的是注重最后结果的考核评价,这种评价方式过于单方面,也无益于学生的全面发展,因此,应更加注重对学生实践过程的考核。在实际教学工作任务当中,可以采取阶段式考核的方法,对学生的实践操作进行总结评价,同样也重视结果的考核评分,最后评分结合两方面、实验预习与报告进行综合全面评价,以这种方式培养学生的实践能力,增强学生的综合素质。

4. 确立学生在教学中的主体地位

在我们传统的教育中,认为只要有效地传输、讲解、练习的方式,就能达到教学的目的,这样的方式对学生处于在教学中的地位有着严重的认识不足,学生应该是教学的主体,应占主体地位。在新的概念的教育思想指导下,我们必须在教学中围绕学生开展教学,把上课教学的主动权还给学生,确立学生在教学中的主体地位,这种还课于学生的教学方式是提高教学质量的关键。医学科学是以处理人体出现的健康问题,使人体处于健康、良好状态的一门科学,是人类认识、处理、预防的成果的概括总结,是人类智慧的结晶。学生在借助教材学习这门学问的时候,必须参

加学院提供的各类健康讲座、健康论坛、见习学习与实习等实践活动,才能进一步加深学生对医学的认识。但由于学生心性未定,因而还是由教师创造条件,帮助学生进行知识消化的过程。这就要求教师发挥好主导作用,在传授知识和技能时要因势利导、随时点拨、及时引导启发,充分发挥学生的主观能动性,让学生学会"如何学习",使他们在有限的时空内获得适用于一生的知识、技能。21世纪,知识更新速度越来越快,如同海浪一浪高过一浪地冲向远方,知识陈旧的周期也越来越短,学生不可能把现在所见所学的所有新知识装入自己的头脑中,因此学生必须在教师的帮助、指导和组织下,学会"如何学习"知识。在这个过程中,他们不仅要掌握较完备的理论知识和较强的实践应用技能,也要进行独立思考能力的培训,具备医学基本思维素养,自身锻炼分析问题、解决问题的能力,获得思维和能力上的独立,否则没有这些能力,就学校学习的有限知识、技能,不足以适应当今社会的需求。

5. 针对课堂饱和度、深度,用病案导入教学内容

学生经过课堂理论知识学习和课后活动实践,已经具备较好的基础知识。此时,可采用病案导入教学法或个案研究法,在课堂上让学生通过病案设计来帮助学生将学习的理论知识转化为实践。举例:对于药膳这门课,学生根据病案分组设计食谱,然后通过设计好的食谱来完成实训操作。实际案例的分析,关于诊疗的每个环节学生都要亲身投入实践,以这样的方式激发学生对专业学习的热情,还有效地建立了学生对专业未来的自信心,以实践为激励的手段不仅提升了学习效率,同时还加深了对医学知识的理解和巩固,这样课堂饱和度、深度的问题就迎刃而解。

总之,践行"三度"建设,提高教学质量是一项长期而复杂的工程,在实际工作当中,应结合健康服务与管理、康体与抗衰老专业的特征,以社会及市场需求为指导,遵循学以致用、全面发展的培养原则,切实培养出一批拥有专业健康管理知识,同时具备较强的实践能力,可将所学知识更好地应用于健康管理实践当中的健康管理人才。

(健康产业管理学院   陈小勇   赵   帅)

"三度"建设中丝路商学院课程建设的有关思考

2018—2019学年，三亚学院率先启动了本科教育教学改革中的攻坚项目，针对课程建设提出了明确的改革目标：增加课程内容的饱和度、深度，提高学生课程学习的紧张度（以下简称"三度"）。学校明确提出了课程"三度"建设规划，启动了首批试点学院开展课程的"三度"建设。学校相继出台《课程"三度"建设指导性意见》和《课程"三度"建设推进方案》，明确课程"三度"建设的意义、原则、思路、目标、要求、路径、标准、保障措施等，为全校广大师生参与到课程"三度"建设中提出了明确的具体要求。

课程是大学教育的抓手，是大学传播知识和技能的桥头堡。课程是大学提供教育服务的重要载体。教师通过课程的讲授将相关课程的知识和技能传授给学生，学生通过对系统的专业课程的学习，从不同角度掌握专业服务所需要的专业知识和专业技能。从这个角度出发，大学课程的好坏直接关系到大学教育服务质量的优劣，关系到培养的人才的质量。三亚学院通过对教师的课程设计的深度和内容饱和度，以及对学生学习紧张度的"三度"建设，来提升教师课程教学的质量，为学生的专业竞争力服务。

课程的载体是教材，在课程建设的过程中，课程建设的中心要向教材建设聚焦。教材建设的核心应该放到教材的内容建设上来。讲授课程的教师对课程内容的建设负有重要的责任。这就要求授课教师在讲授课程的同时，必须关注课程所涉及的学科专业知识的变化，及时将国内外学科专业新出现的理论、技能进行总结，学习吸收后以适当的形式教授给学生。教师也需要关注行业出现的新动向，以及新动向对现有课程内容和结构的影响，在讲授课程的过程中实时、适度地将行业变化和课程内容对接，增加课程的吸引度和适用性。为了达到上述目标，教师需要及时获取理论界和业界的信息，从国内外学术期刊、专业期刊的渠道，获取最新的研究信息。教师还需要和业界领头企业保持沟通，及时获取相关的业内动态信息。作为丝路商学院的教师，必须确保原版教材的理论更新问题，对国际通用的商科教材的最新动向进行把握,确保学生学到的理论和国际商学院提供的产品有对接的平台。

教材在内容上本身就有滞后性。国内引入国外教材,又产生了一次滞后效应,在行业结构发生巨变的背景下,这种滞后性带来的影响也会被放大。同时在国内出版界引入国际教材时,受成本方面的影响,引入教材的新颖性也会受到影响。虽然通过网络,可以采购国际原版教材,但是国际教材高昂的定价对教师采购最新国际教材的行为会产生一定程度的抑制作用。为了学校课程"三度"建设的深入推进,学校在国外教材、国际学术期刊的采购方面可以和课程建设挂钩,提供更大的经费支持。教师的国际交流对国际学术成果的推广具有很大的推动作用。学校在教师的国外交流进修学习方面,采取更加开放的态度,通过广泛的国际学术交流,将商科的教学内容提升到与国际及时接轨的高度上来。同时,应该鼓励教师和业界交流,制定广泛的教师和业界交流的宽松政策,方便教师及时收集业界动态信息。在教材建设方面,为了取得长期的不断改进教学内容的目标,在教师数量充足的前提下,可以通过确定课程主讲教师的方法,每位教师每学期以不超过两门课程为宜。要充分利用好技术变革背景下的行业变革的机会,观测领先企业的管理实践,及时将他们的实践案例化、理论化,并将他们放到更大范围内去接受检验。

企业管理的实践在很大程度上突破了目前的理论框架,如海尔推出的人单合一的管理模式,对组织结构进行了重大调整。海尔进行的探索很早,主要的原因有三个:第一个,泰勒的大规模制造,现在需要个性化的需求,因此是大规模定制,大规模定制一定是颠覆了原来的大规模制造;第二个,马克斯·韦伯的科层制现在是分布式的网络组织,海尔也把这个变成分布式的网络组织,他们在几年前就把内部的 12 000 多名的中层管理者去掉了,企业没有中层管理者,企业就是一个创业的平台,所有人都可以在上面创业,你不需要去请示汇报,你没有领导,你的领导就是用户,你去满足用户的体验就可以了;第三个,去中介化,过去是单边市场的线条管理,现在是多边市场的非线性网络。他们现在产品生产出来以后不再给经销商,而是通过直接和用户的交互联系来实现销售,这是非常大的变化。从传统人力资源理论来讲,员工和企业的关系是雇佣与被雇佣的关系,但是在海尔的实践中,为了发挥员工的积极性,鼓励大家创立小微企业,变雇佣关系为合作关系。传统的组织企业变成了平台型企业,给众多的小微企业提供财务管理、生产制造、产品销售等方面的服务。在产品研发方面,海尔鼓励全球合作,通过项目发包的形式,吸引全球相关的专业实验室提供解决问题的技术方案,并将该技术作为股份,从最终产品的销售中获得自己的收益。

在阿里巴巴的网络销售平台上,国际贸易已经从专业人士的专职工作,在服务机构的帮助下,变成了非专业外贸人士从事的行业。不懂外贸业务的中小企业主都可以非常方便地开展国际贸易业务,将国外的产品采购进来,将自己的产品卖到全球。特别是阿里海外仓的计划,以及全球送货网络的便利性,大大缩小了海外客户购买产品后的等待时间,为国际销售提供了便捷的通道。国际销售的深度也在加深,销售的国家数量在增多。对国际贸易专业的学生来说,在学好国际贸易知识的同时,必须学会网上商店的开设和营销等手段,利用新的手段,提高专业知识的使用效率。

网络销售的发展对传统销售的半径进行了延伸,使传统销售理论中商店地段的重要性大大降低。网店的开设为一家平台提供数亿种商品提供了可能性。商家获取客户需求信息的方法可以通过客户网上购物的消费记录来取得,网上购物的发展对线下实体商店形成了一定的冲击,消费习惯的改变将长久地影响零售行业的发展。这些实践都大大丰富了市场营销理论。

在互联网时代,许多传统的东西发生了变化,因为互联网的本质就是三个"无":无界、无价、无序。所谓无界,就是企业没有边界。现在在电商上买东西有边界吗?客户不需要和一个商店或一个公司发生关系。所以,这个无界就颠覆了科斯在1939年写的《企业的本质》:企业是一定要有边界的,因为企业拥有边界是因为企业要共有效率,但是今天是没有边界的。第二是无价,在很多互联网中的东西是没有价钱的,这就使很多边际成本曲线趋向于零。第三个是无序,没有过去的线性管理,根据提前设定的要求,和具体的工作方法不一定能达到组织预计的目的,很多都是无序。

互联网网络技术的发展降低了通信费用。随着通信费用的降低,跨国的联合研发和联合会议成了跨国企业的日常工作选项。成本的降低对劳动生产率的提升和知识技能在全球的传播速度的提升有重大的贡献。交通成本的降低为全球物流和人流的增长提供了技术支撑。全球化的视角在每个角落都将体现出来。企业面临的世界越来越变幻莫测。旧有的商业常识,包括顾客、市场、竞争等因素,都不再具有原有的意义。例如,从市场角度讲,你已不可能在全世界找到一块不是国际市场的市场。日本管理大师大前研一对此有一句振聋发聩的话:"20世纪充满常识,而21世纪是一个无常识可言,而且会突然发生变化的时代。"所有这些变化,对管理以及国际贸易专业的专业教学都将提出变革的需求。

我校提出的课程"三度"建设,在一定程度上将促进教师教学内容的改革。教学技术和教学模式也将在新的技术支撑下,向现代化的方向迈进。现代化的实验室大批量地出现在三亚学院。实时的信息传递将大大提升教学过程的真实性。学以致用,学用结合,才能真正为学生掌握知识和技能提供服务,为学生的竞争力提升服务。

(丝路商学院　田言付)

课程"三度"建设是一个长期任务

学校的核心工作就是培养学生,促进学生成长成才。在"十三五"期间,三亚学院围绕提升学生竞争力,提高学生的学习能力和学习水平,教学工作持续聚焦在课程建设,始终紧扣提高课程质量目标,取得了一定的成绩。

在上学期的教代会上,学校特别是陆校长敏锐地提出"加强课程质量建设要突出加强课程饱和度和深度的要求"。两个月后教育部《关于狠抓新时代全国高等学校本科教育工作会议精神落实的通知》指出,合理提升学业挑战度、增加课程难度、拓展课程深度,切实提高课程教学质量,进一步印证了学校工作思路的前瞻性和精准性。同时,学校新生生源结构的大幅度变化,加深了学校对于课程质量建设的紧迫感;而新生入学调查结果显示的学业需求,也进一步加深了学校对于课程质量建设的使命感。为此,在陆校长的亲自引领下,在六长会和校长办公会充分研讨后,学校决定推动由课程饱和度、深度和学业紧张度构成的课程"三度"建设。

1. 深刻理解课程"三度"建设要求

课程"三度"建设要求明确指出,推动课程饱和度、深度和学业紧张度,要做好存量瘦身文章,做好精细文章。不要因为任何原因增课或减课,课程以外的活动只减不增,确保师生集中精力踏踏实实沉浸在课程"三度"建设之中。即不要增加课程,不要增加课时,不要增加课程以外的活动,而是要做精细文章,在提高效率、提高质量上动脑筋。

课程"三度"建设要求明确指出,推动课程饱和度、深度和学业紧张度,开始时不搞"大水漫灌",而是每个专业选择 6～8 门核心课程(包括学科专业基础课和专业核心课)进行建设。这给各个专业留下了极大的选择空间,以什么为标准选课是各个学院要深入思考、认真讨论的问题。目前,金融科技专业的选择主要是针对专业基础性、专业核心性、不易自学的课程为"三度"课程,通过这 8 门课程再逐步扩充。

课程"三度"建设是审慎的。首先,采用试点的方法,摸清可能遇到的问题,总结在建设过程中的经验,再推广到全学院,从工作开展方法上是审慎的。同时在授课教师方面也是审慎的,要求是以历年教学考核优秀者或双高者优先。这样能较有保障地、高质量地推进课程"三度"建设。

课程饱和度主要从课前、课中、课后三个维度考虑;课程深度从知识重组、思维培养、知识运用三个维度考虑;紧张度从学业任务、学习投入、课程考核、考核资源四个维度考虑。这些维度既指出了课程"三度"建设的内容,也说明了考核内容。维度设置完整、可操作性强,也对如何做好教学工作有较强的指导意义。

2. 加强统筹安排,做好课程"三度"建设

如何培养好学生,从主体看,此工作涉及学校、教师和学生,从培养过程看涉及太多的方面,例如课程设置、课程要求、教材等。提高教学质量是一个系统性和长期性的工作。

每一所大学,都有各自的风格和风气,这是多年积累、反复锤炼形成的,是多少代人不断奋斗形成的,是教职工和学生共同努力形成的,绝不可能是一蹴而就,想形成就形成的。反过来,大学的风格和风气会对每个时期的教学形成影响,不知不觉地影响着当前的各种行为。要建设高质量的课程教育,从学校角度看,要常抓、真抓,抓准、抓好,形成良好的风格与风气。

提高教学质量要注意的另一点是教学内容、进度、难度和深度等要结合教育对象的实际情况来进行,要考虑学生已掌握的基础知识情况、接收学习知识的能力,学生的学习兴趣与意愿等内容因人施教,提高学生的学习能力与学习意愿,防止出现脱离了教育对象实际情况的教学状况。教学的内容、进度、难度和深度等要做到大部分同学通过努力都能掌握,达到教学要求的情况为宜。

提高教学质量要注意的另一点是教师教学能力。对于一门课程,教师的学习掌握能力、授课历史、科研经历、工作经历等都影响他们对这门课程的理解,当然也会影响到对此门课程的教学。

金融科技专业的基础课、专业课一般都有硕士、博士的后续深度学习,大学的教育只是这些课的起点教育,因此我们要把握好大学教育中这些课程教育的深度,在有限的时间安排中,结合学生的实际情况,达到最好效果。首先这些课程的教育深度要达到教育部要求的标准,同时要做好三个对接,第一要对接的是研究生考

试;第二要对接的是出国继续学习;第三要对接的是开始工作。对接的标准是和国内其他高校进行对比,和其他民办高校进行对比,目标当然是要取得比较优势。

3. 对标建设标准,将工作的每一步做踏实

做好课程"三度"建设,是一个系统性的工作,涉及许多方面的工作,针对金科院目前的发展情况,有两个方面的工作可以着重研究与实践。

3.1 做好教学案例或示例的建设

教学案例或示例是典型且含有问题的事件。一个教学案例或示例就是一个包含有疑难问题的情境描述,是一个教学实践过程中的故事,描述的是教学过程中"意料之外,情理之中的事"。

在几乎所有的教材中,我们都能见到大量的案例或示例。通过这些例子,生动活泼地向读者展示了课程的理论、方法、路径、操作等内容,是一个理解课程的好方法,也是理论结合实际的好途径。

针对某些情形能够提供自己的例子,显然需要提供者对知识有较深的理解,有一定的经验积累,有较敏锐的观察感受能力,有较强的动手能力。但我们经常在教学中看到教师只是原封不动地教授书中例子,种种原因下,没有展示出他们自己的例子。在课程"三度"建设中,加强教学案例或示例建设,对教师全面提高能力、提高教学质量、提高学生学习能力等都是有意义的。

做好案例或示例建设,要注意做好以下工作:

第一,做好理论学习。通常情况下,撰写教学案例,首先需要对课程有深刻的理解,从整体和局部上都有把握,明确领域的研究对象、问题、理论、方法、内容关联、结论等,知道前沿发展,也知道当前现实状况。在这样的基础上,有意识地要求教师自身通过示例来讲解说明这些知识。这样在有着明确的目的和要求的情形下,容易促使教师带着寻找实际教学案例的实际问题,深入地学习有关的教学理论。往往能够收到事半功倍的效果。同时,百闻不如一见,教师通过撰写活生生的教学案例学到的教学理论,就不再是抽象的、空洞的、干巴巴的教条,而是非常有用的思想和方法,利于教师内化教学理论知识,提高教学理论水平,用科学的教学理论指导教学实践。

第二,收集和建设案例或示例。需要运用教学理论的观点,运用分析与综合的方法,提炼出教学案例的主题,解决好教学案例反映的具体问题,探索出解决一般

问题的途径。要排除枝节部分的干扰,重点把握案例的核心部分,找出核心部分与教学理论的密切联系。

要找出有典型意义的事例。讲述的教学故事要体现典型、具体、生动、形象、直观等特点,给人身临其境的感觉,必须将有关教学事实形成逼真的表象。

第三,做好交流讨论。可以根据教学改革的实际情况,确定一定阶段内的讨论主题,围绕某个主题或专题收集材料、撰写案例、交流研讨,同时结合有关理论学习和实践反思,使教研活动更具有针对性和实效性。

案例是教学情境的故事,不同的人对故事会有不同的解读,因此案例十分适于用来进行交流和研讨,可以成为教研活动和教师培训的有效载体。

对在教学活动中遇到的问题、矛盾、困惑,以及由此产生的想法、思路、对策等,都可以案例分析的形式开展交流讨论,对提高分析能力和业务水平是非常有益的。

第四,做好教学科研实践。教学过程中,要明确每次课程期盼学生掌握的问题、理论、方法、过程、难点等知识,有意识地运用案例或示例,循序渐进地带入场景,引入问题,多主体多角度看问题,多方案多流派解决问题,将知识有机融合,给学生提供整体立体的认识。关切学生在课堂学习中对知识的掌握程度,比较抽象讲解和运用案例讲解的区别,分析案例,发现带倾向性的问题,找出解决同类问题的途径和方法。

从教学案例中体会教学规律,通过个别看一般,透过现象看本质,建立起一套科学的思维方式、高效的工作方法、良好的工作习惯,减少教学的盲目性和随意性,提高教学效益,提高教学实践能力。

对案例或示例中的计算、过程、统计和判断等内容,转换成实验要求,形成新式实验课内容,即让教师与学生感受金融科技专业本身的专业特点,让学生通过实验加深对理论、业务的理解与把握,逐渐形成一些实验课课件,增加建设金融科技产品的经验。

很多案例延伸下去,都会触及某些深层次的科研问题,所以案例教学与实验既有助于积累科研素材,找到达到科研前沿的途径,理解科研重大课题的起源,也有助于提高科学研究能力。大家做习题、做作业是训练能力的一个途径,反复运用案例、建设案例、实验案例当然也训练了科研能力,为教学科研打下了基础,基础打得牢,科学研究才有可能达到较高水平。

第五,做好反思与总结。要对案例建设过程及教学过程进行真切的回顾,"照镜子""过电影",把过程一览无余地再现,进行严格的审视、客观的评价、反复的分析。把建设过程与教学过程中的是非曲直、正确错误,由模糊变得清晰,对教学问题有深刻的认识,恰当解决,避免局限于具体做法,知其然而不知其所以然,更清楚地认识有些做法为什么取得了成功,有些为什么效果不够理想。通过反思,提炼并明确有效的教学行为及其理论依据,从而更有效地指导今后的实践。总结成功的经验和失败的教训,看清自己的长处和不足。

从这些看出,案例建设应是课程"三度"建设的重要组成部分。案例建设需要教师对教授内容有较深入的研究和感受,有敏锐的洞察力,对课程所涉及的领域所发生的事件有跟踪,才有可能编写出较好的案例来,这是一个积累的过程,不能搞"运动式"建设,要有意识但也要有感受的情形下做好案例建设。

3.2　做好题库建设

考试是一种严格的知识水平鉴定方法。一是检测考试者对某方面知识或技能的掌握程度;二是检验考试者是否已经具备获得某种资格的基本能力;三是反应一段时间内学生学习的效果及老师教授知识的成果。

如果考试效果不好,则很有可能代表着学生掌握知识不够,也可能代表学习效果的不好及老师教授知识的成果不好。因此,班级中个别人考试成绩不好,这些学生当然会感受到压力。考试成绩如果大面积不好,则教师会承受是否教学不好的压力;教师也要面对成绩不理想的学生考核评分的压力。一个学校有很多学生毕不了业,则学校也面临压力;学校面临要求提高教学质量的压力,督促学生学习的压力。在考试这个问题上,因为所有相关者都面临一些压力,这些压力会综合地作用到各个相关者身上,因此会出现各种情况就不足为怪了。

出试题是考试中一个重要组成部分,而且题库建设在学校不是一个新话题或新任务。为什么要进行试题库建设呢?查询很多文献可以看出,文献在讨论建设试题库的意义上主要考虑的是:第一,缩短时间,减少人力;第二,保密,防止出题教师泄露试题,画考试复习重点和范围;第三,保证教学质量,防止教师随意出题、根据个人爱好或习惯出题,防止不能达到一定难度和范围等;第四,试题库的建立,可以提高试题难度的一致性,试题覆盖知识程度一致、题型等考试题要素可进行比较,因此考试成绩就有了可比较性,对教学效果或学习效果等比较提供了一定的参考,避免了不同教师或同一教师在不同时间出题难度、覆盖程度、题型等方面的差别。

有了试题库,可以考虑考试制度上的变化,如出考试题与教学的分离等。显然,这项工作是一个长期、复杂,涉及许多方面事项的工作。

课程"三度"建设要求对试题库建设又带来了一次推动,金科院的题库建设路径可以通过四个"部分"来进行尝试,然后再逐步扩展,达到学校要求。第一个"部分"是试题部分由试题库中抽取,另一部分由代课教师出题,实习考教的"部分"分离;第二个"部分"是试题库中的试题"部分"是公开的,试题公开,答案公开;第三个"部分"是体现试题库的动态性,一个代课教师给一个班代课,就要出要求数量的试题,成为试题库中的"部分"试题,带两个班的课,就要出两倍数量的试题,依次类推。这样才符合试题库不是一次就能建成的客观规律,也不是一个教师一次能承担的,同时,试题库中试题也是随着时代和环境的变化而变化的;第四,试题难度、范围、题型等"部分"覆盖。首先从最简单的试题开始,逐渐进行扩展。而范围、题型则采用先按照教师偏好,然后逐渐进行扩展的方式。

试题库的建设要持续长久,要注意两个问题,即如何调动教师的积极性和如何切实可行的制度化。

案例与示例建设和题库建设需要全院教工与学生的参与,是一个实践的过程,也是认真落实三亚学院课程"三度"建设要求的过程,需要经常总结得失,不断修正与提高。如果能形成风气和风格,对于金科院的长远发展必然是有益的。

（盛宝金融科技商学院　文四立）

适应新技术新经济的课程"三度"建设探索

回应新时期教育部关于课程建设的新要求,课程"三度"建设必须适应新技术、新经济对高等教育内外部环境的影响,从知识供给侧与知识需求侧重新认识知识与课程教学的关系,重新定义教师、课程与学生的关系,将新技术新经济优势转变为新的教育优势与课程优势,构建符合"三度"课程价值取向的"课程共同体"与"教学共同体",建设新型课堂。

2018 年 6 月 21 日,教育部召开改革开放以来首次新时代中国高等学校本科教育工作会议,陈宝生部长第一次提出,对大学生要有效"增负",要合理提升学业挑战度、增加课程难度,拓展课程深度,真正把"水课"转变成有深度、有难度、有挑战度的"金课"。8 月 22 日教育部《关于狠抓新时代全国高等学校本科教育工作会议精神落实的通知》中明确了以"三度"为尺度进行课程建设的工作要求。各高校积极研究与实践,进行了有益的探索。例如:中国政法大学启动十门"种子课"建设,选拔一批中青年教师,组织培训并重新设计教案,从校外聘请教育教学专家对每一门课程进行诊断和指导,帮助老师利用互联网技术,建设线上线下相结合的课程。华中师范大学鼓励师生探索信息技术与教育教学深度融合,以"1+N"模式讲授的"线性代数"在 9 个智慧教室一同开讲,创下同时带 8 个班、学生平均成绩高出其他班 20 分的纪录。三亚学院提出增强课程饱和度、深度、学业紧张度的课程"三度"建设,通过"做中学""做项目""问卷星"等形式设计课堂教学,对标同类专业的优秀高校开发前沿教学资源。高等教育新形势下,大学积极探索课程改革的案例不一而足,从教育的微观环节出发,对标"三度"建设"金课"日益成为提升本科人才培养质量的关键。

需要注意到的是,信息时代的到来正在促使新技术、新经济融入并深刻影响着高等教育的内外部环境。反映在内部环境上,新技术在本科课程的教学方法、教学手段、教学模式等方面得到广泛应用,"慕课(MOOC)""微课(SPOC)""线上线下混合式课程""虚拟仿真课程"等授课形式已然不是新生事物,在近年来课程改革创新实践中已取得了一系列丰硕的成果。反映在外部环境上,新经济新业态促使新兴及交叉学科不断涌现,知识边界被打破,知识体系正在重新架构,学科交叉、知识综合将成为人才培养新的增长点和创新点,这在教育微观的课程建设上需要得到回应,教学内容、教学场景的改革与创新是重中之重。可以说,新技术新经济赋予课程"三度"新的内涵,亟须在课程建设与改革过程中得以体现。如何适应新技术新经济变化建设好"三度"课程,是一个值得深入思考的课题。

1. 新技术新经济对课程教学的影响

1.1 新技术改变了知识供给模式

新的时代背景中的各类新技术被称之为颠覆性技术,它们的出现颠覆了诸多行为与教育模式。21世纪以来,互联网、大数据、人工智能等新技术在教育领域得到广泛应用,促生了新的知识供给形态。美国教育技术CEO论坛第三个年度报告(2000年)中明确指出"数字化学习的关键是将数字化学习内容整合的范围扩大,直至整合于全课程并应用于课堂教学"。经过十余年的探索与实践,代表着信息技术与课程深度融合的慕课、微课等新课程形态在2012年后迅速兴起,促使知识供给模式发生颠覆性变革。在新的知识供给模式下,信息技术融入课程教学各要素之中,成为教师的教学工具、学生的认知工具、重要的教材形态和主要的教学媒体。通过将信息技术有效地融入各学科的教学过程,营造了一种新的教学环境,实现了既能发挥教师主导作用,又能体现学生主体地位的以"自主、探究、合作"为特征的教学方式,使传统的以教师为中心的课堂教学结构发生根本性变革。新技术对知识供给的影响已经渗透到教学工具、教学方式、教学环境等知识和教学载体的各个环节。2018年1月,中共中央、国务院印发《关于全面深化新时代教师队伍建设改革的意见》中明确提出"教师要主动适应信息化、人工智能等新技术变革,积极有效开展教育教学"。新技术将彻底打破教师垄断教学资源的格局,成为推动新一轮教育变革的动力源。

1.2 新经济促生新的知识需求

新一轮技术变革带来的新经济形势下,传统产业不断创新,新业态不断涌现。更加符合未来社会发展趋势的智能型、复合型、交叉型的新型产业兴起,对本科教育对人才在人文素养、专业知识与综合能力的培养方面有了新的要求。为应对各行业对掌握新知识、新技能人才的紧迫需求,有条件的大学积极申请开设新专业。教育部 2018 年 3 月发布的《2017 年度普通高等学校本科专业备案和审批结果》中,新增备案本科专业 356 类,共有 839 所高校申请新增备案本科专业 2 123 个;新增审批本科专业 82 类,共有 166 所高校申请新增审批本科专业 206 个。其中,248 所高校申请开设数据科学与大数据技术等大数据类专业,37 所高校申请开设的智能科学与技术、智能制造工程等人工智能类专业,艺术与科技、金融科技、互联网金融等新兴及学科交叉型专业受到高校普遍欢迎。在一个信息技术颠覆式创新发展的时代,交叉与融合、边缘与主流、个性与多元、专业与跨界、独有与共享等成为知识创新者和科学研究者认同的主流价值观。随着各行业、领域发生颠覆性变革,知识的创新和增长一日千里,并通过现代信息技术迅速传播。课堂教学不仅面临着将新技术、新知识引入课堂的挑战,还面临着新学科新专业不断促生新的知识需求的挑战。

2. 对课程"三度"内涵的再认识

大学教育特别是课程教学的一个重要任务就在于使青年学生获取与社会、行业、产业密切相关的学科专业知识。必须认识到,课程既是知识的重要载体,也是创新和传播的主要渠道,承担着将知识供给端的学科专业知识有效转化为知识需求端的人力资本、智力资本的关键任务。当前,新技术新经济已经改变了知识供给模式并不断促生新的知识需求,课程"三度"的内涵需要再认识。

2.1　课程"三度"的价值取向

中国高等教育有着自己的特点,五千年儒家文化传统决定了重视教育的传统。从个人、家庭到政府、社会,对教育的投入都非常大。这种投入既包括资金和资源和投入,更包括受教育者和教育者在时间、精力上的投入,即经济学所谓的"机会成本"。我们可以把课程教学活动看成学生和教师之间的博弈,在一次 45 分钟的课堂上,学生希望获得更多知识,教师希望传授更多知识。于是,当学生和教师这 45 分钟时间、精力的机会成本非常小的情况下,双方博弈较容易达成一个纳什均衡,双方都将课堂时间专注于"学"与"教",而非其他。然而,新技术新经济的出现改变了博弈的约束条件,课堂教学不再是获取学科专业知识的主要来源,课本知识不再是既定俗成的规则,学生可以轻易通过互联网获取海量知识,教师发现课本更新速度远跟不上新知识的出现,课堂教学的机会成本大大增加,不仅包括将 45 分钟用于学习和教学的机会成本,还包括 45 分钟之外时间和精力投入的机会成本,最终导致课程教学质量大大下降。在 2018 高等教育国际论坛年会上,教育部高等教育司司长吴岩说,大学要实现三个"一去不复返的日子",即"一部分学生天天打游戏、天天睡大觉、天天谈恋爱,'醉生梦死'的日子一去不复返;一部分教师'认认真真培养自己、稀里马虎培养学生'的日子一去不复返;一部分学校'领导精力投入不足、教师精力投入不足、学生精力投入不足、资源配置不足'的日子一去不复返",深刻反思了当前课程教学上出现的问题。这种现象是由多方因素造成的,比如一些学者提出中国 20 世纪 90 年代以来高等教育扩招造成生源质量下降是导致教学质量下降的重要原因,但课程作为"人才培养的核心要素,是教育的微观问题",课程首要服务于人才培养的价值取向不能改变。

从经济学和高等教育规律的视角出发,新技术新经济下课程"三度"的价值取向可界定为:以提高人才培养质量为课程教学的核心要素,合理运用新技术改善教学供给模式,增加课程饱和度,使学生将时间用于课堂;适度引入新经济带来的新知识,拓展课程深度,使学生将精力放在课堂;鼓励教师将新技术新经济转化为教育优势,以多样化教学手段合理配置课程资源,降低教学活动的机会成本,增加学生学业紧张度,切实提高课程质量。

2.2　知识供给侧:对教师与课程的理解

在课程教学中,教师是重要的知识供给者,理应传道、授业、解惑。虽然教育并不等同于知识,但教师的本质是言传身教、传授知识与技能、解决知识的疑惑这一与知识密切相关的角色定位毋庸置疑。课程将教师、知识与学生紧密联系在一起,构成了一个教育微观的生态系统。新技术新经济打开了这个生态系统的一扇窗,越来越多的知识不再需要通过教师来呈现,越来越多的新知识在课本中不能查阅到,而知识机器会提供越来越多的帮助,甚至代替人脑。课程教学使学生具备筛选信息、识别真相、辨明是非的能力更加重要。爱因斯坦 1921 年获得诺贝尔物理学奖后到美国访问时,一位记者提问声音的速度是多少,爱因斯坦拒绝回答,他说:你可以在任何一本物理书中查到答案。随后他说了那句名言:"大学教育的价值不在于记住很多事实,而是训练大脑会思考。"爱因斯坦的大学教育观,在今天更值得深思。就知识的供给而言,课程"三度"的价值取向将不在于呈现给学生多少数量的知识,而是训练学生学会运用科学知识思考的能力。

2.3 知识需求侧：对学生与课程的理解

值得探讨的是，大学教育中的知识需求，包括社会对大学提供的知识需求，往往体现在大学人才培养、科学研究、服务社会过程中有关知识产生、提供、传播等各个方面，新技术新知识则首要影响了这类知识需求，极大改变了课程的知识要素。回到课程本身，知识的需求则主要来自学生对课程的需求，包括课程提供的知识，也包括知识提供的方式、方法、途径等即关乎学生理性立场又关乎感性情感的所有方面，在新技术新经济影响下都发生了变化。还要注意到，受教育对象也发生了重要变化，"20 世纪 90 年代是中国经济起飞的关键时期，当代大学生在成长中见证了中国的崛起，可谓'崛起一代'；他们从小就生长在全球化的环境中，亦可谓'全球化一代'。受此影响，当代大学生的思想和价值观也极具时代特点"。生活在信息时代的 90 后、00 后大学生，在自我认知、思维方式、社会交往、现代工具使用等方面与之前年代的大学生都存在显著不同。视野更开阔、接受新信息更快、更具有自我意识，这些都是现代大学生的典型特征。基于知识需求侧发生的重要变化，课程"三度"的价值取向必须把好行业脉、学生脉，构建新型课堂，为学生提供更高质量的课程体验。

3. 建设"三度"课程的思考

适应新技术、新经济对大学新型人才培养的迫切要求，必须以教育微观的课程为出发点，以提高人才培养质量为核心，把握好知识供给与知识需求间的平衡以及教师、课程与学生之间的平衡，促进形成新的教育优势与教学优势，打造"课程共同体"与"教学共同体"，构建新型课程教学体系。

3.1 构建适应新教育优势的"课程共同体"

在新技术蓬勃兴起并在教育领域广泛应用以前，教育的优势在于课程作为最基本的教育微观要素在一定程度上对学科专业知识形成的天然垄断。一门课程集合了关于某一特定学科专业领域的知识，并成为系统的知识体系，经由教师传授给学生。如果仅依靠有限的课堂时间，而不进行更广泛的阅读、思考与练习，学生与教师之间将必然存在不同程度的信息不对称。教师容易成为知识供给的垄断者，学生的知识需求能否得到有效满足，将主要取决于教师的能力、水平乃至态度。所幸的是，在新技术新经济尚未快速发展之前，教育及其他社会经济资源的有限形成了教育门槛,教师面临的机会成本很小。即便是垄断者,知识供给质量也能够得到保障。

新技术、新经济不仅打破了教师对知识供给的垄断,还同时放大了教师和学生面临的机会成本。在海量知识容易获得的条件下,为减少这些机会成本,一条可行的路径就是提高课程知识的深度与饱和度,增加课程对知识供需双方的吸引力。因此,一个有新教育优势的"课程共同体"意味着一是在课程内容上要保持知识的边际供给大于知识的边际需求,二是在课程容量上要保持知识的供给弹性大于知识的需求弹性。这对教师而言,是更大的挑战。教师的知识、好奇心、想象力必须远超过学生,才能保证课程过程中不输给来自学生的挑战。

3.2　构建适应新教育优势的"教学共同体"

适应新教育优势的"教学共同体"将对"教"与"学"双方都提出新的要求。在以教师为主导的知识供给侧,需要顺应新技术新经济时代的学习者特征,构建新的教学场景与教学模式,重点解决"在哪里教""教什么"和"怎么教"的问题。教师必须熟悉并广泛了解课程所涉及的学科专业知识、行业岗位知识、前沿热点知识,根据课程所属学科的专业特质,以思维训练为导向,将碎片化知识变成体系化的知识思维模型,在此基础上制定课程大纲。在教学过程中,要善用"雨课堂"等智慧教学平台,架构与实体课堂优势互补的教学场景,提高教学效率。在以学生为主导的知识需求侧,需要重点解决"在哪里学""学什么"和"怎么学"的问题。对学生的要求包括根据知识思维模型制定自己的行动框架,以课程大纲为参考,在多样化的学习资源平台上进行有针对性的阅读、思考与练习,直至将知识内化为专业能力。

4.　结论

新技术、新经济改变了原有的教育优势,赋予教育的微观要素课程以新的内涵。教育部提出要"合理提升学业挑战度、增加课程难度,拓展课程深度"的"三度"课程建设,意味着课程建设必须回应知识供给侧和需求侧出现的新变化,将新技术、新经济优势转变为新的教育优势,坚持课程首要服务于人才培养的价值取向,重视训练学生学会运用科学知识思考的能力,重视为学生提供更高质量的课程体验,发挥好教师在课程建设中的主导作用,构建适应新教育优势的"课程共同体"与"教学共同体",建设新型课堂。

(盛宝金融科技商学院　高一兰)

推进课程"三度"建设的"四个三"

提高课堂教学质量,加强课程饱和度、课程深度、学业紧张度的课程"三度"建设,是学校进一步推进教育教学改革的前瞻性战略举措。以学生为中心,合理提升学业挑战度、增加课程难度、拓展课程深度,切实提高课程教学质量,给课堂教学挤"水"添"金",需要转变教学的"三观念",改革教学的"三基础",做好教学的"三设计",以及关注教学的"三反馈"。

2018 年 6 月,陈宝生部长在成都召开的"新时代全国高等学校本科教育工作会议"上针对建设高水平本科教育和人才培养质量提出了"四个回归",即"回归常识、回归本分、回归初心、回归梦想",明确指出,大学生需刻苦努力地学习,并要求高校对大学生应该合理地"增负"。进入大学后,绝非被普遍误解的可以放松学业,正相反,高等教育是更高阶的人才培养,是更专业、更深入的知识的学习与积累,是更进一步的与社会对接。因此,教育部进而提出提高教学质量,真正把"水课"变成有深度、有难度、有挑战度的"金课",并相继出台了《关于加快建设高水平本科教育全面提高人才培养能力的意见》(教高〔2018〕2 号)和《关于狠抓新时代全国高等教育本科教育工作会议精神落实的通知》(教高〔2018〕8 号),明确指出:各高校要全面梳理各门课程的教学内容,淘汰"水课"、打造"金课",合理提升学业挑战度、增加课程难度、拓展课程深度,切实提高课程教学质量。随后,各地区教育部门纷纷在文件的指导下出台具体的工作方案,围绕大学生"增负"、淘汰"水课"、打造"金课"的几个关键词,制定落实文件和指导意见的具体举措。

三亚学院始终秉持"以学生为中心",围绕"提升学生竞争力",致力于学生成长成才以及学习能力和水平的提高,始终将教学重点工作聚焦在课程建设上,以不断提升课程质量为目标,采取了一系列的举措,包括课程大纲国际化、精品课程网络化、核心课程小班化,以及课程体系与五种品质的对标等,积极进行教育教学改革并取得了阶段性的可喜成效。显然,学校在教育教学改革与深化的道路上并未止步于此,在教育部文件出台两个月前的学校教代会上,陆丹校长提出"加强课程质量建设要突出加强课程饱和度和深度"的要求,与两个月后出台的教育部文件精神不谋而合,充分印证了学校战略发展的前瞻性与精准性。

1. 转变教学的"三观念"

人有"三观",教学亦如此。人"三观"不正,必入歧途;教学"三观"不转变,亦不能推进深入的教学改革,这是对教学本身具有深刻认识的关键。教学的"三观念"即教学本质、教学理念、教学原则。

教学本质,是对"教学是什么"的追问。在传统的教学观念下,教学即"传道、授业、解惑",就是通过教师讲授,在课堂上将理论知识、实践技能传授给学生的过程。从本质上看,传统的教学观念就是将教学看作教师"传授"与学生"接受"的定向过程,课堂教学以教师为主体,以教授为中心。这种传统的教学观念会导致很大的局限,使教学局限于教书,教书局限于课程,课程局限于课堂,课堂局限于讲授,讲授局限于教材。整个课堂教学好似连接讲台与课桌的知识的传送带,而这种线性的、单向的教学模式偏离了教育教学的本质。虽然"教学"二字从字面上看就是"教学生学",但高等教育教学的不断发展赋予了它新的内涵和丰富的意义,从本质上看,教学是要教学生"乐学""学会""会学"。"乐学"是产生学习的兴趣,"学会"是讲究学习的效果,而"会学"是教的核心,使学生学会在思考中学习,在实践中学习,学会自己学习。

教学理念,是对"教学为什么"的追问。传统的教学理念是:"教"的目的是为了"教会",进而导致传统教学过程以教师传授为中心。而现代教学理念需要转变为"教为不教",这也是我国著名教育学家叶圣陶先生的主要观点。"教"的目的是教学生学习,贵在对学生的引导、指导,促使学生开窍。叶圣陶先生曾讲:"教师之为教,不在全盘授予,而在相机诱导。必令学生运其才智,勤其练习,领悟之源广开,纯熟之功弥深,乃为善教者也。"

教学原则,是对"教学以何为主"的追问。传统的教学观念中,教师是教学的主体,教学内容、教学方法、教学评价等均以教师的设计为主。新形势下,要求教学主体由"教"向"学"转变,教学的目的和效果都在于"学"。钱穆曾言:"孔子一生在教,孔子之教主于学。"教师的天职是教学,而教学的主体在于学,以学生为教学的主体,以学生为教学的核心。"施教"不同于"制器",它是一个主动"加工"过程。授而受之,方有成效。教学是教师的天职,教师的责任是为了学生,需要摒弃传统课堂"以教论教"的教学评价原则,转变成"以学论教",即教学质量的高低需要通过学生学习效果来进行评价。

2. 改革教学的"三基础"

所谓教学的"三基础",即教学的三个基础性问题:教学内容、教学方法、教学评价。如果教学内容是指教师教什么,教学方法是指教师怎么教,教学评价是指教师教得怎么样,这种解释就是传统的"以教为中心"的模式;而如果教学内容是指学生学什么,教学方法是指学生怎么学,教学评价是指学生学得如何,那么,这种解释就是"以学为中心"的教学模式。

2.1 教学内容的改革

教学内容的改革应致力于从"教师教什么"向"学生学什么"转变,前者是以课程教育为导向,后者是以学习成果为导向。在课程教育导向下,教学内容主要基于学科需求,教学知识体系强调学科专业知识结构的完整性与系统性;而在学习成果导向下,教学内容则主要基于学生学习的成果产出,教学知识体系强调与社会需求和职业标准相契合、相适应。学习成果导向的教育强调三种产出:人才培养目标与体系、课程目标与体系、毕业要求与标准。如果说,传统的课程教育导向是一个正向设计的过程,那么,学习成果导向的教学模式就是一个反向设计的过程。也就是说,教学内容的设计从国家、社会、行业、用人企业等外部需求出发,结合学校、学生、教师等方面的内部需求,协同确立人才培养目标及学生毕业要求与标准,进而确定实现目标和达到标准的课程体系、课程目标,最后由课程目标决定课程教学内容。在学习成果导向的教学模式下,上述几个方面存在着两两对应、彼此协调的关系,即内部外部需求同人才培养目标的对应,人才培养目标同毕业要求与标准的对应,毕业要求与标准同课程体系的对应,毕业要求同课程目标的对应以及课程目标同教学内容之间的对应关系。可以看到,学习成果导向的教育模式下,教学内容实质上是由学生的学习产出决定的,而这又取决于学科专业教育的产出——人才培养目标,教学内容取决于"学生学什么"而并非"教师教什么"。

2.2 教学方法的改革

教学方法的改革应致力于从"教师怎么教"向"学生怎么学"转变,前者是以教师为导向,后者是以学生为导向的教学模式。以教师为中心的教学模式强调课堂教学,强调教学过程以课堂、教师、教材为中心;以学生为中心的教学模式,强调学生在课堂上的主体地位,师生的角色发生了转变。在新的教学模式下,教师不仅仅是知识的传授者和课堂的控制者,而更多的是整个教学过程与活动的引导者、参与者、推动者;而学生也不再是传统课堂教学中的被动接受知识者,而是主动学习者、积极思考者、自主探索者。"以学生为中心"的教学模式,强调学生在教学过程中的积极性、创造性、自主性的充分发挥,强调学生学习动机、热情、兴趣、愿望的激发,端正学生学习态度,发挥学生主动寻求、吸收新知识的能动性,支持学生从自己的兴趣爱好、认知体系、主观需要等方面出发进行知识学习的选择,并将新知识以自己独特的方式融入自己已有的认知体系中去,从而使自己的认知体系逐渐充实、改造与完善;以学生为中心的教学模式,支持学生自主决定和选择学习行为与活动,通过自己的努力达成学习目标,形成自我调节、自我控制、自我评价与自我完善的能力,同时,培养学生在学习过程中的创新意识,强调知识的创新性,创新学习方法、思维方式,从而促进创造性学习成果的产生;"以学生为中心"的教学模式,强调知识从传授与继承向体验与发现转变,从知识记忆向知识应用转变,注重通过实践和研究进一步发展和构建知识体系,发展创新思维;"以学生为中心"的教学模式,鼓励和引导学生运用新方法、新思路,积极探索前人尚未解决的问题,通过探索性的教学氛围和环境,呈现知识的延展性与开放性;"以学生为中心"的教学模式,培养学生有效获取知识、信息的能力,注重引导学生对现有知识的思考、质疑、判断、运用、改造、创新的能力,进一步强调知识、能力、境界在教学过程中相辅相成的互促关系。

2.3　教学评价的改革

教学评价的改革应致力于从"教师教得怎么样"向"学生学得如何"转变,前者是以投入为导向的教学评价,后者则是以产出为导向的教学评价。投入导向的教学评价中,评价指向教师的教学,而产出导向的教学评价指向学生的学习,即以学论教,以学生为中心,以学生发展为核心。推进学生发展的产出导向的教学评价具有四个特征,即重视对学习过程的评价、重视学习者思维能力的发展、评价主体多元化、评价方式多样化。"以学生为中心"的教学评价是一种发展性评价,是一个动态的过程,即在教学、课程、学习过程中进行系统的评价活动,将教学过程看作是一个完整的系统。教学过程系统中包括若干子系统,每个子系统之间相互产生联系和影响,持续推进教学的改进;以学生为中心的教学评价是一种过渡性评价,即对上阶段结果的归纳总结,作为后续阶段教学的出发点。通过对上一阶段的教学情况进行总结、分析,发现问题并调整、矫正、指导学生的学习行为,并将此作为下一阶段教学的起点。教学评价的主体是学时,学生、教师及其他相关者之间是相互促进、相互激励的关系,通过评价鼓励学生主动参与到教学过程中来,并产生成就感和自信心,形成继续学习的推动力。同时,教学评价过程强调学生的自我反思和自我监控,适时调整自己的学习方法、策略,进行自我评价,提高自主学习的能力,强调师生、生生之间的协同合作,促进教学评价的良性循环。

3. 做好教学的"三设计"

从"水课"到"金课",课程"三度"的打造,关键因素之一是需要做好教学设计,教师需要锻炼与培养教学设计意识。有教学设计意识的教师经常反思目标制定的合理性以及达成目标的途径与策略的可行性;有教学设计意识的教师需要知道究竟如何确定目标,如何设计教学活动有助于教学目标的达成,需要评估学生达成目标的程度;有教学设计意识的教师可以从多个角度出发,不断优化教学措施,解决其中存在的问题,不断提升教学质量。

3.1 教学目标的设计

教学、活动、评价是否有效是需要标准进行对照的,而这个标准就是教学目标,教学目标就是教学的指南针,用来指导教学、指导学习、指导评价。教学目标的设计需要具备可观察性,不可观察的目标是假目标;教学目标的设计需要突出核心概念或者围绕关键问题,否则设计就没有意义。

3.2 学习活动的设计

学习活动是一个过程而不是单纯的一个结果,教师的责任就是通过一系列的教学活动引导学生一步步深入学习。在学习活动的设计中,错误之一就是设计的活动与教学目标无关。对此,教师务必根据教学目标来设计学习活动,学习活动能够凸显和锻炼教学目标达成所需要的能力因素,两者的联系需要显而易见;错误之二就是活动设计的任务过难,导致学生无法完成。对此,教师需要提前了解学生认知程度,针对不同程度的学生认知、心理等来设计不同层次的活动,由简单到复杂,以满足学生对学习活动的需求,达到提升教学质量、推进教学目标达成的效果。

3.3 大量练习的设计

学习的最终目标是使学生获得素质提升及技能的掌握,无论是知识理论的学习还是实践技能的提升,都需要进行刻意练习。大量的练习是绝对必要的。练习的设计必须是有目的的,是与教学目标相契合的。练习设计可以采取螺旋式的或循环式的,使学生在大脑里形成一个刻意练习的模式,将学习的理论知识内容不断地固化。

4. 关注教学的"三反馈"

有效的反馈是教学的生命线,没有反馈必将导致教学的低效甚至无效。教学的"三反馈"包括:学生给教师的反馈,教师给学生的反馈,学生自身的对话与反馈。三方面的反馈都需要从学生学习出发,做到及时、有效。也就是说,每次反馈都是信息量增加的过程,旨在对后续教学进行调整,改善教学行动,提升教学质量。

矫正型反馈与内反馈都是特别有效的。学生给教师的反馈、教师给学生的反馈是一种矫正型反馈。通过彼此反馈,从自身教学和学习的感受出发,相互告知彼此值得进一步发展或者需要进一步改进的方面,促进对方未来教学、学习行为的改善。

学生自身的对话与反馈是一种内反馈。学生完成学习之后,分析自身学习状况,进行自我对话,明确学习内容和获得的技能,寻找自身不足和欠缺之处,为后续学习方向提供依据。

目前,课程"三度"建设已经成为学校教学工作的重中之重,学校对于"三度"课程的选择、师资的遴选、标准的设计、满意度调研、课序的调整等做了大量的工作,并在未来逐步将"三度"建设普及到每门课程。学校教师应该进一步深刻理解"三度"的内涵,以学生为中心,从学生需求出发,并进行过程跟踪,通过学生反馈在过程中进行调整,最终通过评价体系对教学效果进行验证。同时,课程"三度"建设是个系统工程,学校对于课程"三度"建设前期的调研很全面,随着"三度"建设的推进,学生对"三度"的认识和理解不断深入和变化,需要进一步围绕学科、专业、课程进行更有深度和持续性的调研。此外,课程"三度"建设过程中,效果是双向的,即应该不仅仅关注学生学习效果的改善,对教师能力也是一种提升,两个主体之间形成了一种长期互促的关系,推动教学过程进入良性循环,这个机制是值得进一步研究与思考的。

(教务处　李卉妍)

聚焦"三度" 关注"教"与"学"

　　课程是学校教与学的主要载体，构建"以学生为中心"的课程"三度"（饱和度、深度及学业紧张度）建设，一方面从教师的角度出发，关注课程饱和度与深度，挖掘"教"的智慧，另一方面从学生的学习着手，重视学业紧张度，引导学生"学"的转变，不断完善"三度"建设的学业支持服务体系，联动课堂内外，共同助力学生学业成功，成就学生梦想。

　　随着信息技术与人工智能的快速发展，学生获取知识的途径、方法和手段越来越多、越来越快捷，学生对知识深度和广度的要求与日俱增，对新知识和旧知识的融合、对多学科间知识体系的构建有了更多的期待，同时也渴望获得更多的技能以适应和应对未知的未来。具备掌握、学习和处理信息的能力，具备创新思维、扎实的理论基础和应用能力及较强的学习能力是现代人才必备基本能力素质。学校课程"三度"建设坚持"以学生为中心"理念，回归教育初心，将时间和精力放在学习主体——学生身上，提高对学生的关注和投入，激发学生课堂内外学习探索的主动性，加强知识学习的深度，加大学业紧张度，提高学习成效。通过课程改革，促进学习革命，这既是积极响应外部环境变化，预判社会对高水平人才的需求，创新人才培养前置思考和前瞻性改革良策，也是满足学生学业期待、激活学生学习动力的重要举措，同时也是对全校直接或间接参与教育教学和人才培养的教职员工提出的更高的要求。

　　教育部在 2018 年召开的新时代全国高校本科教育工作会议上提出，要坚持"以本为本"，提倡本科教育回归常识。对大学生要合理"增负"，提升大学生的学业挑战度，激发学生的学习动力和专业志趣，改变轻轻松松就能毕业的情况，真正把内涵建设、质量提升体现在每一位学生的学习成果上。从学校近年的新生调查数据中可以看到，新生对于学业的要求、期待都在逐年攀升，2018 年的新生调查中"对大学的认知"一项，学生"以课程为主的学业"在重要性内容中排在了第一位，学生开始更专注于自己的专业，渴望在大学四年学到更多的知识与技能。

1. 课程饱和度与深度并驾齐驱,挖掘"教"的智慧

关注教学质量提升,打造具有饱和度和深度的高效课程。根据学校课程"三度"建设的要求,起步要"早",做到知识先知、饱和度先受益、方法先学、应用价值先体验。课程实施过程的饱和度和深度,体现更新教学理念,满足学生需求的多元课程内容、不断探索有利于学生发展的科学、合理课程结构及保障学生成长的评价体系上。

第一,更新教学思想、教学理念,变"学生功利性、被动学习"为"学生对自己的学习负责",变学生"同质化"发展为个性化发展,变课堂教学目标的知识本位为综合素质本位,变学生独自学习为师生、生生合作学习,变重视"教"的策略为关注"学"的策略,变固定的学习时空为灵活、自由、广阔的学习时空,变灌输教学为体验教学,变信息化技术教学手段单一应用为创新应用。第二,优选教学内容。追求"早"即是"新",突出"新观念、新观点、新内容、新方法、新技术",开发学生潜能、发展个性化差异,对教材知识点重新系统地梳理和整合,对教学内容进行再研究、再设计,聚焦于学生的认知规律与学科的发展规律,放弃纯粹依赖教材顺序的做法,注重应用型人才的培养,增加课程的实践环节,提高学生的专业知识、专业方法和专业能力。第三,不断丰富课程教学的知识信息、学科观点,力求使学生"学得充分饱满一些",同时帮助学生拓宽知识广度、拓展知识深度,突出专业知识结构的系统性。第四,在总结性考核的基础上注重加强过程性考核,丰富考核形式,建立科学的课堂教学效果评价指标,以学习产出和学习能力提升作为考核的目标,注重课程的连贯性和跨学科性。第五,活用多种教学策略,采用多元化的课堂教学方法,兼顾学生的个体差异,因材施教,充分考虑学生特点后进行针对性教学,让每个学生都沐浴在独特的教学阳光之下。根据每位同学的认知特点、学习风格不同,设置不同类型的教学活动供学生自由选择,增加学生的参与度和参与感,提高学习效率和获得感。此外,学习早已不仅仅拘泥于课程知识,"苟日新,日日新,又日新",课程外知识拓展也愈发重要,不仅教师授课需要旁征博引,学生也应当加大阅读量,并及时地进行知识梳理,鼓励和督促学生结合课程进行有的放矢的大量阅读,增强阅读比例。

伴随着学校"三度"课程的实施,为全面了解学生对课程的体验,学生中心设计发放了"课程'三度'建设实施情况"调查问卷,以第一批试点学院、试点班级的学生为调查对象,90.7%的学生认为"三度"试点课程有深度,83.47%的学生认为课程

难度大,88.18%的学生在课程的学习中能获得学习成就感,学生满意度较高。从试点学生调查的反馈来看,八成以上学生反馈授课教师注重课程的饱和度和深度,主要体现在课程中注重引导深入思考、注重课外知识的拓展、开展课后辅导等,同时,近九成学生表示课程难度较大,课程有深度,从课程学习中能获得成就感。教师在注重课堂教学设计、增加学生的参与度、激发学生学习兴趣方面的意识也不断增强。由此可见,已有的试点课程中课程饱和度和深度、难度建设初见成效,初步做到了知识先知及饱和度先受益。

2. 学业紧张度和有效投入并肩前行,引导"学"的转变

大学的课程安排相对于高中生活要自由得多,当前学生在本科期间投入到学习的时间、精力、注意力和情感越来越少,"功利性学习"的导向使学生将学习目标定位为考试通过,学习上采取的方法多为"临时抱佛脚",为应付考试,考试周成为学生的主战场。由于从小受应试教育的影响形成的应试能力和应试思维,与当前所倡导的自主学习思维及社会对学生知识和能力的要求存在矛盾与冲突,促使高校教育开始关注学生,关注学生的学习过程,关注学生学习的投入度,从学生的角度出发评价学生的学习质量。学习性投入是学生投入到有效学习活动中的时间和精力,以及学生如何看待学校对他们学习的支持力度。强调学生在学习上投入时间和精力,不能单纯地为了投入时间而拼时间,而要放弃单纯着眼于"投入时间"而机械性拼时间,真正以"学以致用"为目标进行学习研讨和学习反思。教学是双向的过程,师生互动教学相长不容忽视,提升学生的自主学习能力,才是有效学习。否则,即使学校将严谨科学的教育教学落到实处,学生却在边缘徘徊,不主动参与,不融入其中,走马观花抑或作壁上观,那也只能是无效学习,学生的学习投入及有效参与直接决定了学生的学习质量和学习收获。

如果说学生为获得知识和能力而自主的"学"是学业紧张度的内驱动机,那么教师的"教"则是学业紧张度的外部动力。高校教师将多样化的教学模式如慕课、翻转课堂、混合式教学模式引入课堂,目的在于调动学生的学习积极性和主动性,引导学生主动参与到课堂之中。教师在课程开始之前,为学生创建个性化的自主学习环境,使学生由课前放任学习或缺失学习状态转变为有计划、系统的学习状态,提高学习的主体意识,掌握学习进度;课堂上,教师充分利用多种教学方法,给予学生发表观点展示自我的机会,增加互动性和学生的参与性,学生之间也在互帮互助中,共同完成学习任务,让课堂成为学生展示自我及团结协作的平台;课后,学

生进入自主反思复习阶段,不再为了期末考试去机械学习,死记硬背知识点,忽视整个知识结构的完整性和系统性,而是更注重平时的学习积累、学习收获及学业成就感,提升学习能力以及对整个知识结构与系统的认知与感悟。就调查的数据显示,学校开展"三度"建设以来,学生的课程作业量、课后相关书籍及学术论文阅读、投入学习的时间均在一定程度上有所增加,82.34%的学生表示学业紧张,可见,学校的学业紧张度建设已在一定程度上改变了学生的学习行为。

在"课前—课中—课后"的过程中,教师的角色是环境的创建者及学习的引导者,学生才是学习真正的主体,让学生在课堂学习中掌握学习的主动权,改变目前功利性的被动学习现状,逐步培养学生学习的独立性,让每位学生成为自己学习的管理者和负责人,是学业紧张度建设的关键。

3. 完善蕴含"三度"建设的学业支持服务体系

课堂是课程"三度"建设的主场,课后学业支持服务体系是课程的重要补充,课堂内外"三度"建设的联动机制为提高学生的学习质量提供了保障。学生中心作为学生课堂外学业支持及能力提升的服务平台之一,围绕学校课程"三度"建设,搭建开放式学习空间,打造服务品牌,满足学生多元化需求,丰富学生学习和生活体验,不断提升学业指导服务水平,积极发挥课堂之外的"三度"学业引导作用。在学业指导活动中,有三类团体指导活动的学生参与人数是可预见并且比较可观的,其一为考试类应试指导活动,如四六级考试辅导、考研辅导、公务员考试辅导等;其二为提升必备能力类指导活动,如与学分挂钩的学习型社团活动等;其三是专家教授的专业领域内或人生经验的讲座活动。除此之外,其他能提升学生软技能、激发潜能这类"慢回报"、持续性的指导活动,学生的积极性和参与度还有待提升。这反映出学生学习的目的性和倾向性:对于自己大学四年渴望获得的技能和学习目标比较明确,部分学生的学习依然受外在学习动机主导,内在动机不足,都渴望从经验丰富、优秀的教师和前辈中获取有益的经验。面对这种现象,未来的学业指导活动该如何提升吸引力呢?

第一,以学生学业表现和学习状态为杠杆,构建全频谱学习与发展支持服务。学业指导关注全体学生的学习与发展,面向全校所有学生提供学业服务,根据学生的学业表现构建"优秀学生""普通学生""学困生帮扶"全频谱学生学习与发展支持服务,对不同类型的学生,匹配相应的资源,定制学习计划和内容,分类进行指导;良好的学习心理状态是学生有效、高效学习的载体、前提和保障,在开展学业指导的过程中应积极关注不同学生的学习心理状态,挖掘学生学业表现的"非学业"因素,并穿插心理状态自我调节策略的讲解和学习,提高学业服务的针对性和实用性。

第二,完善无缝衔接的有饱和度、深度和紧张度的"四年学业拼图"。从学校着重培养学生的五种品质和六大能力出发,围绕"三度"建设要求,继续构建系统而又周全,内部彼此相互呼应,包含学生专业、课程、就业,课内和课外,知识和实践在内的四年学业拼图,帮助学生一张图读懂他的大学学业、大学学业规划进程、大学精力分配及未来发展。

第三,根据学生及学业指导工作实际,编制遵循学业指导规律、适合学生发展需要、体现学校特色的《三亚学院学业指导服务手册》,分析和梳理学业指导各项目的具体运作,让学业指导有章可循、有章可依;内容上,力求将学生在学习和学业完成过程中可能遇到的带有普遍性的问题,做出较为详细的解答,给予学生学业上的帮助和指导;注重手册的实践操作性,使其成为指导学生学习的指导性用书。

第四,构建以学生为中心,营造良好的学生学习、研究和知识创造的协同学习环境和气氛,搭建一个师生、生生之间相互促进、丰富学习经验、深入探讨的场所,构建学习共同体。邀请校内外多领域多学科专家教授讲学,引导学生高效、轻松、有策略的学习,增强其学习能力和学术表现力;继续整合校内外资源,引进或创建多元化的高品质学习型项目,为学生学习和成长提供主动服务,深入挖掘学生需求,丰富服务内容并拓展相关资源。

学业指导的内容和形式不同于课堂,但其目标和本质却是与课堂一致的,学生和教师都需要回归学习本身,打造学生真心喜欢、终身受益的指导活动,具体到每项学业指导内容及每个指导步骤中,如何结合学生实际,在照顾到大部分学生的同时满足少数学生,并且还能合理安排饱和度,把握好每次指导过程中知识的深度,加强学业紧张度,需要每一个学业导师的深入思考和探讨,并在实践中不断完善、加强和提高。

现代科学技术和经济的快速发展、社会的不断进步使得新的知识不断产生,已有的知识被不断更新,知识的总量呈爆炸式增长。据联合国教科文组织统计,人类近30年来所积累的科学知识,占有史以来积累的科学知识总量的90%,近10年来人类知识的总量每三年翻一番。据此,现代大学的教育应是智慧教育和能力教育,课程是人才培养的载体,有质量的课程带给学生的是可持续发展的能力。在具体实施过程中理应以满足社会发展需要,注重涵盖学生多方面、多层次、多变化的需求为目标。课堂上关注学生的体验,关注对知识深层次、多角度的解读,加强学习过程指导。课后着重对知识"立体"地应用,关注学生潜力的发掘、能力的提升,还应留给学生更多围绕课程深度进行自主学习的时间。教师必须提高对于时代变化及学生变化的敏感度,增强"嗅觉",更新教学设计和学业指导设计的设计理念和思维,提前交付学生学习任务,提升学习"挑战性",让学生带着任务、带着问题参与其中,充分发挥学生学习的主动性,实现自主学习、终身学习,养成具有创新精神的健康人格,更好地走向社会。

（学生中心　李晓倩　梁友芳）

三亚学院课程"三度"建设思考

开展课程"三度"建设,是三亚学院进行深度教学改革的重要举措,是学校教学工作的重中之重,彰显了学校"以生为本"、追求教学质量不断提高、回归教育教学本质的一以贯之的办学理念和价值追求,对于持续提高课程建设和教学质量,全面提高人才培养能力,提升学生竞争力,促进学生成长成才,提高学生的学习能力和学业水平具有重要的战略意义。在此项工程建设中,正确认识和理解课程"三度"建设的意义和价值是保证建设质量、取得成效的首要前提,明确课程"三度"建设的核心理念与建设目标是方向正确、方法得当的引领,而各学院、教师和学生都需要明晰开展课程"三度"建设的思路与措施,注意应对和解决可能存在的问题,并不断从多维度加强各方面的保障。

三亚学院课程"三度"建设已进入重点实施、深入推进的关键时期。笔者既是二级学院的教学管理者之一,同时也是开展"劳动与社会保障法"课程饱和度、深度和学生学习紧张度的"三度"建设(以下简称课程"三度"建设)的试点责任教师之一,结合试点课程谈谈对课程"三度"建设的认识、理解和有关设想。

1. 正确认识和理解课程"三度"建设是保证质量、取得成效的首要前提

思想是行动的先导,观念是行动的指南。正确认识和理解学校开展的课程"三度"建设是保证质量和有效推进此项举措和工程的前提。解决了从思想上认识问题,才能确保高度重视。

学校开展的课程"三度"建设,体现了党的十九大提出的"建设教育强国是中华民族伟大复兴的基础工程,必须把教育事业放在优先位置,加快教育现代化,办好人民满意的教育"的总精神、总要求,回应了落实教育部《关于狠抓新时代全国高等学校本科教育工作会议精神落实的通知》中提出的"合理提升学业挑战度、增加课程难度、拓展课程深度,淘汰'水课'、打造'金课',切实提高课程教学质量"的原则

要求,也契合教育部、中央政法委员会《关于坚持德法兼修实施卓越法治人才教育培养计划2.0的意见》《国务院关于印发国家职业教育改革实施方案的通知》和中共中央、国务院颁布的《中国教育现代化2035》等文件的精神要求,具有鲜明的时代特征和重大的战略意义。

三亚学院积极开展课程"三度"建设,体现了学校管理层对中央精神和国家要求主动的、深切的思考和对"'以本为本',推进'四个回归',加强建设高水平本科教育,全面提高人才培养质量"目标的不懈追求。开展课程"三度"建设,是三亚学院进行深度教学改革的重要举措,是积极回应时代发展要求、响应学校自身发展需要的重要表现,对于三亚学院持续提高课程建设和教学质量,全面提高人才培养能力,提升学生竞争力,促进学生成长成才,提高学生的学习能力和学业水平具有重要的战略意义。这一工程,是实施学校学生为中心发展战略,紧扣提高课程质量目标,持续聚焦课程建设,提高学生学业质量、提升学生在同辈群体中的竞争力的重大举措,是学校教学工作的重中之重。学校决定推动课程饱和度、深度和学业紧张度建设工程,显示了学校对于课程质量建设的紧迫感、使命感和责任感。

2. 明确课程"三度"建设的核心理念与建设目标是方向正确、方法得当的保障

核心理念与建设目标的正确和清晰,应当是课程"三度"建设的根本引领,如果错误或不清晰明确,必然导致偏差,收效堪忧。

根据学校的总体设计,课程"三度"建设的总体理念是:继承教育教学改革脉络,引领教育教学观念转变,专注核心课程质量建设,优选课程教学内容,优选每堂课教学方式和课程考核方式,推进课程"三度"建设落地。

据此,"劳动与社会保障法"课程"三度"建设的核心理念应当是:

1)丰富课程的理论教学内容

作为人文与社会科学的一个分支,根据学校的总体要求,"劳动与社会保障法"可以从专业的史、论、方法、技术四个维度构建核心专业知识和能力。因此,在课堂教学中,首先要注重从劳动法、社会保障法本身的发展史和学科的发展史方面以及基本理论方面进行丰富,在理清史、论的基本脉络的基础上,关注学科发展前沿,及时提供传授给学生。

2)加大实践教学环节的比重

理论必须与实践相结合才能真正培养出合格的人才,要注重知行合一。这就

需要平时主动关注现实中的真实案件并及时发布给学生,课堂上采用案例分析方法等实践性特点突出的教学方法开展教学,向学生提供劳动与社会保障法自身的专业方法和专业技术,通过训练学生撰写有关劳动法律文书、审查、制作劳动合同等,把理论与法律规定加以实际应用,提高学生的实践动手能力。

3)加强师生、生生互动

学生是学习的主体,教师是主导,师生双方互动和生生互动至关重要。采取启发式、探究式、参与式等教学方式就成为必要和必需的程序。这些方式不仅应在课堂上采取,课后也应该成为常态。加强互动,可以引导学生思考、探讨有争论的法律问题以及考查学生对所学知识的掌握情况,训练学生的法律思维。法律思维的训练与培养是法学教育不可忽视与丢弃的重要目标。

4)优选课程考核方式

应当改变"一考定局"的观念和做法,除必要的期末闭卷考试方式外,还要注重和加强平时的过程考核与评价,学生出勤、作业完成情况、课堂回答问题及讨论表现、课程小论文等方式,都可以成为最终评定学生学业情况和期末最终成绩的依据。

根据国家法治建设和法学教育的总体要求,我们认为,"劳动与社会保障法"课程"三度"建设的目标应当是:坚持立德树人、德法兼修,培养适应建设中国特色社会主义法治体系,建设社会主义法治国家的实际需要,德才兼备,具有扎实的专业理论基础和熟练的职业技能、合理的知识结构,具备高效高质量法律服务能力与创新能力的法治人才,成为我国劳动与社会保障事业储备后备力量。希望"劳动与社会保障法"的课程"三度"建设,为学生当下和将来能正确分析和处理劳动关系、劳动争议和社会保障领域的法律问题奠定知识基础和理论前提,通过提供知识储备、规则引领和制度支撑,帮助学生提高法律职业能力和职业竞争力,实现培养具有法治信仰、创新精神、实践能力和健康人格的法律专门人才、优秀公民和高素质劳动者的目标。

3. 开展课程"三度"建设的思路和措施

按照学校文件精神,在课程饱和度建设方面,应当要求并引导学生做好课前预习,组织好课程实施,包括对课前预习情况进行课堂检测,合理设计课堂导入,兼顾基础性和前沿性知识信息进行教学内容设计安排、递进式设计课堂任务,运用现代化教育教学手段,多方式、多角度、多方面组织课堂教学、有效推动合作式学习;在课后任务方面,应当为学生提供课件、案例、习题、论文、法规等课程资源,配备课后习题,布置课后作业,当然,课后辅导和作业完成情况的反馈也不可缺少。

在课程深度建设方面,以问题意识为引导,进行知识重组,方法求新,突出早学、学新、学得有用,围绕知识的广度、深度、关联度进行重组反思,多维度构建系统的课程知识逻辑体系。在教学过程中,注重学生的思维培养,以独立思考为目标,培养学生的批判思维和思辨精神。当然,更为重要的是学生对知识的运用,引导学生进行迁移创新,知识应当转化为实践技能,在此过程中,让学生获得成就感。

在学业紧张度方面,可通过指定阅读书目、检查读书笔记、布置写作任务、撰写课程论文等加大学习紧张程度,要求学生除高效完成听课任务外,课后投入学习的时间保证不得少于2个小时。改变以往"一考定局"模式,注重过程性考核和终结性考核的综合评定。

3.1　优选教学内容

1) 追求"早""新"

在教学内容选取上,瞄准"早""新",突出"新观念、新观点、新内容、新方法、新技术",使学生"学得早一些",了解掌握知识前沿。先知道、先感受,有利于学生知识自信和能力自信的获得,以及竞争优势的建立。

2) 扩容课程信息

包括课程大纲不断地丰富完善,教材和参考资料的有机融通,学科知识脉络的构建理顺,以及学科知识产生的特定情境的还原。教学上不断丰富的知识信息、学科观点和技术方法,可使学生"学得充分饱满一些""专业方法学得更多更新一些"。

3) 系统知识结构

事实性知识是基础,但更为重要的是,在教学内容的选取上,还要揭示、阐释其背后所蕴含的伦理旨趣和价值追求,帮助学生拓宽知识广度,拓展知识深度,突出专业知识结构的系统性和完整性,使之内化为学生的学科素养。

3.2　改革教学方式

1) 逆向课程安排

打破先理论后实践的传统思维,将理论与实践教学同步设计,可适当进行逆向课程安排,将实践环节提前,造成理论的"缺失感",激发学生对理论学习的渴望,调动学生的积极性和主动性。

2）活用多种方式

改变"照本宣科""满堂灌"的落后教学方式，因课制宜，因材施教，采用信息技术与课堂教学深度融合，注重课内与课外相结合，根据实际情况和课程需要，有选择地运用混合式教学、翻转课堂、项目合作、探究式学习、游戏化学习等多种教学方式方法，增加学生的参与度和参与感，提高学习效率和获得感，推动课程教学改革。

3）体验应用价值

引导学生将理论知识、实践能力的学习与实际生活、现实问题相结合，模拟真实情境，使学生体验所学知识在实际解决问题方面所具有的价值，加强实际操作，培养学生对专业知识应用的理解，学以致用，激发学生的学习兴趣。

3.3 改革考核方式

1）考核改革重点

采用能较好反馈学生学习目标达成度的课程考核方式，降低知识性考核题目比例，采用开放性问题、实际应用问题等考查学生综合素质的试题。

课堂测试采用"非标准答案考试"，促进学生深度学习。在命题时注重启发学生思维，在成绩评定时关注学生分析问题的能力和解决问题的思路，重在发挥学生创造力，激发学生的灵感和创意。

2）加强阅读比例，阅读与课程考核相结合

认真督促学生结合课程学习进行有的放矢的大量阅读，阅读课程相关的经典书籍、专业学术期刊，区分精读与泛读范围，并把阅读与课程考核有机结合起来，在课程成绩比例中占 10%。

3）突出过程考核

课程成绩由过程性考核和终结性考核综合评定。过程性考核突出课前预习各项任务的完成情况和课后学习时间投入、课后作业完成情况的考核，通过课堂测验、提交读书报告、任务演示、信息化软件数据统计（如微助教、雨课堂等）等方式检验学生完成情况，并加大在成绩考核中的比例，课前预习、课后作业（习题）所占成绩比例不应低于 10%，督促学生更好地完成课前、课后任务。

可以尝试采用平时考试和期末考试相结合的方式，以闭卷考试形式进行，平时考试可以定为每学期至少 2 次。

4. 开展课程"三度"建设应当注意的问题

在具体开展课程"三度"建设的过程中,应当注意以下问题:

1) 课程内容信息总量大,授课内容的选取要保证科学性、系统性和完整性

在知识总量极大丰富的当下,科学有效地选取每一门课程的授课内容非常重要,尤其是在课时既定且有限的情况下就显得更有必要。"劳动与社会保障法"实际上是有联系又有区别的两个部门法的结合,该门课程的信息总量非常大,怎样科学确定授课内容就是首先要解决的问题。基本想法是,选取授课内容要坚持大纲第一的原则,做到详略得当,重点突出,但应当保证知识体系的完整性和系统性。

2) 学生学习资源的选取与提供应当注重及时性、有效性

提供给学生必要的学习资源是搞好"三度"建设的充分条件和重要保证,包括阅读书目、专业期刊、网站信息、教学课件、课程大纲等有关教学文档的学习资源,首先需要教师准确、及时、有效地制作或选取并提供给学生掌握,以避免其毫无头绪。时效性是此项工作的首要要求。

3) 学生利用学习资源的及时性和有效性

教师提供相关学习资源后,一方面要求教师要有熟悉度,另一方面需要学生及时、认真、有效地利用学习资源进行学习,提高学习效果和质量。这就要求教师采取及时有效的措施方法跟踪、监督、检查学生,准确掌握学生利用学习资源学习的情况。否则,学习资源就可能流于形式,成为空文。

4) 学时总量与课程内容之间的矛盾应有效把控

"劳动与社会保障法"的授课学时总量为每学期30学时,在课程信息总量庞大的时候,显得相对紧张、不足,如何在有限的时间内有效保质地传授给学生并体现出课程内容的饱和度和深度,就成为一个现实且必须认真思考、着力解决的问题。个人认为,需要根据实际情况既做好整体规划设计、科学选取和确定授课内容,又要把握授课进度和知识传授的容量,兼顾课后补充。

5) 理论与实践教学之间应合理安排

在"三度"建设的背景下,"满堂灌""一言堂"一定是不合时宜的教学方式。在发挥讲授法作用的同时,应当注重加强训练学生的实际动手操作能力。从"劳动与社会保障法"课程出发,劳动合同的拟订、审查,有关法律文书的写作、情景模拟演练、诉讼案件证据的搜集与获取等实操方面的教学需要根据学科、课程的特点同步进行。唯有此,法学本身的理论性和实践性才能相得益彰,课程"三度"建设的意义

和价值才得以彰显。

5. 开展课程"三度"建设取得成效的保障

（1）坚持学校的统一领导，严格落实学校文件精神和决策部署。学校的顶层设计和总体把控是保证成效的根本，严格遵守学校要求，严格贯彻学校的决策部署和领导，是搞好课程"三度"建设的首要组织原则。

（2）坚持学院层面的统筹推进，严密组织实施。二级学院在这项工程建设中的作用，在于组织落实，推进实施，缺少二级学院的组织推动一定会造成"三度"建设整体环节的缺失。

（3）包括本课程在内的所有主讲教师要高度重视，认真思考，科学规划，有效实施。教师终究是"三度"建设中和学生学习中的主导，根据本院、本专业、本学科、本课程实际开展"三度"建设应当是取得成效的基础保证。

（4）注重团队力量，发扬合作精神，以集体合力共建。尽管每门试点课程只确定了一位责任教师，但讲授和能够讲授同一门课程的教师不止一位，发挥其他教师的积极性和能动性，以团队共建为原则开展"三度"建设可集思广益，群策群力胜过单打独斗，根本上符合学校提出的总要求，有利于将来课程"三度"建设的全面推开。

（5）做好教研方面的科学研究，及时总结提炼。过程、方法都是重要的，而阶段性、过程性、总体性的研究、总结、提炼更为重要，成果的取得要体现在课题研究、经验总结、模式构建、特色提炼等方面，同时需要将成果进行物化。

（6）注重教学民主，加强师生互动。学生是学习的主体，这一主体不可以也不应当置身于课程"三度"建设之外，只有教师单方面的热情，绝不可能获取建设工程的切实成效。因此，发挥学生的主体作用和积极性，倾听学生的意见建议，随时根据实际进行修正调整就成为课程"三度"建设取得良好成效的切实保障。

（法学与社会学学院　刘雅斌）

财经学院以课程"三度"建设为抓手回归教学本分

"本科不牢,地动山摇"。本科教育是高等教育的办学根本和生命线,而本科教学处于本科教育的核心地位。财经学院根据《三亚学院课程"三度"建设指导意见》(三亚学院教字〔2018〕57 号)、《三亚学院课程"三度"建设推进方案》(三亚学院教字〔2018〕70 号),在学校总体部署下,从 2018—2019 学年秋季学期开始,持续推进课程饱和度、深度和学业紧张度"三度"建设,以课程"三度"建设为抓手,引导教师热爱教学、研究教学、倾心教学,潜心教书育人,全面提高全院全体专业教师人才培养能力,回归教学本分。

1. 财经学院"三度"试点课程基本信息

本着试点先行、稳步推进的原则,遵循学校课程"三度"建设的相关文件精神,财经学院经教师申请,学院遴选,学校审批,共有六门课程被纳入三亚学院第一批课程"三度"建设试点范围,分别为财政学、计量经济学、应用经济统计学、成本管理会计、西方经济学 1 和金融学。该六门课程的具体信息如表 1 所示。

表 1　六门课程具体信息

序号	试点专业	试点课程	负责人职称	学历
1	国际经济与贸易	财政学	教授	博士
2	国际经济与贸易	西方经济学 1	副教授	博士在读
3	国际经济与贸易	计量经济学	副教授	博士
4	会计学	成本管理会计	讲师	硕士
5	会计学	应用经济统计学	副教授	博士
6	经济与金融	金融学	副教授	硕士

2. 措施与成效

财经学院在践行学校课程"三度"建设的过程中,在院长带领指导下,从思想认识、课程建设、队伍建设、制度建设、技术手段和资源建设等方面入手,取得了显著成效。

2.1 思想认识方面

"以教学为中心"是大学培养人才的关键,是大学赖以生存和发展的出发点和归宿。学院先后召开三次专项会议,学习教育部《关于狠抓新时代全国高等学校本科教育工作会议精神落实的通知》,以及学校有关"三度"课程建设的文件,统一思想认识。在此基础上,讨论课程"三度"如何建设,制订了课程"三度"建设实施方案,明确了课程"三度"建设的基本要求、举措与方法,做好了学院层面的建设思路和基本规划,确定了要延续在线精品课程建设、小班教学改革的基本原则,优选具有责任心的、高学历、高职称,教学考核在良好水平以上的教师作为第一批试点建设课程的负责人。

2.2 课程建设方面

财经学院目前共有国际经济与贸易、会计学、经济与金融三个专业,其中经济与金融为新设专业(目前尚没有毕业生),试点课程的选择在三个专业之间相对平衡,并体现出以下两个特点。

其一,"三度"试点课程建设体现出延续性。进行"三度"试点建设的这六门课程,均为各专业核心课程,都有较好的建设基础。其中"财政学""计量经济学""金融学"都是小班教学与课程论文改革课程,且"金融学"已有校级重点课程建设的基础,"成本管理会计"具有省级在线精品课程的技术支撑,"西方经济学1"获海南省高校精品在线开放课程第三批立项建设。选择六门课程进行课程"三度"试点建设,具有良好的基础。在课程建设上保持了一定的连贯性、延续性。

其二,"三度"试点课程建设体现出拔高性。课程"三度"建设提出了新要求,要求提高课程饱和度、紧张度和深度。财经学院试点"三度"建设的六门课程,其中三门已开满一个学期,另外三门将在接下来的一个学期开课。已开满一个学期的三门课程均在"三度"上有所体现,有所提高,尤其是由院长担任主讲教师的"财政学"这门课。院长作为教学经验丰富的教授,带领几位年轻助教,对"财政学"这门课如何进行课程的"三度"建设进行了系统设计,改变了传统教学方法和评价机制,具有良好的示范推广作用。

2.3　队伍建设方面

"三度"试点课程主讲教师以"双高"为主。六门试点课程的主讲教师的其中五位具有高级职称,其中有三位同时具有博士学位,一位博士在读,仅有的一位非"双高"教师,也是优选从教多年、教学经验丰富的教师。总体上,六位教师基本上是高职称、高学历且教学质量评估为优秀的优选教师。其中我院院长带头承担了其中一门课程的"三度"试点建设,起到了良好的带头作用。

为了全面进行课程"三度"建设,学院以六门试点课程为基础,在全院推广"三度"课程建设经验,先后围绕"三度"课程如何设计教学方案、如何教、如何学,利用周三下午学院集中例会时间进行广泛交流,形成了教育教学创新改革的新局面。同时,通过继续推进"一师一课程"工作,举办青年教师教学技能大赛,促进了全体教师提高课堂教学质量。

此外,根据三亚学院《关于开设首期中青年教师科研方法训练课程的通知》,我院充分利用这一机会,要求所有青年教师都参加三亚学院青年教师方法论培训班,希望通过对青年教师在科研方法上进行系统培训,进一步提高我院青年教师的科研能力,教研相长,提高教师的课程教学水平。

2.4　制度建设方面

财经学院为推动、服务于课程"三度"建设,进行了系统性的制度设计。首先,强化课程大纲的制定及其指导性作用。其次,为使大纲落到实处,在院长的大力推广和严格把关下,分别制定和发布了《关于图书馆为财经学院提供学生在馆阅读课程参考书事宜的通知》《关于鼓励学生走进图书馆,提高阅读能力的措施》等通知,进一步强化了学生课程阅读的要求。通过督促学生走进图书馆,为学生提供在馆阅读课程参考书,希望学生根据课程大纲要求进行大量阅读,增强课程饱和度。2018—2019 秋季学期,经与图书馆沟通协调,图书馆已经向我院学生专项提供在馆阅读课程参考书、教材、学术著作等服务。同时,根据图书馆每月向我院提供的每个学生在馆时间、借阅量、入馆次数等数据,分析学生课下读书学习情况,制订鼓励学生走进图书馆、提高阅读能力的措施。为了保障课程"三度"建设的质量,学院领导高度重视教学质量内部控制和外部控制建设,继续延续了听课制度、课程档案检查、师生座谈会等内部控制度,并利用学生评教、教学督导意见,指导教学、促进教学。在课程质量监控上,形成了"意见—反馈—促进"的良性循环机制。

2.5　技术手段方面

课程"三度"建设需要通过对学生进行合理增负,提升其学业紧张度,这就要加强教学的课后作业环节。对于课后作业,教师做到有布置、有检查才能起到应有的作用。面对我院大班教学班级多、教师承担课程多任务重的现实,如果没有一定的方法,教师要做到大面积批改作业是不太现实的。因此我院在院长的大力提倡和带头示范下,积极推广使用"问卷星"这种现代网络技术手段布置批改学生的课后作业,以解决这一难题。为此,我院利用周三下午院例会时间对全院教师进行"问卷星"的使用方法培训,出台《关于学院内部推广使用问卷星办法的征求意见》,并利用"三度"建设专项经费购买"问卷星"软件,从各方面为推广这一技术手段创造条件。目前已有十几位教师在课程教学中使用"问卷星"布置了多次课后作业,教师们反映用"问卷星"方法布置作业效果确实好,既多布置了作业又能及时检查学生们的作业情况,同时还减轻了工作量,学生们也喜欢这一作业形式。

2.6　资源建设方面

财经学院利用课程"三度"建设专项经费,购买了有关金融、经济、会计等专业书籍,以及"问卷星(企业版)"的使用权,其中专业书籍购买范围之大、力度之强,是建院以来首次。这有力地支撑了课程饱和度、深度以及学生学业安排的紧张度"三度"建设。

3.　问题与对策

3.1　总体情况

根据学校课程"三度"建设指导意见和推进方案,财经学院已经做了大量的工作,并且推出了诸如推广"问卷星"使用、与校图书馆合作为我院学生提供专项阅读服务等创新性落实措施,取得了一定成效,但总体看还存在着一些问题,尤其是"三度"试点课程之外的其他课程,存在更大的提升空间。根据学校课程"三度"建设时间表"2021 年完成全校所有专业课程'三度'建设,2022 年完成全校所有课程的'三度'建设"。我院以现有的六门试点课程为基础,把六门试点课程的"三度"建设抓好抓实,做成样板做成标杆,为全院逐步开展课程"三度"建设、按时、保质、保量完成学校课程"三度"建设目标做好准备。

财经学院一向重视教学工作。2018—2019 学年秋季学期,是学校发布课程"三度"建设的首个学期,财经学院领导班子比照学校课程"三度"建设的要求,通过听课、开会讨论、与教师及学生私下交流等方式,调研了包括六门"三度"试点课程在内的几乎所有课程的教和学两方面的情况。从问题角度出发,发现主要存在以下问题:一是课程大纲不同程度地存在着设计不严谨、计划粗放、可操作性较差等问题;二是课程大纲在教学执行过程中没有落实到位,尤其是课后作业环节,不少课程课后作业缺失情况严重,有的课程课后作业很少甚至没有课后作业,且对极为有限的课后作业不要求上交或者上交了教师也不批改,造成除少数自觉性强的优秀学生能够坚持自我管理、自我练习外,大多数学生处于放任自流的状态,缺乏学业紧张度;三是有的学生上课不够认真,不同程度存在上课期间睡觉、玩手机等不用心现象。针对上述问题,我院在院长领导的示范下,决定从本学期开始,从教与学的各个环节抓起,严格过程管理,在全院开展教学质量提高运动。

3.2　制定更加符合"三度"要求的课程教学大纲

课程教学大纲作为教师进行课程教学的主要依据,是实施课程教学计划、加强课程"三度"建设的龙头和基本保证,也是检查和评定学生学业成绩和衡量教师教学质量的重要标准。我院以课程"三度"建设为契机,提高教学质量、规范教学管理。按照三亚学院课程"三度"建设指导意见和推进方案,学院制订了《财经学院课程大纲修订质量检查评分表》,该评分表分 13 个观测点,每个观测点 1 分,共 13 分,主要包括是否有测验和考试方法方式介绍、阅读著作(含教科书)是否不低于三个(阅读著作可以是教科书、专著、论文、文件、年鉴等);课程进度表每周教学任务(含授课主题、阅读、课堂活动、作业布置和提交截止期等)是否明确;平时作业布置,在有正式期中考试情形下,是否不低于三次课后作业,无期中考试是否不低于五次;每次课后作业的主题(或覆盖教学内容)、布置周提交周(日期)、作业完成方法交代是否明确;是否告知学生教师对学生作业的批改和反馈形式;期末课堂考试(在有的情境下)的覆盖范围、考试方法(开卷或闭卷等);是否有所有考试和作业及其分值和累计清单等内容。这些内容主要着眼于大纲的具体可操作可评价性。每学期学院提前把该评分表发给全体授课教师,要求授课教师按照学校教务处发布的课程大纲模板,制定所开设课程的大纲。

修订课程大纲是一次认真梳理和改进课程教学体系的过程,也是进一步理解和落实课程"三度"建设、提高教学质量的重要环节。财经学院精心组织,严格要求,成立由院长、教授组成的专家组,在每个学期开学前或开学初逐一审核每一门课程大纲,并做出量化评价反馈给各位授课教师,授课教师根据审阅意见再对大纲进行修改完善,经过再审阅、再修改的几个反复过程,大纲趋于完善,为课程"三度"建设和本科教学改革奠定了良好的基础。

3.3　严格过程管理,确保课程大纲执行到位

相比于大纲的制订,大纲的执行是更加艰难的事情,也是更加重要的事情。大纲制订得再好,如果执行不到位,大纲就会大打折扣或成为一纸空文。为此,我院从组织、制度、技术、经费等各方面予以支持和保障。

组织上:课程"三度"建设要落实到位,需要从教和学两方面着手。为此,我院拟从党政、督导、学工等多部门多层面成立落实"三度"建设指导意见小组,专门就"三度"建设开展工作。比如党主要负责抓教师和学生的思想工作,充分认识落实课程"三度"建设,回归教学本分的重要性和意义,让老师和学生主动参与其中。行政主要抓制度的制定和具体落实。督导主要落实听课制度,并对教师教学予以监督和指导。学工主要配合授课教师抓学生纪律,如针对一些学习自觉性较差、学习动力不足,特别是在班额较大导致授课教师难以有效管理的课堂,逃课现象严重,上课时玩手机、看小说、睡觉的学生,思想导师可以结合"三度"建设,邀请相关教师参加,与同学面对面地交心谈心,激励学生安下心来,努力学习,积累知识,掌握技能,以利于将来步入社会,树立更大学习自信心,以学风建设为抓手,加强班级建设、评比活动,并据此严明上课纪律。

制度上:严格过程管理,确保大纲执行到位,需要系统性的制度做保证。如前所述,我院已经制定了《关于图书馆为财经学院提供学生在馆阅读课程参考书事宜的通知》《关于鼓励学生走进图书馆,提高阅读能力的措施》等,有的制度还在制定完善中,如《关于2018—19学年春季学期起加强课程教学的课后作业环节的决定》《关于学院内部推广使用问卷星办法的征求意见》等。

技术上:落实课程"三度"建设,需要对大学生合理"增负",提升其学业紧张度,针对我院班额大的特点,必须有一定的技术支撑才能做到。目前,我院已购买"问卷星(企业版)",并要求六门试点课程教师使用"问卷星"布置批改学生课后作业,同时在全院推广使用。我院计划根据具体情况,不断采用现代化教学手段,支撑教学大纲的实施。

3.4　建立考研考公动员与指导制度，以考促学

为提高学生考研究生、考公务员以及各种资格证的积极性和成功率，我院拟建立考研、考公动员与指导制度，并根据教师特长和学生需求成立固定或临时指导小组，对学生进行具体指导。从 2018 年秋学期开始，我院已对学院考研情况进行摸底，了解考研学生的问题，并召开会议对考研学生反馈问题进行集中指导和经验介绍。2019 年春学期初，计划对 2016 级、2017 级学生，重点对 2016 级学生进行考研考公摸底，在了解学生意愿的基础上，有针对性地加以动员指导，以考促学，让学生在整个本科四年都处在课程学习的饱和度、深度和学业紧张度的"三度"之中。

（财经学院　张慧芳）

浅谈课程"三度"建设与课程质量提升

截止到 2018 年年底,我国高等教育在校生已有 3 833 万人,18~22 岁人口高等教育毛入学率已达 48.1%,高等教育即将进入普及化阶段。伴随着高等教育大众化阶段这种量的扩张,我国高等教育的质量与西方发达国家相比,存在一定的差距。2017 年,党的十九大报告确立了新时代教育事业优先发展的战略部署。2018 年 9 月 10 日,习近平总书记在全国教育大会上也指出"要在增长知识见识上下功夫,教育引导学生珍惜学习时光,心无旁骛求知问学,增长见识,丰富学识,沿着求真理、悟道理、明事理的方向前进",并指出"学科体系、教学体系、教材体系、管理体系要围绕这个目标来设计,教师要围绕这个目标来教,学生要围绕这个目标来学。凡是不利于实现这个目标的做法都要坚决改过来"。因此,提高高等教育质量是一项系统性的工程。

就系统性工程的核心子系统而言,"课程是高等教育质量提高的关键所在,课程的质量制约着人才培养的质量"。因此,课程是高等教育质量提高的落脚点,如何实现"求真理、悟道理、明事理"的目标,需要每门课程的任课教师理解现代教学思维,打破传统的教学理念,改变传统教学方法,进行符合现代高等教育先进特征的课程设计和教学改革。只有这样,才能从源头上、本质上杜绝"水课",打造"金课",切实提高高等教育人才培养质量。

1. 抽丝剥茧:"水课"源头

为什么当前我国高校的课程质量普遍不高,国内学者如赵娟、牛畅、何仁龙、蒋华林、周海涛等早有论述,认为其首先与高校的课程设置有关。他们认为我国高等学校课程设计在课程目标定位上重知识、轻能力,在课程内容选择上知识陈旧缺乏国际视野,在课程体系设置上重专业轻通识,从而造成了所培养的学生专业认知达成率较低。

其次与课程实施的过程有关,如庄玉昆、叶信治、别敦荣、郑家茂、李学丽等认为我国目前高校课堂教学过程中师生之间的互动明显不足,课堂教学是教师的"独角戏",学生参与积极性和参与程度低,高等学校教学仍然延续初高中阶段"传递—接受"的传统教学模式,学生学习过程中仍处于被动地位。即使"以学生为中心"的教学改革也仅仅停留在表层,未及根源。因此,不进行触及本质、根源的教学改革,仅仅依靠强制手段提高到课率、用心率和抬头率,只会引起学生的反感抵制,无法有效改变"水课"的实质,无法达成以能力培养为目标的实现。

综上,课程质量不高的根源是我国大部分高校大多数教师的教学理念传统陈旧,唯教材、以教材为中心的现象仍然普遍,广大教师只是严格地按照固定课程体系讲授,单纯地知识化,学生们接受孤立、割裂的课程知识,难以融会贯通,培养出的学生没有问题意识、不会做、不会表达,单纯的知识记忆,缺少对获取文献资料、分析数据、逻辑推理等科学方法的训练,缺乏在正式场合训练口头表达的机会,缺乏以书面表达来展示思想的机会和能力。在教学过程中,老师在知识和道德方面处于权威地位,在知识传授过程处于主导地位,师生之间未形成民主的学术共同体,从而逐步陷入了教师倦怠、学生厌学的困境。

2. 众说纷纭:"金课"标准

何谓"金课",国内外专家学者看法、评价标准并不一致。从课程受众角度来说,随着"以学生为中心"教育理念的不断普及推广,创造环境让学生主动投入到学习活动中并提高学习效果成为现代大学教育教学改革的重点。由于学习效果客观上难以直接评价,因此一般采用学生的学习投入程度来间接衡量,可以弥补学生评教、同行评价等主观评价的不足。用学习投入程度来衡量学习效果在 20 世纪 70 年代末开始就得到了大量实证的支持。如国外学者佩斯(1978)通过问卷调查发现学生的学习收获与其努力程度密切相关;同时,佩斯(1982)提出了"努力质量"这一概念,认为学生在学习过程中投入程度、投入质量越高,学习效果就越好。奇克林和甘姆森(1987)提出了"本科教育良好实践七原则",认为学生在各种教学活动中的参与程度影响学生的全面发展;阿斯汀(1993)在佩斯的研究基础上提出了"参与理论",认为学生参与反映的是学生在学习活动中身体和心理上的投入程度,学生只有积极地参与到学校的各类教育教学活动中才能获得好的学习效果;库恩(2001、2002)在阿斯汀和佩斯等人的研究基础上进一步提出了"学习投入"概念,认为学生学习的投入程度是评价教育质量的核心要素。

从课程的传授者角度来说,一门"好课"的认定标准并不一致。英国标准局 Ofsted(2015)认为一门优秀的课程取决于一系列因素,如教师的专业化发展(知识的深度、更新)、提供充足的阅读与练习、广泛的互动与反馈以及对学生的鼓励等;叶信治(2011)总结了美国大学课程质量主要得益于"以课程的开设、变革和退出机制""以选课制、基于课程纲要的教学""以学生深度参与的教学方式、严格的评分制度"以及"与教师利益相关的教学评价制度"等来保证所开设的每门课程的质量和价值。

因此,一门优质的课程,除了直接表现为能吸引学生积极地融入教学、参与教学,自主地提高学习投入程度外,更多的是来自促进学生提升学习投入质量的背后动作,即任课教师传统的教育哲学思维、教育理念的根本转变,现代教育理念在课程内容设计、教学方法与手段上的贯彻实施。

3. 枯木逢春:"三度"建设

2018年6月,陈宝生部长在新时代全国高等学校本科教育工作会议上的讲话提出:"对大学生要合理'增负',提升大学生的学业挑战度,合理增加课程难度、拓展课程深度、扩大课程的可选择性,激发学生的学习动力和专业志趣,真正把'水课'变成有深度、有难度、有挑战度的'金课'。"对于如何提高课程质量,成就一门"金课",仁者见仁,智者见智。2018年10月,为贯彻落实教育部本科教育工作会议精神,积极响应学生生源结构变化内环境,有效实施学校学生为中心发展战略,三亚学院紧扣提高课程质量目标,持续聚焦课程建设,学校决定推动课程饱和度、深度和学业紧张度建设(以下简称课程"三度"建设),并颁布了《三亚学院课程"三度"建设指导性意见》。该意见围绕建设原则、建设思路和目标、建设要求和路径、建设标准和保障措施等方面进行了系统性的顶层设计。笔者于2018—2019学年春学期承担的课程"金融学"成为试点建设课程之一。

根据学校课程"三度"建设的指导下意见,作为一名教学改革者而言,通过提高课程饱和度、深度和学业紧张度来促进课程质量提高,思路清晰、路径明确、评价全面,对任课教师提出了更高要求。对于一名教学管理者而言,通过课程"三度"建设提高课程质量,但在教学过程中如何实现饱和度、深度和紧张度的有效结合,是个值得深思的命题。笔者认为,课程的饱和度、紧张度可以通过提高学生学习投入时间、投入质量来评价,但课程深度主要侧重于进行学生的知识重组、思维培养、知识运用,这在传统的教学模式下难以实现,也难以进行客观评价。因此,如何实现饱和度、紧张度和深度的有效结合,需要一个抓手,即可选路径之一是需要突破传统的教学模式进行改革,拓展任课教师角色功能,实现"教师"角色向"导师"角色的转变。而这样的抓手,根据现代教育的发展,采取项目式学习也许是一个比较可行的手段。在项目式学习过程中,需要任课教师围绕课程知识点进行系列项目设计,让学生在"做中学""干中学",边做边学。变教师"满堂灌"式教学为学生"主动参与"式学习,既能提高学生主动投入时间,又能实现教师指导角色的转变。

在项目式学习过程中,对于任课老师来说,难以回避的问题是如何有效地进行理论知识的传授。既然项目式学习占用了大量的传统教学时间,那又如何保证学生对课程理论知识体系的基本把握? 在此提出三点想法。

第一是加大阅读,提高阅读量。传统的"老师要求,学生执行"的方法效果不好,大量的学生并没有按照老师的要求去做。因此在促进学生阅读上还需掌握方法,一是将阅读与测试相结合,在测试题目设计上可以简单地顾及阅读材料;二是直接将阅读材料一段一段或精简并以总结述评的形式,通过大阅读量题目的设计对学生进行测试,促进学生在不知不觉中完成了要求的阅读量。因此,阅读量的提高不仅仅是读书,也包括读题。

第二是利用网络课程资源。网络上优质的课程资源很多,任课教师应指导学生主动利用这些网络课程资源辅助学习。同样,如何辨别学生是否使用了指定网络课程资源,需要在课程测试中包含这些网络课程资源中附带的测试题目。

第三就是课堂反转。课堂反转不是随意地让学生上讲台演示。没有知识储备、没有信息含量的演示是对教学时间极大的浪费。有效的课堂反转,对学生知识储备、信息储备的要求不仅仅包括大量的阅读,还包括查找大量数据进行佐证说明。同时,如何为课堂有效反转进行准备,又回到了项目式学习。在老师指导下,学生"熟悉"的、学生"专业"的项目,可以作为主要演示内容。

综上,"三度"建设需要抓手,不能为了满足"三度"评价要求而刻意地去搞"三度"建设。一门"水课"的主要责任还是在于老师,老师不去主动改革,仍然采取"满堂灌"式的教学早已被证明不符现代教育的发展趋势和发展要求。亡羊补牢,犹未晚矣。同时,"金课"的打造,需要学生的积极参与,我们的"学风"也亟须改善。当然,如何改变学风,让我们的学生动起来,也需要任课教师、思想导师甚至家长等教学参与者的通力合作,除了进行评价方式的改革外,更需要任课教师设计有意思、有兴趣的项目,强化学生的感性认识,循序渐进,提高学生的理论素养和能力水平。

其次,不得不提的是,提高高等教育质量是一项系统性工程,不能仅仅靠行政干预或命令的方式来强制改变知识传授者和接受者的教与学行为,提高高等教育质量还需要高等院校教学整体运行框架的重新构建。传统的教学运行框架在课程内容体系设计上与市场需求脱节、在教学活动中师生被动消极、在评价方式上流于程序。因此，通过课程"三度"建设提高课程质量需要围绕教学的顶层制度重新设计。在此，谈几点不成熟的想法：①根据人才培养目标凝练、细分培养能力，根据能力要求设置课程体系，实现能力得分与课程得分的有效置换。②在排课选课程序上进行根本变革。倒逼学生主动学习，提高学习投入质量，倒逼教师改变教学理念，提高教学质量。学生可以根据自身的能力缺陷自主安排学习课程或实践活动，在选课上给予学生一定自主权；而学生的自主选课可以在一定程度上倒逼教师提高教学质量，而不是强行的将一门课绑在一名老师身上并强加给学生，应充分发挥学生"用脚投票"的教学质量识别功能，在学生口碑相传过程中减少照本宣科、履职不力的教师"误人子弟"的机会。③设立教学型教师成长通道，以一定级别的教学成果替代一定量的科研要求，使教师能够潜心教学工作。总体来说，就是学校和教师的"以学生为中心"，就应该向学生提供良好的学习资源和良好的学习体验，让学生积极主动地如同在"游戏过关"中逐步达到毕业的能力要求。只有这样，我们的学生才有可能在三年内就毕业，而不是三年毕业仅仅停留在一纸培养方案上，没有实质的意义。

（盛宝金融科技商学院　王　涛）

应用型高校理工类课程"三度"建设的思考

——以"电路基础"课程为例

从应用型大学课堂教学的痛点出发，按照工程认证的思路，以专业的人才培养目标和毕业要求为依据，确定"电路基础"课程在人才培养体系中的地位和作用，进而确定课程的教学目标，使课程真正成为支撑专业课程体系"森林"的一棵"树木"。在此基础上，通过加减课程教学内容、改革课程教学模式和全面过程化开展课程评价等方面的改革，提升课程的饱和度，增强课程的深度，增加课程学习的紧张度和挑战性，进而使学生学业的紧张度得到进一步的提升。

在 2018 年 6 月 21 日召开的新时代全国高等学校本科教育工作会议上，陈宝生部长特别指出："对大学生要合理'增负'，提升大学生的学业挑战度，合理增加课程难度、拓展课程深度、扩大课程的可选择性，激发学生的学习动力和专业志趣，真正把'水课'变成有深度、有难度、有挑战度的'金课'。"为深入贯彻落实新时代全国高等学校本科教育工作会议精神，教育部下发了《教育部关于狠抓新时代全国高等学校本科教育工作会议精神落实的通知》，进一步明确要求各高校"全面梳理各门课程的教学内容，淘汰'水课'、打造'金课'"。

三亚学院敏锐地意识到课程质量建设的紧迫感和使命感，积极响应学生生源结构和学生学业需求逐年变化的内环境，有效实施学校学生为中心的发展战略，紧扣提高课程质量的改革目标，持续聚焦课程建设，在课程体系对标"五种品质"、课程大纲国际化、精品课程网络化、核心课程小班化等教育教学改革的基础上，从全校范围内遴选几十门课程开展"课程饱和度、深度和学业紧张度"的课程"三度"建设。在课程"三度"建设的指导性意见和推进方案中明确提出"坚持质量核心、'早''新'为先""坚持系统设计、管理同步"和"坚持'加减'有度、精细存量"的建设原则，为后续系统性地提升课程建设质量提供了坚实的保障。

早在 2015 年三亚学院就意识到人才培养质量的重要性，针对学校的应用型人才培养与社会和行业、企业需求脱节，人才培养不能满足社会多样化需求和学生个性化需求，学校各部门管理与人才培养模式改革相互冲突、管理部门不能协同等问题,鼓励全校各专业教师在全国范围内的高校、企业和行业开展广泛的调研,在广泛了解国内应用型高校应用型人才培养实践的基础上,借鉴国内外高校应用型人才培养的经验,在全校范围内各专业进行人才培养体系改革的研究,从实现学校"为了让学生更好地走向社会"的办学使命出发,从培养符合社会经济发展需要的具有创新精神、实践能力、人格健康的应用型人才出发,本着"以学生为中心"的教育理念,以行业需求为导向,以成为行业伙伴为目标,以构建应用型专业课程体系为核心,以建设通识核心课程为基础,以实施小班化教学和推进"慕课"混合式一体化教学为突破口,以合作育人为途径,以构建"教"与"学"一体化的管理体制和机制为保障,创新应用型人才培养模式,绘制"课程地图",构建模块化的专业课程体系,建设通识教育课程和创新创业教育课程,改革教学内容和教学方法,创新人才培养途径,建立与人才培养模式改革相配套的管理体制和运行机制。

在前期人才培养方案和人才培养模式顶层设计的基础上,最终真正提升人才培养质量关键的"最后一公里"是课程建设,课程是教育最微观的问题,但解决的是教育最根本的问题。如何在确定的人才培养目标、毕业要求的基础上将培养人才的总任务分解落实到每门课程上去,如何通过精心设计的课程体系中的每门课程的教学实施达到学生基本素养和核心能力的培养和锻炼,才是真正落实课程"三度"建设的核心目的。

1. 课程"三度"建设的解读

1.1 课程的饱和度

课程的创新性,要求课程内容反映学科的前沿性和时代性,教学形式要体现先进性和互动性,学习结果具有探究性和个性化。课程的饱和度需要在学科的前沿知识、实践创新成果转换等方面加强,鼓励老师在掌握学科前沿知识、知识转换成果等方面多找资料、多下功夫,将工程应用领域已有的成果、教师自己的科研成果、教研成果、科创成果等融入教学知识体系的讲解过程中,提升课程的饱和度。

1.2 课程的深度

课程的高阶性,需要将课程中知识、能力、素质有机融合,培养学生解决复杂问题的综合能力和高级思维。这就要求教师要非常好地掌握所讲授的课程的知识内容及知识之间的逻辑性和关联性,同时还需要掌握前修课程和后续课程知识之间的逻辑性和关联性,在此基础上通过知识的学习提升学生的核心能力和专业素质,包括自我学习能力、查找资料能力、分析问题能力、数学建模能力、使用工具能力、综合创新能力及具有本学科特定思维模式的能力等。

1.3　学业紧张度

提升课程学习的紧张度,即增加课程学习的挑战度,学生需要跳一跳才能够得到,老师备课和学生课下有较高的要求。学业紧张度是从人才培养总体方案和每门课程两个维度加强,在人才培养方案中在不影响课程逻辑关系的前提下,按照早接触学科知识、早应用学科知识、早开展实践创新的原则调整课程体系,加强实践环节的数量。每门课程中要求从教学内容、教学方法、信息化教学手段、过程化评价方式等方面开展改革,让老师动起来、让学生紧张起来。挑战性学习课程以有价值的挑战性问题激发学生的兴趣,通过高强度互动,调动学生积极性,培养学生批判性思维、实践与创新能力和快速获取新知识并综合运用跨领域、跨学科知识的能力、解决复杂(工程)问题与挑战性问题的能力,增强学生沟通交流、合作研究的能力。同时,让学生形成创新的习惯和能力以及自主学习与终身学习的习惯和能力。挑战性学习课程形态各异,以跨学科知识的集成和综合应用为支撑,且触及前沿,问题有趣、有难度、有挑战。

2. 课程"三度"建设的实施

2.1　课程与专业的关系

首先按照工程认证的思路,确定人才培养目标、分解专业毕业要求、构建专业课程体系、落实课程学习目标,真正让任课教师了解所教授课程在人才培养体系中的地位和作用。课程教学要求落实过程如图 3 所示。

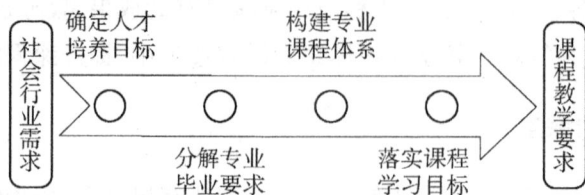

图 3　课程教学要求落实过程

　　从行业需求来确定专业培养目标,进而确定人才培养所需的 12 种具体的毕业要求,同时将上述的 12 种毕业要求与学校提出的本科生的"五种品质"一一对应,进行进一步的凝聚和归类;人才培养目标与专业毕业要求对应关系如表 2 所示,12 种专业毕业要求与"五种品质"对应关系如图 4 所示。在此基础上来确定课程体系,并确定课程体系与毕业要求之间的支撑关系,从而明确每门课程的课程学习目标,使专业人才培养目标真正落到课程设计、课程教学过程中。课程体系与毕业要求之间的支撑矩阵关系如表 3 所示(由于篇幅关系,表中只列出学科专业基础课及学科专业核心课部分,表中 H、M 及 L 表示课程支撑能力的关系为强、中、弱)。

表 2　人才培养目标与专业毕业要求对应关系

		培养目标 1	培养目标 2	培养目标 3	培养目标 4	培养目标 5
		具备社会责任感,恪守伦理准则,遵守职业道德	具备创新实践意识、团队合作精神和组织管理能力	具备终身学习能力,能持续适应不断变化的自然和社会环境	具备解决电子通信领域复杂工程问题的能力,能应对技术前沿研究和多变的技术挑战	具备工程素养和国际视野,能从事科学研究、服务地方经济产业转型升级
毕业要求 1	工程知识				✓	✓
毕业要求 2	问题分析	✓			✓	
毕业要求 3	设计、开发解决方案	✓	✓	✓	✓	✓
毕业要求 4	研究				✓	✓
毕业要求 5	使用现代工具				✓	
毕业要求 6	工程与社会	✓				✓
毕业要求 7	环境和可持续发展	✓		✓		
毕业要求 8	职业规范	✓				
毕业要求 9	个人和团队		✓			
毕业要求 10	沟通					✓
毕业要求 11	项目管理				✓	✓
毕业要求 12	终身学习			✓		

表 3　课程体系与毕业要求之间的支撑矩阵关系表

课程类型	课程名称	要求1 工程认识	要求2 问题分析	要求3 设计、开发解决方案	要求4 研究	要求5 使用现代工具	要求6 工程与社会	要求7 环境和可持续发展	要求8 职业规范	要求9 个人和团队	要求10 沟通	要求11 项目管理	要求12 终身学习
	专业入门指导	H					M	M	H	L	L		M
学科专业基础课	高等数学	M	M	L									L
	线性代数	M	M		L								
	大学物理	H	M		L								
	电路基础	H	H	L	M								L
	电路基础实验	M	H	H	M								
	电子制作工艺	M	M	H	M	M	L	L		M	L		
	概率论与数理统计	H	M		L								
	应用数学	H	M		L								
学科专业核心课	C语言程序设计	H		M		H						L	
	MATLAB 与系统仿真	L	L	M		M	M						L
	模拟电子技术基础	H	M	L	M	L	L		L	L			L
	数字电子技术基础	H	M	M	M	L	L		L	L			M
	通信电子线路	M	H	M	M	L	L	L					M
	通信原理	H	H	M	M	L	L	L				L	M

（续表）

课程类型	课程名称	要求1 工程认识	要求2 问题分析	要求3 设计、开发解决方案	要求4 研究	要求5 使用现代工具	要求6 工程与社会	要求7 环境和可持续发展	要求8 职业规范	要求9 个人和团队	要求10 沟通	要求11 项目管理	要求12 终身学习
学科专业核心课	通信工程制图与CAD	M	M	L		M	L	L					
	电子技术综合创新	M	M	H	M	L	L	L		L	L	L	L
	电磁场与微波技术	M	L		L								
	计算机网络	L	L	M		M							
	单片机应用综合创新	M	H	H	M	L							
	信息论与编码	M	L	L									
	信号与信息处理	M	H	L	M								
	宽带无线通信技术	M	M		L								
	光纤通信	M			L								

专业技术	专业方法	思维方式	价值观	职业能力
工程知识	问题分析			职业规范
使用现代工具	设计、开发解决方案	沟通	环境和可持续发展	个人与团队
项目管理	研究			终身学习
	工程与社会			

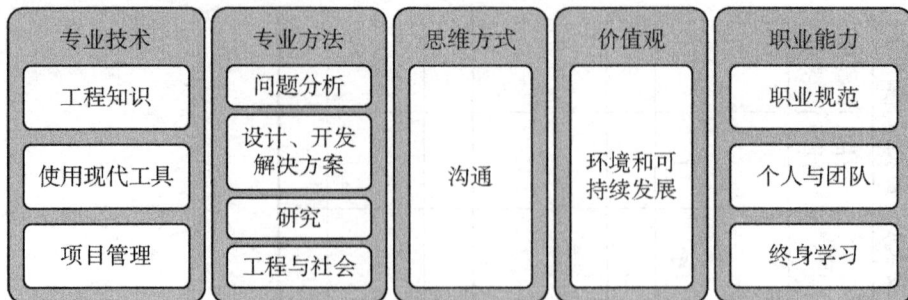

图4　专业毕业要求与"五种品质"对应关系

2.2　课程教学目标的确定

按照上述专业毕业要求与课程的支撑关系确定后,教师在设定课程的教学目标前就能够明确课程在人才培养体系中的地位和作用,就可以有的放矢地确定本课程的教学目标,从而更好地支撑专业培养目标及专业毕业要求。例如笔者根据表3就可以较好地确定"电路基础"课程的教学目标。

通过课程设置及多样化的考核方式,经过本课程理论课程的学习,使同学们具备下列能力:

(1)理解基本电气元件电压电流关系和各种电源的特点,掌握电路参数计算方法和电源等效变换的方法;理解基尔霍夫电路定律、支路电流法、回路电流法、结点电压法的原理,并能具有应用上述方法分析求解实际电路问题的能力。

(2)理解叠加定理、戴维宁和诺顿定理、替代定理等常用的电路定理,可以运用上述定理分析各种实际电路的问题;理解动态电路的概念,熟练掌握换路定理,掌握各种响应电路的求解方法,初步了解二阶电路的零输入响应、零状态响应和阶跃响应的求解方法。

(3)熟练掌握正弦量与相量之间的相互转换,熟练掌握运用相量法分析正弦稳态电路的方法,能灵活运用所学定律、定理分析求解正弦电路;掌握正弦稳态电路的几种功率的计算方法和物理意义,理解谐振的概念,了解串、并联谐振在实际中的应用。

(4)理解三相电源的工作原理,能用三相电路的基本计算方法求解实际三相电路的各种功率和设计三相电路;了解非正弦周期信号的概念和分类,了解周期函数分解为傅立叶级数的方法,掌握有效值、平均值和平均功率的定义和计算方法。

(5)能够在实验实践环节根据实验方案构建实验系统,能够正确采集和整理测量数据,同时运用所学理论知识分析数据得到相应的结果。

(6) 在教学过程中,结合讨论法和探究法,重点培养学生的推理能力、分析能力和迁移能力,逐步形成严谨求实的科学素养和终身学习的学习习惯。

2.3 教学内容的加和减

(1) 调整课程知识体系。根据学生实际情况及专业对电路知识的要求调整本课程。

(2) 增加学科前沿的应用。根据课程知识的类型,在方法型知识和应用型知识教授过程中,增加知识在学科中的应用案例,是学生在学习过程中真正接触到知识的真实应用。

2.4 教学方法的改革

本着"以学生为中心"的教育理念,针对三亚学院学生的层次和能力,采用如图5 所示的"部分翻转课程"的教学模式。

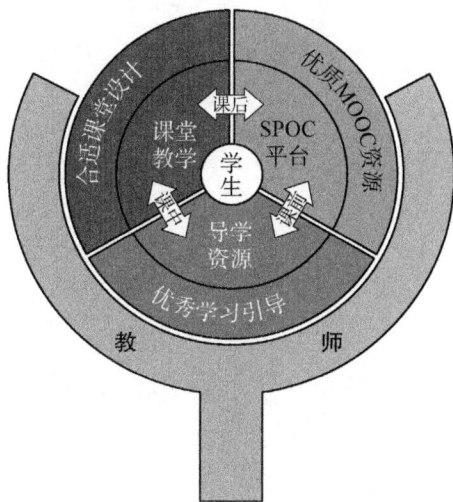

图5 "以学生为中心"教育理念的教学方式

2.5 过程化、全覆盖的评价

改革原有"平时 30％＋考试 70％"的考核方式,突出考核的过程化和全覆盖,改革后的评价体系如图 6 所示。

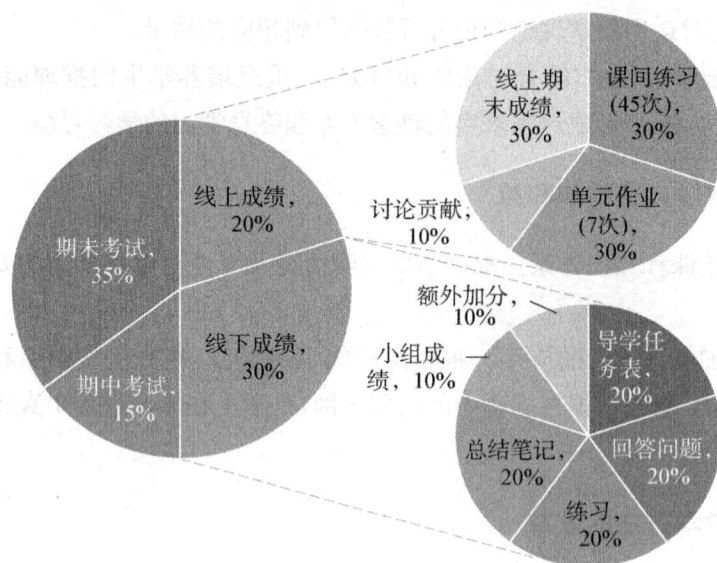

图6 "电路基础"评价体系

（理工学院　汪　源）

"三度"建设

——大学教育的理性回归之路

专业课程"三度"建设的依据是教育部《关于狠抓新时代全国高等学校本科教育工作会议精神落实的通知》，三亚学院以响应外部环境和内涵建设需要来推动课程教学内容改革，淘汰"水课"、打造"金课"，全面提高课程教学质量。学校把教育部文件中的"学业挑战度、增加课程难度、拓展课程深度"概括提炼为"课程饱和度、深度和学业紧张度"的"三度"建设，意在通过推动课程质量提升，培养合格人才。

为深入贯彻落实新时代全国高等学校本科教育工作会议精神，加快振兴本科教育，构建高水平人才培养体系，全面提高高校人才培养能力，2018 年 8 月 27 日教育部发布了《教育部关于狠抓新时代全国高等学校本科教育工作会议精神落实的通知》（以下简称《通知》），要求大学教育回归到"立德树人"的初心上来。文件中提出了"以本为本"，要求贯彻国家的高教大计，做到"本科为本""人才培养为本"，扎牢本科教育的根，捍卫本科教育在大学教育中的基础地位，回归本科教育在人才培养中的核心地位。据此，该通知要求大学行动起来，全面梳理影响本科教育改革发展、影响以本为本、四个回归中存在的主要问题，认真查找本科教育中还存在的领导精力投入不到位、教师精力投入不到位、学生精力投入不到位、资源投入不到位等方面的问题，制订整改措施，逐级狠抓落实。有鉴于此，三亚学院发挥外部环境响应机制，立即启动了专业课程的"三度"建设，在全校 7 个学院中进行试点，遴选出 79 门课程作为首批建设课。人文与传播学院中文系下属的汉语言文学、汉语国际教育专业中，各有四门课程入选，我担任的"中国古代文学"也成为首批试点课之一。

1. 三亚学院"三度"建设与人文学院建设概述

1.1 外部环境相应机制

早在 2016 年，三亚学院就主动提出"大学环境响应能力"作为学校发展的一种对外应对策略,学校主要负责人表示,三亚学院不仅专注于内部建设,还积极关注外部环境的不断变革。

2016 年 12 月,三亚学院公共外交研究中心举行成立仪式。其实,学校早就开始对接外部环境需求,如围绕国家"一带一路"倡议,借势成立了"丝路商学院"。在 2016 年 3 月,与国家发展和改革委员会国际合作中心,双方合作共建三亚丝路商学院。

从 2005 年办学以来,三亚学院就开始探索自身发展之路。作为一所身在海南三亚的民办学校,三亚学院坚持特色发展,在人才培养和智力支持等方面立足海南,辐射珠三角,赢得了良好的社会反响。如为适应三亚旅游酒店经济发展成立的国酒学院,为海南高尔夫运动培养人才的高尔夫专业,为满足康养需求而成立的时尚健康学院等,都是立足海南、响应海南社会经济发展外部环境而主动作为的案例。

"大学环境响应能力"概念的提出,让学校有了自己的主动服务社会的区域环境意识,调动了学校各方力量,积极开办符合海南特色、三亚特色的学校教育活动,服务国家制定的海南自贸区(港)建设,服务海南经济社会发展,这让学校的应用型人才培养定位找到落脚点。

学校 2018 年下半年以来推出的课程"三度"建设,是依据教育部发布了《教育部关于狠抓新时代全国高等学校本科教育工作会议精神落实的通知》要求,主动顺势而为,让大学教育回归"立德树人"的初心,立足"本科为本"的本科教育和"人才培养为本"的应用型人才能力塑造,是在内涵建设上的主动作为,也是十年卓越发展的必经之路。

1.2　二级学院的积极行动

三亚学院的执行力是有目共睹的。学校推出"三度"建设举措之后,学院按照学校部署,立即开始执行。这种上行下效的雷厉风行作为,根源于对大学教育的教育情怀。在三亚学院的精神塑造中,2016 年的一次干部会议上,提出了"以学生为中心、以进取者为标榜、以教育为情怀"的战略核心理念,要求全体干部及团队齐心合力,根据学校的战略管理指向,整体、均衡、高效地推进各项工作。正是在这种"整体、均衡、高效"的合力之下,二级学院、系、专业,强有力地推进了这次"三度"建设。

以人文学院为例,当接到学校开展"三度"试点任务后,学院立即召开院系专业会议,根据学校指示精神,在中文系汉语言文学、国际汉语教育两个专业选取了中国古代文学、中国现当代文学、外国文学、创意写作、文学理论、国学经典、语文教学论、古代汉语、现代汉语、语言学概论、对外汉语教学导论、中国文化通论、跨文化交际、第二语言习得研究等 14 门课程作为"三度"建设首批课程,并立即着手实施。选取的任课教师为专业负责人或具有博士、副教授职称以上的教学骨干,学院要求任课教师围绕"课程饱和度、深度和学业紧张度",进行大胆改革,淘汰"水课",把各门课程打造成"金课"。

2. 古代文学课程的"三度"建设

为顺利开展课程"三度"建设,三亚学院专门下发文件提出要求。在《三亚学院课程"三度"建设推进方案》(三亚院教字〔2018〕57 号)中,学校提出要"优选每门课程教学内容,优选每堂课教学方式,优选每种课程考核方式",大力推进课程"三度"建设。这种优中选优的努力,为课程改革建设指明了实施与发展路径。

2.1 在"闻道"上领先一步的"三度"要求

按照学校"优选每门课程教学内容,优选每堂课教学方式,优选每种课程考核方式"的核心理念,其实就是要追求课程质量,追求创新。"在教学内容选取上,起步要'早',给学生以'新',突出'新观念、新观点、新内容、新方法、新技术',使学生较同辈人'学得早一些',知识先知道,体验先感受,取得知识自信和能力自信,获得竞争优势。"这与古人"闻道有先后"的先闻道者可为师是一个道理。知识学习的"早"与"新",不仅是对课程优选内容的要求,更是在"闻道"上占得先机,"早"和"新"二合一,追求"早"即是追求"新"。

就拿"中国古代文学"课程来说,如何在闻道上领先同辈人一步,成为课程在"三度"建设上首先思考的问题。

在"互联网+"背景下成长起来的"00 后"成为 2018 级大学生的主流,而"中国古代文学"课程讲授的多是距今千百年的文史知识,其他大学的大学生也同样学习这门课程,教材内容一样,我们这个课程的"三度",如何做到"早"与"新"?

毫无疑问,文学史内容的新不是重新创造内容,而且创新理解的"新"。举例来说,人们都知道苏轼是唐宋八大家之一,宋词豪放派的代表,著名词人,这个事实是无法改变的。但是,围绕对苏轼和苏轼创作的理解,可以不断推陈出新。如果能够在理解阐释这个维度上去研究"新",发现"新",让学生"早"知而闻道"新",那么,课程就具有创新意义和价值了。因此在对苏轼的阐释中,我们除了讲授传统的文学史知识外,还把苏轼对文化创意产业的价值揭示出来,提出了"卖苏轼"的思考题,使学生懂得可以把苏轼有关的衣食住行与文学创作,都拿来进行文化价值开发,"早"知道苏轼超越文学的文化符号的价值和意义,那么,我们课程就做到了内容"新"。

再比如对南宋爱国大诗人陆游的阐释,我们也以思考题的形式,让学生思考什么样的爱情才是正确的、值得铭记的。爱国诗人陆游,因为家长干涉不得不离开前妻,但是,因为二人感情深厚,即使是前妻嫁人,去世 40 多年了,暮年时期的陆游,对曾经的爱人的爱一直未曾改变。《沈园》二首其一写道:"梦断香消四十年,沈园柳老不吹绵。此身行作稽山土,犹吊遗踪一泫然。"我们的问题涉及价值观,引发学生思考:按照礼法,陆游前妻嫁人后已经成为别人的妻子,陆游这样一直写诗表达爱情,在当时社会,是否为人接受? 这个思考,涉及爱情观、封建礼法、社会习俗等,学生的思考可以是多向度的,这样"新"奇的问题,带来新思考,让学生明白感情问题也需要理解的语境,并非所有的爱都那么理直气壮。这个问题还对学生的恋爱观产生影响。

2.2 当教书育人遇上立德树人

大学教师肩负的责任除了"传道受业解惑"外,更多的工作是为了教书育人。大学生是世界观、价值观、人生观等问题逐渐形成的一个关键时期,而三亚学院对课程的要求中也明确提出了"五种品质"要求,即:①价值观,课程要促进大学生价值观的形成与发展;②思维方式,课程有助于促进学术学科认知、学术发展等思维方式;③专业方法,课程要有助于培养大学生在研究资料、理论、认知、学术等方面的专业方法;④专业技术,能够掌握资料查找、理论运用、逻辑分析、文本细读、认知创新等专业技术;⑤职业能力,通过学习具备未来从事相关行业的职业综合能力。

因此,大学教育的课程教学是教书育人的必有命题之一,它要塑造高尚的灵魂。那么,以中国古代文学为例,如何实现教书育人这个灵魂工程师的职责呢? 在中国文学史上,大量的作家作品都蕴含着深厚的人生哲理。诵读作品不仅可以涵养心性,而且,也可以在潜移默化中领悟前人的人生智慧与处事学问。

面对互联网带来的各种声音,大学生的分辨能力尚不足以在价值观上辨明是非曲直。为此,就需要大学教师在课程教学中担负起价值观教育,引导学生树立正确的人生观,在多元价值观中辨明是非曲直,趋吉避凶,向善而行。如在课程教学过程中,对于元代社会环境的概述,让学生领悟社会的不公很难获得人民认同,而元杂剧中大量的公案戏出现以及黑恶势力等,都与元代社会的不公联系在一起。由此,引发学生思考:一个不公正的社会,是得不到人民支持的。只有得到人民认可的社会,才会获得发展,故此"水能载舟,亦能覆舟"是很有见地的智慧总结。

2.3　并非最后一公里而是下沉一层

如果说课程的饱和度是让教学内容丰富、新颖的话,那么,课程的深度就是让课程更有"含金量",也即所谓把没有含金量的"水课"淘汰掉,努力打造具有知识价值的"金课"。这并非课程建设的最后一公里,而是下沉一层,落实课程应有的技能训练与成长。

增加课程的"含金量",可以说是课程"三度"建设的一个重要抓手,目的是让课程具有使用价值,具有职业发展所需的必备性,而且课程学习过程的本身,也应是能够为学生知识与能力成长提供平台。

为此,在中国文学史课程"三度"建设的过程中,我们把知识与技能结合起来,让知识"下沉一层"成为技能,让课程具有技能"含金量"。具体做法有以下三点:一是课程公众号,要求每一个班划分小组,每个小组都参与班级课程公众号建设,整理、写作、编辑上传公众号文章,内容包括围绕课程内容的PPT、章节习题、笔记、作业、文人轶事、演绎小故事、测试题等。如此,学生既能够获得公众号媒体运营经验,又加深了对课程知识的理解;二是章节测试,每一段知识学习之后,要求学生完成一定测试,通过测试知识点,让学生懂得必备的学科专业储备,为未来职业发展奠定基础;三是读书阐释,汉语言文学的"听说读写"都是技能,因此,课程教学中非常注重这些技能,同时要求同学会阐释经典作品,做到能够讲解,能够融会贯通。因此,课程学习的过程并非传统课程的"满堂灌",而是把理论知识与职业技能的进步结合起来,促进大学教育的人才成长,真正做到教书育人。

3. 任重道远的大学"二极"

在《教育部关于狠抓新时代全国高等学校本科教育工作会议精神落实的通知》中,我们还发现对于课堂管理的意见。《通知》要求各高校要按照中共教育部党组《关于加强高校课堂教学建设提高教学质量的指导意见》要求,不仅严管、严抓教学秩序,而且要加强学习过程管理,"合理提升学业挑战度、增加课程难度、拓展课程深度",加强学习过程考核,"加大过程考核成绩在课程总成绩中的比重,严格考试纪律、严把毕业出口关,坚决取消'清考'制度"。这说明,课程建设并非只是教师"教"的问题,还涉及学生的"学",也即:对于不学习的学生,取消"清考",让他们无法毕业。所以,三亚学院的课程"三度"建设,也涉及"教"与"学"两个维度。课程

"三度"建设,将成为大学教育任重道远的"二极"终极转变。

前文主要论述了课程"三度"建设的"饱和度"与"深度",这里"学业紧张度"是与学生的"学"联系在一起的。"学业紧张度"要求教师增加知识与技能"供应量",让学业紧张起来,让学习者感觉处于紧张的学业学习与竞争之中,时时刻刻都有所获,让学习成为一种愉快的知识汲取。但是,切忌像中小学那样增加学生过多的课业负担,应该为学生的爱好兴趣留有一定的时间。

其实,"学业紧张度"落实的是"以学生为中心"的核心理念,就是回归教育的初心,让学生真正爱学习,去追求科学和真理,求真务实,自己主动去学习探索。但是,很遗憾的是由于网络环境与学习风气影响,不少学生缺乏学习主动性,课堂的"用心率、抬头率、点头率"都不高,导致学业"水分"上升,为了让学生毕业,不少学校发明了一种叫"毕业清考"的考试"帮助"学生毕业。导致的结果是,学生有恃无恐,学业松懈,管理者无奈,只好听之任之。

现在,教育部明确要求取消"清考",让课程教学担负起"学业紧张度"的任务,迫使学生放弃蒙混毕业的幻想,可谓牵住了提升课程学习效果的牛鼻子。

固然,课程改革的"三度"建设一端是学校教师必须担负起教书育人重任,一端是大学生必须努力,勤勉学习,赢得大学自我成长的精彩。但是,课程"三度"建设毕竟是一个系统工程,需要全面整顿教育教学与课程学习考核等秩序。对于不爱学习不能够坚持学业的学生,学校需要拿出雷霆手段,坚决处理。

教学相长,大学教育的"教"与"学"的"二极",都需要努力,如此才能够在"三度"建设上取得双赢,这也是本次课程建设的初心。

"三度"建设是让大学教育回归育人的理性发展。大学教育,任重而道远。

(人文与传播学院   冯汝常)

一门好课

——关于"三度"课堂的解析

由三亚学院提出的"课程饱和度、深度、紧张度"的建设是一个大学教育系统整体联动的工作,其核心是课程本身。构建深度学习课堂,提升课业难度、课程深度与学业挑战度是一个必要举措,文章探讨深度学习课堂的建课标准、教学方法与教学要求。

2018年6月21日,教育部部长陈宝生在新时代全国高等学校本科教育工作会议上关于"本科教育是大学的根和本"的讲话揭示了中国教育的"怪相"。在高考制度的压力下,中学的基础教育整体呈现"拼命"的状态,一旦进入大学阶段,学业体现更多的自主跟自由,学生学习的心态发生了不该呈现的"病态",认为大学是轻松愉悦的,社会整体意识上没有强化大学教育本该有的严谨性和科学性。讲话中提到"四个回归"和"对大学生要合理增负",都是应对这种"怪相"提出的倡议。于是,越来越多的学者群起响应,认为国家的发展需要人才,必须在大众教育的背景下提升大学生的学业挑战度,合理增加大学本科课程难度、拓展课程深度、激发学生的学习动力和专业志趣,真正把"水课"变成有深度、有难度、有挑战度的"金课"。

2018年10月,三亚学院面对生源结构的变化,对优质生源诉求以即时提出课程"三度"建设为回应,全校高度重视提升课程和学生学习的饱和度、深度及全学业周期的学习紧张度。诚然,"三度"建设是一个大学教育系统整体联动的工作。若使学生在大学不再"混日子",必然要为学生提供丰富的学习内容和良好的学习体验,从管理和教学辅助上做好学业规划的指导和跟踪,为深度学习提供保障。

然而这些是"外围",核心是课程本身。"三度"建设的思考其实可以化为一个简单的问号——如何上好一门课? 故此,本文将回应三个由此引发的思考——第一,一门好课的评判标准是什么? 第二,一门好课的教学方式方法有怎样的特征? 第三,建设和落实一门好课的基础与路径是什么?

1. 大学里的"一门好课"

一项关于"大学热门课程"的调查道出了当前我国大学课程的弊病。问到学生最喜欢修读的课程,相当大比例的两个答案为:一是轻松的、老师管得不严、可以很容易通过考试的课程,也就是人们常说的"水课";二是有趣的、内容很精彩、老师讲得不错、对走入社会有很大实用性的课程。这个结果让人不免担忧起中国的大学教育,然而也是中国大学教育发展进程中带来的问题。

因高校的扩招,直接导致大学的生师比扩大,早已突破 16︰1 的标准。理论课教学大多以大班上课为主,班型小的四五十人,大的一两百人也很常见。这种授课的效果很难评估,如果教师没有足够的"控场"能力,很难将学生的注意力始终集中于知识学习,教学互动也很难开展。虽然随着辅助教育技术的发展,越来越多的新媒体技术介入课堂教学,例如雨课堂的互动。但是从根本上说,如果不解决教学内容和教学形式的质量与效应力的基本矛盾,再丰富的新型辅助手段也都只是"走形式"。提升课程质量,多开设有深度、有难度、有挑战度的"金课",同时有效遏制和最终消除某些大学生对"水课"的青睐,提升学生的紧迫感和自主学习意识才是当前的要事。

怎样的课才能算"一门好课"? 从教学有效性的层面来看,笔者认为如下几个特征可以反映"一门好课"的特质。

1.1　教学目标明确

教学目标是教学效果的保障,它既是一个计划,也是一个考核的标准。很多教师在设定教学目标的时候都是基于课程内容的,即达到了解课程内容、掌握课程技能的目的,这种设定有时浮于浅表。教师应从学生的角度思考,从学习的目标出发反观教学目标,从课程体系的关联性、人才培养的目标路径来整体解析、明确教学的目的。

对于通识性课程来说,倾向于构建人文情怀、科学素养、批判思维、沟通表达和广博视野的"五维目标"导向的多层次通识教育体系。对于专业课来说,通过教学,不止让学生了解掌握相关知识,更重要的是如何运用知识以及该课程涉及的专业知识在哪些专业领域内可以应用、如何应用,与其他专业课程的学习有怎样的关联,对于学习的要求要达到何种程度,对学生世界观、价值观、人生观、全球观的建立有何影响,即应从全面教学观的角度设定教学目标。

1.2　教学内容有贯通性、先进性

首先教学内容是教师学术思想的集中体现,而不是教材编著者的文本照搬。在学生最不喜欢的老师中,有一种就是"上课读教材"。如果学生可以通过读书自学,老师的作用又体现在哪里呢? 大学老师要能"吃透"一门课程,关键在于学术上的阅读、思考与积累。能有个人的理解、表达与态度,体现一种学科上的"融会贯通",通过有效的沟通传达给学生。

其次是课程内容的时效性和先进性。对于通识性史论课程,强调内容的经典性和丰厚度。而对于专业课程,技术和理论的时效性、先进性就多了一层要求。这就需要教师随时关注行业前沿,及时更新教学内容和案例。保留经典的同时,与时代同步前行,观念上更要先于时代。准备充分的教学内容,教师绝对不可以在思想和行动上懒惰。

1.3　强调学生"主动参与",教师"主动引导"

有效教学以学生发展为目标,必须通过学生主动地参与教学过程才能实现。大学课堂不应是教师一言堂,学术自由的精神主张积极探讨与不同观点的分享。教师要尊重学生的主体地位,引导学生积极思考、探索并发表观点,在思想碰撞中理解与掌握知识,同时要强化课程设计和组织管理课堂活动。教师掌握一定沟通技巧有助于课堂上与学生的互动,课堂气氛与环境应体现民主、自由和安全。

2. 怎样才算"上好"一门课

哈佛大学物理学教授埃里克·马祖尔(Eric Mazur)在 2007 年发表的一篇题为《一个翻转讲座者的自白》的文章中,文章讲到了自己之前的教学经历。他的教学一直采用传统的讲授法并辅以课堂上的演示。他对自己的教学感到满意,因为一方面学生在解决他认为比较困难的物理问题上表现良好,另外,学生对他的教学评价也相当正面。这使他认为他的教学是成功的,大家都是这样教,也没有什么必要做出改变。后来,他偶然读到了学者哈洛伦(Halloun)和赫斯廷斯(Hestenes)的文章,他们关于学生的概念理解上的发现让他感到困扰。在这两位学者看来,学生有很多常识性的"迷思",而这些迷思也很少因教学而发生改变。马祖尔决定使用这两位学者开发的测试题目进行测试,测试的结果发现学生对这些概念理解在期中和期末的测试中上并没有发生多少积极的变化。也就是说,传统教学对增进学

生正确认识概念方面没有多大效果。

马祖尔的经历与体验与大多数大学教师是相同的。但我们很少深入思考学生学习效果与教学方法之间的关联。马祖尔的团队经过试验性测试得出了相关结论,查找到导致这一现象的原因。这个结论揭示出,传统教学是一个识记的过程,即教师讲授基本观点、基本理论、基本概念,学生理解表意后记住这样的概念、观点和理论。但实际上,他们并没有理解这个概念或者观点产生的过程、原因和基础是什么,为什么生成这样的一个定义。所以,很多理论和概念并没有得到很好的实践和应用。对于大学生来说,上好课就是记好笔记,因为那将会成为考试的重点!然后毕业后,那些学业成绩特别是理论课成绩很高的学生,并没有在未来人生的发展上、事业的发展上得到很好的学习反馈。作为教师,我们经常规范学生的学习习惯和态度,却从没认真思考在学习的过程中,教师的引导作用有多重要。教会知识的最终的目标是学会应用。教会一个知识点,不如让学生通过思考举一反三,理解、学习更多的知识点。所以,上好一门课,不应该把目标局限于课程内容的传播,应该以教会学生自主思考与应用为最终目标。马祖尔认为,改革的起点应该是让自己讲的少一点,更多时间应该让学生思考并解决问题。

那么,到底采用怎样的教学方式与方法,才能上得"一门好课"?除去教师本身的学历、职称等客观因素,单纯就一门大学课程来看,"一门好课"必须能够激发学生主动学习的兴趣,能在课堂内外与教师达成互动。在这方面,高校都做了很多改革与尝试。比如我校的小班教学改革,就是以提高教学的"互动性"提升学习效率为基本要求。很多参与小班教学改革的教师发现,各式各样的"互动教学法"丰富了课堂教学的形式,同样也增加了学生课外学习与查阅资料、准备实践项目的时间成本。在小组式项目讨论教学法开展前,学生需要集合团队的力量分工合作,进行资料的检索、筛选与报告分享。在实践性较强的小班教学过程中,学生需要为一次项目的实训准备丰富的资料和排练演习,以达到教师对其的要求。但通过课后效果的调查,我们发现,大部分学生乐于这种形式的学习。因为相比理论授课,枯燥的讲座形式让他们感到更多的是知识的"灌输",因为大部分教师并没有在讲座中体现更多值得他们注意的"闪光点"。通过分析国内外相关研究发现,这样的学习形式更多是学生的主动选择。学习动机被激发,驱动他们更多地进行深度学习,而非简单地死记硬背材料。并且,笔者在专业课程教学中也尝试过大量的实验性改革,学生对教学改革的反应是积极的。故此,笔者认为,提高课程饱和度和深度,与提升课程质量与教学效果是相辅相成的。不能简单地理解为给学生留更多的作业、阅读更多的书籍、增加更多的理论难点甚至超出本科生的理解能力,避免走入

"增加课业负担"的误区。

3. 重构深度课堂,提升学业挑战度

上好一门课,建课者要扩大对课程学习理解的格局观。积极思考有效的教学手段,与学生产生深度互动。

1) 有效预习促进课堂学习效率

马祖尔的研究团队做过一项关于同伴教学法的测试,结合概念测试得出的结论如图 7 所示。

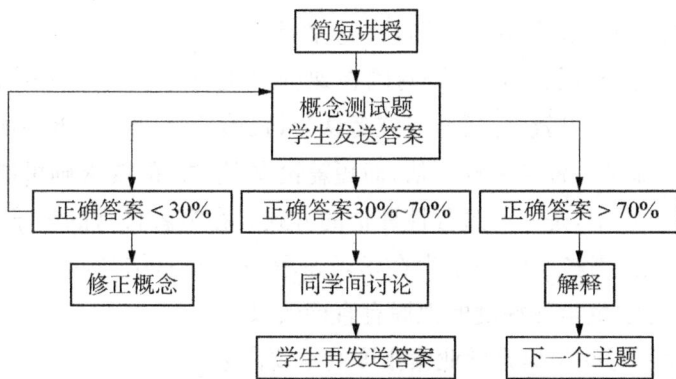

```
          简短讲授
             │
             ▼
       概念测试题
       学生发送答案
    ┌────────┼────────┐
    ▼        ▼        ▼
正确答案<30%  正确答案30%~70%  正确答案>70%
    │        │        │
    ▼        ▼        ▼
 修正概念   同学间讨论    解释
             │        │
             ▼        ▼
        学生再发送答案  下一个主题
```

图 7　马祖尔概念测试的同伴教学法实施过程

由图 7 可见,教师后续的教学取决于学生的回答情况。第一种情形是回答正确的学生比例太低,如低于 30%,这种情况说明学生对这个问题的理解普遍存在问题,因而师生要一起修正这一概念;第二种情形是较高比例的学生回答正确,即回答正确的学生比例超过 70%,教师就会再对概念进行解释然后进入下一个问题。如果是有 30%~70%学生回答正确,老师就会安排学生与相邻的同学组成一个小组互相讨论自己的答案,在这个讨论过程中鼓励学生去挖掘不同的答案,同时教师进行巡堂,鼓励有效的讨论并对学生的思考进行引导。讨论几分钟后,学生被要求再次回答原来的题目,那么学生会综合讨论的情况对问题进行重新思考,做出新的选择。答完后教师会解释正确的答案并根据学生的回答情况来决定是继续做相关的概念测试题还是直接进入下一个主题。

马祖尔的研究表明:初次回答概念测试题正确的学生比例在 30%~70%时,同伴间讨论的学习效果最有效;低于 30%和高于 70%的比例时,同伴间讨论的学

习效果并不明显。这就意味着在学生与同伴进行讨论之前,若学生对所学习的主题内容有一定的基础,自己对要讨论的问题有一定的认识,这样在讨论时才能提高学习效果。

从马祖尔的研究结论中我们需要提高对课前预习的认知,让学生自主学习和理解概念性知识,预习任务相当于教师埋下的一颗"种子",在课堂上回归对概念源起的探讨与应用理解,使知识"生根发芽",用有限的课堂时间争取最大的学习效益。而预习的形式有很多种,在我校开展的假期预习活动中,大多教师以课程相关书籍与文献的阅读和分析作为基本考核形式。同时要求学生对即将学习的知识提出"质疑"性思考,带着问题去展开学习。而有些专业调研的预习方式也是一种有效了解专业领域的方法,学生更乐于参与社会性活动去发掘兴趣。

2) 阶段性作业检测效果优于期末一次性考核

曾看过一篇研究报告,就中美两国在课程论文写作上的对比来看学习效果。从数量上的差异去反思教学过程,研究者认为,长篇论文(报告)更多体现的是学期末的考核方式,即是一种结果性评估;而短篇论文(报告)的要求则可能是贯穿于整个课程的学习过程中,是一种过程性评估的方式。在笔者日常的教学实施过程中,也更倾向于过程性考核。它使学生在学习过程中不断总结与应用,不断反思。这种过程性评估对学生学习深度的把握有直接效果。

3) 必要学习时间是提升学业紧张度的重要因素

在我校,学习时间主要表现为大一年级课下学习时间相对较少(课时量大,课下时间学生非学习性质的自由活动较为丰富),而大四年级学生的学习时间较多(课时量小,大多为应对毕业论文、考研、考公务员的自学行为)。"三度"课程建设的提出有一点就是关于学业"紧张度"的提升,这明确了大学的责任与态度。与此同时,教师对学生学习目标的要求与期望也会对学生的学习行为有很大影响。如果老师要求不严格,学生的自我懈怠就会提升。国外大学引入教学检验的 ISO 认证是对大学人才培养质量的保证和监督,这自上而下的严苛体系要求教师要注重日常对学生学业质量和效果的要求,这是值得我校借鉴与思考的。

综上,课程"饱和度、深度、紧张度"的建设是一个大学教育系统整体联动的工作,其核心是课程本身,必须着手于教师的教学水平和教学方式、学生的学习行为和学习投入等指标的改进。以课程"三度"建设为抓手,重点抓好"教"和"学"这两个核心要素,才能真正提高我校本科人才培养质量。

(传媒与文化产业学院   张慧鑫)

落实课程"三度"　提升教学质量

在"习近平新时代中国特色社会主义思想"引领下，教育也同样走进新时代，因此也有了新时代对教育的要求。尤其是对高等教育的要求。在人民日益增长的美好生活需要和不平衡、不充分发展之间的矛盾成为主要社会矛盾之时，对新时代的教育也提出了更新的要求，以满足人民群众日益增长的教育需求。要把提高教育质量放在更加突出的重要位置，实现我国高等教育的可持续发展，就是要从根本上提升质量，确立人才培养质量是学校生命线的认识，在培养学生的过程上下功夫，为社会输送更多优秀的各类型专门人才，为社会经济增长和社会发展服务。

提高教育教学质量是当今时代和社会发展对高等教育的根本要求，2018 年 8 月，教育部在相关文件中提出"合理提升学业挑战度、增加课程难度、拓展课程深度，切实提高课程教学质量"，我校提出了课程"三度"建设，可以说是在最根本的课程环节上积极回应了时代对教育的要求，也切合实际地响应了内部需求，要依照《普通高等学校本科专业类教学质量国家标准》，结合办学实际修订本科人才培养方案，切实把课程"三度"要求落实到人才培养各项工作、各个环节中，对于全面提高人才的质量及培养学生的能力方面具有重要的实际意义。

1. 课程饱和度

1.1　课前预习环节

要设定好任务，并合理地安排给学生，还要说明具体的要求，选取至少 3 本以上的参考书目提供给学生，同时安排好阅读任务，学生可以选择多种方式进行预习，采用网络课程等现代化教学手段，通过各种知识链接、手机 App 等，都可以达到预习的目的。

1.2　课程教学实施过程

要注重教学内容"新",突出"新观念、新观点、新内容、新方法、新技术",教师要不断丰富、完善和创新课程大纲,对教材和参考资料进行综合研究分析,不断丰富课程教学或者课堂教学的知识信息、学科观点和技术方法,让学生在内容上学得充分饱满一些,在专业方法上学得更多一些、更新一些。教师在课堂教学和内容设计中要尽量考虑到基础性,同时还要兼顾前沿性,课堂导入的设计要合理、自然,并能够承前启后,最好要带出问题,引发学生的思考。在课堂任务上,要进行阶梯式设计,循序渐进,适应学生身心的原则,课堂测验题目要紧扣主题,还能体现出学生进行了思考。在教学组织上要体现出有秩序,设计并选用恰当的教学方法,将知识传授与能力培养相结合,理论与实践相结合;在课堂上能够恰当地使用现代教育技术手段,来提升教学效果。注重课堂上的互动效果。可以用测验的方式来进行特定内容的考核,模式也可以采用小组讨论和汇报演示来进行,既有个人能力的展示,还有团队合作努力的成果展示。

1.3　课后环节

教师要充分经过查阅,并将提供给学生更多的课程资源,包含书籍、报刊、报告、相关网站或网页等可以为课程服务的相关实物或链接。围绕课程的内容和相关要求,要进行课后作业的布置,并要有对作业的及时反馈。

2. 课程深度

教师在教学内容上注重方法求新,并对学习方法进行一定程度的创新,注重知识的广度和关联度,在教的同时激发学生的问题意识,引导学生探究学习,通过教师阐释事实知识背后所蕴含的价值,来引导学生对知识的反思,帮助学生拓宽知识的广度和知识的深度。在课程内容的安排上,可以设计理论与实践同步进行的方式,突破传统先理论再实践的传统思维方式,让学生先经过教师设计好的实践过程进行体验后,获得大脑、身体的直观感受和感觉,造成理论的"缺失感",引发学生思考,激起学生对学习的渴望,从而调动学生的学习积极性和主动性。在思考的同时,教师还可以创设问题,来引发学生来表达不同的观点,进行一场头脑风暴。接下来通过理论的学习,再引导学生进行思考,并能够提出不同的表达方式或解决方案,锻炼学生的思维方式,提高学生的思辨能力。

在课堂教学中,教师多进行信息技术在其中的融合,改变"照本宣科"和"满堂灌"的落后教学方式。要科学运用多种教学方式方法,如混合式教学、游戏化教学,并注重课内与课外相结合,增加团队合作的学习模式,增加学生的参与度和参与感,从而提高学习效率和获得感。还可以将情景再现方式引入课堂教学之中,引导学生将知识应用到真实情景中,并能够解决实际问题,引导学生将理论知识、实践能力的学习与实际生活、现实问题相结合,培养学生对专业知识进行应用的理解,达到学以致用。学生通过提交课程学习成果,来满足个人的成就感,在激发学生学习兴趣的同时,也进一步推动了教学改革。

3. 学业紧张度

3.1　布置相关的学业任务

学业任务可以帮助提升学生学业紧张度,教师可以督促学生结合课程学习进行大量阅读,阅读与课程相关的经典书籍和专业学术期刊,把阅读与课程考核有机结合起来。在课外阅读的相关要求上,设定基本标准,要求课外阅读书籍至少 1 本以上,与本专业相关的期刊至少要选取 2 种来进行阅读。还要进行至少 10 篇论文的阅读。进行多种方式阅读的同时,要保证做好读书笔记,在保证课外阅读量的同时,还尽量要完成每门课程至少 2 篇课程论文的写作任务。体现学业紧张度的其中 1 个指标是课后学习时间的投入,要达到每门每次课后用于学习的时间不少于 2 小时。

3.2　课程"三度"建设中的课程考核

课程考核是较重要的环节之一,教师可以采用开放性问题、实际应用问题来考查学生的综合素质,在一定程度上降低知识性考核题目的比例。教师可以多进行能够体现启发学生思维的命题,促进学生深度学习,主要以体现学生分析问题的能力和解决问题的思路,从而能够发挥学生的创造力,激发学生的灵感和创意。在课程的考核成绩中,要体现出对于学生的课前预习的完成情况和课后学习时间投入及课后作业完成情况,可以通过当次课的测验、提交提前布置的读书报告、情景表演环节、雨课堂等来作为检验学生完成情况的方式,并将这种考核方式的结果并入学生的总成绩中,从而督促学生更好地完成课前、课后任务。教师还可以以课程论文的形式来作为评定学生成绩的主要内容,但是要注意特别要求该课程论文的原创性,且还要有一定的数字要求。在多种考核方式并举的情况下,教师要经常进行归纳和整理相关内容,根据课程的具体特点和要求,来建设高标准试题库。

4. 课程"三度"建设的具体措施

4.1 学院领导重视

二级学院作为培养专业人才的主要阵地,如何进行"三度"建设来培养更适合社会需求的专门人才,是教学中的重点之一,也是学院的主要任务之一。分管副院长要亲自抓教学质量,学院成立课程"三度"建设工作小组,具体负责学院各个专业课程"三度"建设的整体规划、政策指导、全程跟踪、进度督察,学院的督导要进行教学质量监控。要不断地强化教学质量意识,引导教师们树立以教学质量提高教师教学能力发展的观念,坚持把教学质量作为长远发展的头等大事来对待,并要当作一个常态常抓不懈。同时,要合理进行教学管理安排进行系统性设计,要以课程大纲为载体,在学校统一的建设标准指导下,由学院进行系统安排,再由相关任课教师实施,从而才能为学生提供"三度"课程所包含内容的有效学业路径。

4.2 课程"三度"建设内容要体现"以学生为中心"

坚持"以学生为中心的理念",以提升学生的竞争力为教育核心,教师要回归育人为本的教学初心,要提高对学生的关注,深化教学改革,提高课堂教学质量。推进课堂教学改革,提高课堂教学效果,把时间和精力放在学生身上,通过课程改革来促进学习革命,切实提高教学效果,成就学生的梦想。课程"三度"建设是根据专业的人才培养目标、课程在专业课程体系中的地位和作用、课程本身的特点,来适当选用教学内容、教学方式和考核方式,不断积累改进的经验和收获,逐步来形成课程特色。通过课程的学习,将学生的能力提升作为评价的主要标准,达到教会学生学会学习和自主学习,提高学生的专业知识、专业方法、专业技术和专业能力,对学生的成长和职业发展有一定的帮助和促进作用。

4.3 提高教师素质

作为新时代的教师,尤其是高校教师,肩负着重要的育人使命,向社会输送合格而有用的人才,就需要教师在自身素质上不断地提升,行为要能够起到较好的示范作用才行。教师要从最基本的教学质量上下功夫,将培养学生良好的"世界观、价值观和人生观"作为正面影响他们的主要内容,而教师本身要做到师德方面要高尚、工作方面要敬业、执教方面要乐业,能够保持较好的科学研究态度,并用于指导教学工作。对于专业教师来说,从前期的备课工作、课堂的执行过程、课后的辅导事宜等都要尽心尽力地去做好,教学中还要不断地努力进行相关教学手段和方法的改革,注重通过创新来提高教师自身的业务水平和教学能力。另外,教师在教材的选用上也要认真对待,选用教材的质量直接影响教学的质量,从课前预习进行的阅读资料到教学所使用的相关教材都要认真进行筛选和确定,而课后需要扩展的补充资料,则是要注重对学生专业方面的扩展,最好渗透一些交叉学科的内容在里面。

4.4　加强学风建设

学风建设作为学校教学工作的一项重要内容要常抓不懈。优良校风、学风是保证教育质量的重要前提,首先要教风带学风;其次要进一步加强学生的思想政治工作的引导和教育,引导学生树立正确的学习意识,通过班会、专业实习、社会实践及志愿者等方式,尽量营造健康和谐向上的校园文化氛围,使学生形成良好的学习风气和刻苦拼搏的精神。持续加强学生对学习纪律的认识,强化学生的考试诚信意识,采取有效措施,从根本上杜绝考试作弊现象。

4.5　加强教学质量监测和质量评价制度

学院在课程"三度"建设过程中实行主要负责人制,层层递进,形成全系统责任落实体系,全面覆盖教师教学和学生学习过程,并重视学生学习效果的跟踪和评价。定期开展课程建设评估工作,注重教学反馈,定期开展学生座谈,了解学生的实际需求并做好记录。按照学校要求,学院层面要认真落实听课制度,加强教学质量评估制度,加快建立自律、自查的教学质量评价体系。强化学院教学督导检查,充分发挥学院督导在教学常规检查、教学质量评估、重点学科建设、教学研究立项、毕业实习等方面的监督和指导作用。

5. 结语

学校在积极响应教育内外环境的同时,有效实施"以学生为中心"的发展战略,紧扣提高课程质量的目标,促进学生成长,提高学生的学习能力和学业水平,课程"三度"建设取得了初期的成效,但需要保持课程建设的心态和做事方法。学校及学院二级层面的执行方式上体现为教学检查（文本体现）、随堂听课（现场执行）、专家评价（文本结合现场）、学生评价（主体感受）。教师层面上则是要在实际教学中加强学习过程管理，合理提升学业挑战度、增加课程难度、拓展课程深度，从课堂的教学质量上进行提升，注重学生学习过程中的"过程性考核"和"终结性考核"，加强评价环节的效果。从课程体系对标"五种品质"、课程大纲国际化等能够提升专业人才培养质量的路径出发，将课程"三度"建设逐步推进，并扎实地认真执行，一定能够提高课程教学质量，实现全面提高人才综合能力的目标。

（体育学院　　张善斌）

基于高校"三度"建设谈学院人才培养

在高等教育快速发展的过程中,很多高校在本科教育培养过程中出现了通识教育理念缺失、以学生和学习为中心的教育理念落实不够、培养目标过于宽泛、轻教学等突出问题,以致出现了在学生当中流传着"高中拼命学、大学尽兴玩、人脉比知识重要"的说法。因此在大学校园里,开小差、玩游戏、手机刷屏现象在课堂上屡见不鲜。但是,大部分本科生仍能顺利毕业。为贯彻落实教育部狠抓新时代全国高等学校本科教育的工作,为适应新时期本科教育发展的新变化,2018 年 12 月 11日学校发布《三亚学院课程"三度"建设推进方案》和《课程"三度"建设指导性意见》,明确课程"三度"建设的意义、原则、思路、目标、要求、路径、标准、保障措施等。全校广大师生均不同程度地参与到课程"三度"建设中,这与教育部在 2018 年召开的新时代全国高等学校本科教育工作会议的要求不谋而合。课程"三度"建设对有效实施学校以学生为中心的发展战略、提高教风和学风、切实提升本科教学质量和学业质量具有重要的理论和实践意义。

课程"三度"建设明确了课程要进行饱和度、深度和学业紧张度的建设,其核心内容就是要进一步完善课程建设,提高课程的质量,实现人才培养的目标。方案强调,课程"三度"建设要坚持回归初心,坚持持续改进,坚持成果导向,秉持"生为本"、凸显"再设计"、重在"见成效"。把时间和精力放在学生身上,提高对学生负责的态度,以学生学习的产出和学习能力提升为评价课程的主要标准,教会学生如何学习,助力学生专业成长。教师要优选教学内容,优选教学方式,优选考核方式,使学生"学得早一些""学得充分饱满一些""专业方法学得更多更新一些",知识先知道,体验先感受,取得知识自信和能力自信,获得竞争优势。通过细读三亚学院课程"三度"建设的相关文件,现将感悟总结如下。

1. 构建科学人才培养体系

围绕学校"走进校园的目的是为了更好地走向社会"的办学使命、"学生核心竞争力"为战略核心以及对标学校"五种品质"教学模式改革要求,以中医"治未病"理念,融合中西医学和管理学为基础进行跨学科整合和课程设计,系统规划专业课程地图。通过搭建"校内实验实训、校外岗位见习实习、健康管理项目"于"三位一体"、多渠道搭建实践教学平台,拓宽学习视野,加强专业应用能力,促进学生核心竞争力的形成。学院在人才培养过程中,紧密联系和对接社会产业行业发展,依托学院已建的国医馆、中医养生工作室、药膳食疗研究院、痧疗罐疗工作室、健康管理工作室、健康产业创新创业项目企业孵化工作室等开展健康管理实践项目;依托校外战略合作企事业医疗机构、健康管理机构开展专业入门、专业见习和对接岗位的社会教学,搭建学生和教师在课堂上互动融合的平台、学校和社会"产教融合"理论和实践平台,提升学生专业应用能力、专业思维养成、专业方法形成、专业技能提升的平台。

2. 合理设置教学内容

对学生进行适当"增负",提升大学生学习以及毕业的难度。如何达到提升课程饱和度,恰好就是教育部提出的"回归常识、回归本分"内涵,就是要让大学教育中的教师能够潜心教书育人,让学生刻苦读书学习。从教师角度说,只有潜心教育才能深度思考课程教学内容与学生能力培养的关系,才能改革教学方法和教学形式,才能设计出反映前沿性和时代性的课程内容,才能把握教学内容难度,才能培养学生自我解决困难的能力以及灵活思维,才具备实现"金课"的可能性。从学生角度来说,只有刻苦努力才能从网络的碎片化学习走向专业系统学习,才能专注于专业课程内容,才能有对专业的认知和兴趣,才能有目的地积极地学习专业知识,才能从被动学习转到主动学习。

举例:优秀的健康管理人才应该做到了解并发展健康管理的知识,并能在实践操作中合理运用相关知识。我在相关医学课程的实际教学过程中,应秉承"必须、够用"原则,为突出健康服务与管理的专业特征,对该课程教学进行系统整合。在"基础医学"课程中对生物化学、分子生物学、微生物与寄生虫学等方面课程进行缩减。人体基本解剖结构、常见慢性病病理生理、疾病表现、健康教育等方面内容适当增加,以提高教学质量及学生在课堂的学习效率和积极性。在"社区健康服务"课程中强调基层公共卫生服务技术,使学生不仅掌握临床诊疗的基本知识与技能,更具备开展城乡居民健康档案管理、健康教育服务、预防保健等国家基本公共卫生服务项目的综合实践能力。

3. 采取多元化教学方法

践行"三度"建设,培养新时代健康管理服务人才,为实现这一目标,教师与学生的沟通、心理分析、自我调节能力都应得到提升,既要对理论知识有一定的储备,又要具备良好的综合素养。在此基础上采取多元化的教学方式,将人文素质、健康教育与相关社会课程贯穿于课程教学,如案例分析、角色互换、情景再现教学、以问题为基础培养教学人才等,充分利用现代化先进科学技术,提高学生学习效率,强化教师与学生之间的沟通。在课堂中教师既要授课,又要培养学生各个方面的兴趣。培养学生独立思考与创新能力,提高学生更好进行自我完善的目标。尤其在医学类课程的授课过程中积极采用 PBL 教学模式,强调分析问题的能力,对真实性任务,复杂的、符合现实的问题情景进行设置,学生团队进行合作以提高自主探索能力,帮助团队找到解决问题的方法。这一教学模式开发了学生主动动脑分析问题的能力,调动了学生的积极性。通过学习,学生能深刻领会问题背后的科学知识并增强对多学科知识点的综合理解,让学生在学到书本内容后能很好地运用于实践,因此在国际上广受推崇。但在实际开展 PBL 教学模式的过程中仍存在以下问题:①医学院校开展 PBL,一般是围绕临床病例,对本专业的学生来说,更需要培养治未病的思维。健康服务与管理的学生在 PBL 教育模式应广泛应用;②PBL缺乏实质案例,更新换代缓慢,无法充分根据每组学生的特性制定个性化教学。在后期教学过程中应加强 PBL 案例积累,结合学生基础情况实施个性化教学。

4. 切实提升学风建设

4.1 从"学"角度切入抓学风

学生的迫切感和压力感来源于自身的专业学习需求,既体现自己的专业人生规划要求,也体现学校和教师对学生达到的教学结果的要求,是学生上课目的性、需求性和积极性的根本来源。在提升紧张度的过程中,学生了解专业和课程的作用和价值,教师通过压力强化提高学生主动学习能力和自控力。在实际的教学过程中,学校要严要求,如学分不达标,本科变专科;考试不过关,有可能退学、留级等,并能够严格执行;教师要严考核,强化过程考核,加强阶段测评,通过考核促使学生加深对专业的了解程度,培养自我学习能力;学生要在学习中主动学习和思考,认识专业学习和就业岗位所需的一般能力、核心能力和岗位能力,养成良好的学习习惯,让自己具备终身学习的意愿和能力,只有通过不断学习,丰富自身知识储备,适应新老交替,不断提升完善自身,才能增强自己的就业竞争力。

4.2 从"教"角度切入抓师风

陈宝生部长将"师德师风"纳入教师绩效考评的第一核心要素,就是对教风的要求,改变以往教师唯科研、唯论文的工作方向,回归教育初心,从内心深处重视教学,以教书育人为乐,让潜心育人的教师得到应有的尊重和肯定。教师要把主要精力放在课堂教学上,自己要理解专业体系,要不断更新充实改变教学内容,不断创新授课方式。所以打造"金课"需要广泛征求意见,通过调研、组织学生讨论等方式,挖掘学生的真正需求,结合专业需求和学生人生规划需求开设课程,同时对教师评价考核制度要完善,不能死板按照条条框框来考核。教师要有充分的自主和自由,一门课程需要在教学中不断地摸索、思考、调整、更新、补充、完善。如何更科学地评价教师,值得思考。

大学时代,是人一生中的最为关键的阶段,更是人生观、世界观、学习观形成的阶段。这是一个复杂的过程,既有社会发展带来的冲击,也有教学中的管理,还有学生认识不足的问题。如今互联网的兴起、知识的通用性,让传统课堂教学方式面临严峻挑战,但互联网没有具体知识体系,往往以片段碎片来呈现,很难使学生获得系统性专业知识,也不会培养学生学习和思考的能力,更不要说网络存在大量的负能量负信息,学生很难把握判断,也很难控制自己。需要教师在教学中多花心思,改革教学模式、改进课程评价、丰富课程形态,才能把学生的心思和目光拉回课堂,点燃其学习兴趣。在管理上严要求,严把毕业出口关,严进严出,让学分不达标就会被淘汰成为学生的基本认知,有了刚性的制度约束配合柔性的专业教学,才能保证严进严出。在日常的教学管理中加强课堂的点名制度,且要严格执行,杜绝"逃课、旷课"等现象出现,对学生平时的作业情况要严格要求。

(健康产业管理学院 傅 萍 刘力行 杨 波)

系统布局　整体推进　构建"金课"生态

　　"金课"建设不仅是课程建设，更是整个人才培养系统在学生身上的直接体现，是关系人才培养目标达成度的"最后一公里"。因此"金课"建设必须在人才培养模式改革、学科专业建设总体规划的基础上开展，必须重点推进课堂教学模式改革，在信息化、考核方式改革、校企共建等领域重点突破。只有从人才培养模式的根本上改起，金课才有生存的土壤；只有从学科专业建设的大局中抓起，金课才有持续滋养的源泉；只有真正推进了课堂教学形式的改变，金课才能取得实效。因此，金课建设是一项必须整体推进的系统工程，必须在人才培养的全过程落实体制、机制，形成课程不断自我优化的外部环境，促进课程"成长"，构建"金课"生态。金课建设的具体措施可包括压缩课时总量、优化课程结构、积极推进课程信息化建设、深入开展校企合作、灵活推进课程考核方式改革等。

　　2018 年 6 月 21 日教育部部长陈宝生在新时代全国高等学校本科教育工作会议上首次提出"金课"一词，他指出中国教育"玩命的中学、快乐的大学"的现象应该扭转。对中小学生要有效"减负"，对大学生要合理"增负"，提升大学生的学业挑战度，合理增加大学本科课程难度、拓展课程深度、扩大课程的可选择性，激发学生的学习动力和专业志趣，真正把"水课"变成有深度、有难度、有挑战度的"金课"。2018 年 8 月 22 日，教育部印发《关于狠抓新时代全国高等学校本科教育工作会议精神落实的通知》(教高函〔2018〕8 号)，要求各高校加强学习过程管理，修订人才培养方案，全面梳理各门课程的教学内容，淘汰"水课"、打造"金课"，切实提高课程教学质量，切实提高课程质量。关于金课精神的具体内涵，陈宝生部长提出了三个方面，即合理提升学业挑战度、增加课程难度、拓展课程深度，这是"金课"首次被写入教育部文件。2018 年 11 月 24 日，教育部高等教育司司长吴岩在第十一届"中国大学教学论坛"上做了题为"建设中国金课"的报告。提出"两性一度"(高阶性、创新性、挑战度)的要求，进一步指明要下大力气建设包括线下"金课"、线上"金课"、线上线下混合式"金课"、虚拟仿真"金课"和社会实践"金课"五类金课，并对金课的建设重点、体制机制保障进行了更为深入的阐述。

课程是人才模式的最末端体现形式,是决定人才培养成败的关键。所有的人才培养目标、理念、规划、课程体系、专业特色必须最终表现为课程内容、形式、组织方式、考核方式等的变革才能真正影响学生。因此"金课"建设绝不仅仅是"最后一公里"的课程建设问题,更是需要从学科优势、人才培养模式构建、专业特色课程体系进行整体规划的系统工程,只有这样才能打造金课体系,形成金课模式,真正提高人才培养质量,回归本科,回归教学,回归育人。

1. "金课"建设必须以人才培养目标为依据,与人才培养模式改革相结合,与学科专业建设相结合

"金课"建设的最终目标归根结底是为了人才培养,所以金课建设要解决的第一个问题就是培养什么样的人的问题。培养什么样的人以及怎么才能培养出需要的人,归结到教育过程中说的就是人才培养模式的问题,需要在学科专业建设的系统中整体考量。

首先,"金课"建设中必须考虑课程门数和课时总量的问题。中国高等教育在中华人民共和国成立初期参照苏联学科制度,突出表现为课程门数多、课时量大。由于课程门数较多,学生每个学期需要完成6门甚至更多的课程,相对来讲每门课程付出的学习时间必定有限,这对于提高课程难度打造"金课""精课"是不利的;又由于课时量相对饱满,听课就占了学习时间的大多数,教师在课后作业量及作业难度上难免有所顾忌,学生的学习主动性和自觉性就很难提升。自主学习能力得到培养和锻炼的机会不多,创新精神和创新能力的培养就必然受到掣肘。因此课程门数和课时总量问题就成了金课建设过程中需要解决的第一个问题。北京大学卢晓东教授在2015年发表的《论学习量》一文中对国内外学生的学分量进行了对比:其中美国、日本高校学生平均学分量为124;中国台湾、中国香港高校学生平均学分量为128;中国内地高校的均值为165,极端可达到250。卢晓东教授在此基础上进一步提出本科教育存在适度学习量,适度学习量应当在130~140学分之间。与学时量减少相对应的必然是课程门数的减少,结果导向强调每一门课程在人才培养目标达成度中所起的作用,那些没有作业或者作用不明显的课程少开或者干脆停开。减少课程门数、减少课时总量,把课程选择的自由权还给学生,把学业规划的自主权还给学生,是"金课"教育生态构建的基础。

其次,"金课"建设必须与学科专业建设中的团队建设相结合。教师是"金课"

建设的核心力量。一方面,"金课"内容的前沿性有赖于教师在学科领域内的不断钻研与积累。学科专业团队建设过程中聘任的业界专家,有助于课程内容的实用化,从而激发学生的学习热情,增强学生主动学习的动力。因此"金课"建设必须以学校的学科方向和专业建设特色为依托,只有这样才能形成教研相长的良性循环,以课程建设促进教师不断深入学科研究,以学科专业建设促进教师不断更新课程内容,最终形成金课生态系统循环动力。另一方面,学科专业团队建设过程中形成的互为支撑的完整的学科架构,有利于课程建设过程中课程团队的凝练、课程群的衔接以及集体备课等课程建设制度的落实。在课程建设过程中充分考虑团队的学科专业优势、特征与基础,能够最大程度调动系统资源,激发教师工作积极性,保证课程实施效果。

最后,"金课"建设要求在学科专业建设中,不断推进课程结构化的建设。布鲁纳在结构化课程中指出:"我们学习获得的知识,如果没有完满的结构把它联在一起,那是一种多半会被遗忘的知识。一串不连贯的论据在记忆中仅有短促得可怜的寿命。"换句话说,如果我们只把每一门课程作为一块"金课"的璞玉来进行雕琢,那教授给学生的只能是短暂记忆的具体知识。要学生真正融会贯通,形成学科思考方式,养成学科创新能力,还必须要求打破课程间的壁垒,从专业建设的整体构建课程体系,从学科建设的高度优化课程与课程的衔接。也就是说,如同按照布鲁姆的教育目标分类法,在认知领域的教育目标可分为知道—领会—应用—分析—综合—评价。虽然在某一门具体的课程中或者课程的某一个知识点上,学生的认知要求可能只需要知道就可以,但是如果把专业某一课程体系内的课程看作一个整体,其最终的认知目标是要达到对学科知识的综合与评价,而这种综合与评价阶段的高阶认知目标,并不是通过知识点的简单叠加就能够实现的,它必须依赖学生结构化学科知识体系的不断建构。季诚钧与张亚莉在 2015 年发表的《高校课程地图的理念、要素与特征》一文中,较为系统地介绍了一种中国台湾高校在课程结构化中较多采用的方法——课程地图。课程地图用可视化的方式解释课程体系的内在逻辑,把培养方案中简单罗列的课程,以培养目标为主线进行解构,帮助教学管理人员精准把握课序,帮助教师无缝进行课程合作与衔接,帮助学生了解课程定位。

2. "金课"建设必须不断推进课堂教学改革,从课程内容、授课方式、考核手段等具体要素着手,切实提升课程质量

第一,"金课"建设必须推进课程信息化,开展网络教学、混合式教学等课堂教

学形式改革。首先,课程信息化建设是网络时代学习方式变革的必要条件。2012年被称为"慕课元年",自此在线教育再一次成为教学改革领域的重点,涌现出一大批优秀的学校、课程、教师。实质上不管是课程信息化还是在线教育都不是新概念,但是与传统的远程教育有两大特点,一方面本轮课程信息化的技术进步是全方位,在移动通信、视频技术、网络技术的基础上,更配合有大数据分析技术发展,信息技术的进步使即使贫穷、偏远的山区也能享受到优质的网络教育资源,智能技术的进步使大规模网络辅导成为可能,移动通信的进步又使移动学习成为可能。另一方面慕课的飞速发展,促进了学习方式及学习理论的革命。传统的 45 分钟课堂被凝练为 3～15 分钟的知识点片段,系统性的讲授方式被碎片化的学习方式取代,人们获得信息变得更容易,选择与筛选信息的能力反而变得更加重要了,终身学习的成本降低后,这种学习理念也很快得到普及。这一系列的变革都已经不再是简单的技术进步那么简单了,可以说这一轮的技术进步对人们的学习理念、学习习惯都产生了深远的影响。因此课程的信息化建设成为学习方式变革的必要要求,通过信息化建设培养网络时代自主学习能力,提升信息检索与处理技能,养成终身学习习惯,这些都是"金课"建设必须完成的建设内容。其次,信息化建设是以学生为中心,开展学习过程管理的必要条件。学习不仅是结果,更重要的是过程。根据学生个性和学习基础调整课程内容、授课方式,使同一门课程的讲授在不同的学生身上体现出不同的个性化特点,这就是学习过程管理。学习过程管理重视学生自身的差异性,强调学生在学习过程中的获得感,这种差异化的教学体验,需要信息技术的支撑。目前智能教学决策辅助系统在技术上已趋于成熟,对学生学习内容的推荐、学习弱项的查漏补缺都可由系统帮助任课教师完善,学生也可以根据自己的需要选学课程内容,调整课程进度,实现自适应学习。最后,信息化建设是扩充课程容量、提高授课效率的必要条件。任课教师可以利用信息手段将电子图书、图片说明、动画演示、视频讲解等课程学习资源提供给学生,并可以根据学生的学习分析数据随时了解学生对视频的观看情况、作业的完成情况等,根据实际情况制定教学策略,提高学习效率,更可以随时随地开展学习测评、分组讨论等多种形式的学习活动,增强师生、生生互动,提升学生学习兴趣。

第二,"金课"建设必须大力推进校企合作、校校合作,开发与时俱进的应用型课程内容。"金课"建设应该采取开放的态度,多交流,多借鉴,积极开展校际合作,取长补短,尤其要重视校企合作,尝试开展企业导师与学校导师相结合的指导机制,利用企业先进的实验、实训条件,使学生所学能真正用于企业实践。课程讲授中融入企业优秀案例,合作进行课程开发。现阶段的校企合作很多时候呈现出高等教育机构"剃头担子一头热"的情况，因此课程开发过程中的校企合作要注重建立双方共赢机制。一是在合作企业的选择上，要根据学校情况选择能够与其形成资源互补的企业；二是在合作方式上，应将请进来与走出去相结合，采取多种方式加强校企联系。在人才培养目标的确认、课程体系的建构、课程内容的开发，毕业生实习、就业等工作领域内开展深度合作，减少把学生作为储备劳动力的单一合作方式。只有这样，校企合作才能真正促进课程建设，提升课程质量，从而提高人才培养的针对性，培养社会经济发展需要、企业适用的合格应用型人才。

第三，"金课"建设必须坚持开展考核方式改革，加强过程考核，以考核方式改革引领学习方式变革。考核方式的改革是课程建设过程中学生感知的敏感点，也是各项改革举措最终成效的集中反映。"金课"建设必须开展考核方式变革，虽然变革的具体措施不尽相同，但仍有几大变革方向。首先要重视学生学习过程的考核，就是要把学生在课程中的完整表现作为考核依据，这种考核方法往往需要结合技术手段，通过学习过程数据的大量采集，由学习过程管理系统给出学习评价；其次要重视对学生能力的考核，传统卷面考核方式往往更加注重对知识点的考核，但在信息化时代，由于信息的易获取性，对某个具体知识点的掌握就变得不那么重要，课程培养的目标也更趋向于学生学习能力、学科创新能力等综合能力的培养，这也就对考核方式提出了更高的要求，因此项目式考核、团队协作考核等考核方式不断被应用于课程考核；最后要注重采取更加灵活多样的考核方式，考核方式虽然各有侧重，但都是为了更好地评价学生学习，以促进学习不断改进学习，因此考核方式并无好坏之分。课程建设过程中可以将多种考核方式联合使用，在不同阶段，对不同的知识点采用不同的方法和手段，更加灵活地对学生开展考核。

3. 总结

"金课"建设应该贯穿于人才培养的全过程，与学科、专业建设等工作相结合，系统规划，整体推进。只有从人才培养目标开始，合理调整课程门数，压缩课时总量，优化课程结构，才能形成利于"金课"生根、发芽课程生态系统。这个系统一旦形成并通过体制、机制和校园文化固化到教师、学生的教学、学习行为习惯中，就能推进课程的自我成长与优化，从而整个人才培养体系就构建成一个全过程不断自我完善的"金课"生态。

（信息与智能工程学院　尹　萍）

本科课程"三度"建设的内涵与价值

——三亚学院本科课程教学质量探索

众所周知,欧美的大学大多是"宽进严出",而国内的大学大多是"严进宽出"。这就导致两种截然相反的现象:国外的大学入学容易(当然,入名校的竞争也是激烈的),但是毕业很难,学生必须在大学里努力学习,达到标准后才能毕业。这个标准比较高,不付出努力是很难轻松达到的。因此国外的大学,有很多学生不能按时毕业。相反,国内的大学由于是"严进宽出",只要进了大学,在大学期间不犯什么重大错误,毕业的问题都不大,比较轻松。不少学生高喊"60分万岁""大学没逃过课,你就白上大学了",学生上大学,不以学业成绩作为比拼指标,而是以兼职、参加各种社会活动当作大学生活的主要内容,学习反而成了大学生活的副业。在这种畸形的大学学习观的指导下,国内大学生的大学四年无非是让大学生们提前接触了社会,却学会了许多本不该学会的东西:抽烟、喝酒、无节制地谈恋爱。没什么学生在大学里学到真正的东西,大学的学习价值没有得到应有的体现。这样的大学培养出来的大学生,很难说是什么栋梁之材。学生毕业后无法适应用人单位的需求,毕业就失业也就在所难免。当然,在这个过程中,大学的培养体系无法适应社会的需求也是一个重要原因,但是,学生没有静下心来认认真真地学习恐怕是一个更重要的内因。

21世纪是人才的世纪,是科技的世纪,国家与国家比拼的是科技,是人才,是软实力,中华民族伟大复兴的中国梦的实现也离不开人才的支撑,这些都需要我们认真反思大学的培养方式,特别是大学的教学方式。

1. 教育部要求

如今,国家和社会已经认识到大学教育的问题。教育部在2018年分别发布了《教育部关于狠抓新时代全国高等学校本科教育工作会议精神落实的通知》(教高函〔2018〕8号)、《教育部关于加快建设高水平本科教育全面提高人才培养能力的意见》(教高〔2018〕2号),要求各高校认真学习贯彻习近平总书记关于人才培养工作系列重要论述,落实立德树人任务要求,聚焦教育工作的"两个根本",深刻领会培养社会主义建设者和接班人是高校的根本任务,立德树人的成效是检验学校一切工作的根本标准。要认真查找本科教育中存在的领导精力投入不到位、教师精力投入不到位、学生精力投入不到位、资源投入不到位四个不到位的问题。要全面梳理各门课程的教学内容,淘汰"水课"、打造"金课",合理提升学业挑战度、增加课程难度、拓展课程深度,切实提高课程教学质量。

本科教育是提高高等教育质量的最重要基础。办好我国高校,办出世界一流大学,人才培养是本,本科教育是根,建设高等教育强国必须坚持"以本为本",做到四个回归,以"回归常识、回归本分、回归初心、回归梦想"为基本遵循。

同时,在建设高水平本科教育过程中,教育部提出了要坚持5项基本原则,即:①坚持立德树人,德育为先;②坚持学生中心,全面发展;③坚持服务需求,成效导向;④坚持完善机制,持续改进;⑤坚持分类指导,特色发展。

2. 三亚学院现状

作为三亚市创办最早、规模最大的本科院校,三亚学院的发展有目共睹。目前已经成为中国成长最快、最具竞争力的综合性民办大学。2016年,海南省和三亚市签署协议共建三亚学院,筹建三亚大学。自2005年海南大学三亚学院以独立学院身份开始招生,到后来转设成为独立建制的三亚学院,三亚学院的发展只有十多年时间,但是2008年三亚学院就已发展成为万人大学,目前在校生已达到2万人。根据艾瑞深中国校友会排名,三亚学院已经连续多年排名中国民办高校前列,是中国顶尖民办大学。根据发展规划和卓越进程,三亚学院要成为中国民办大学标杆。在这一过程中,三亚学院的生源发生了很大变化,从最初都在三本批次招生,到后来部分在二本批次招生,直到2018年,三亚学院90%都在二本批次招生,其中10%在一本批次招生。生源结构的变化,内在动力要求三亚学院能够提供更高水平的教学产品,以满足学生的学习需求。

因此,提升本科教学水平,提高课程教学质量,一方面是响应国家和社会对本科教学提升的要求,另一方面也是三亚学院自身的内在要求。

3. 课程"三度"建设的提出及其内涵

作为一所只能靠自己的民办高校,三亚学院在成立之初就以市场为导向,以

"走进校园的目的是为了更好地走向社会"为办学使命,以"自力更生、合力更新、有容乃大、不懈则优"为校训,让学生养成"工具、专业、人文、人格、行动力"五个基本素养。三亚学院确定"以学生竞争力"为战略核心,强化"以学生为中心、以进取者为标榜、以教育情怀为乐趣"三个战略支点,从"311"课程体系(英语、计算机和中文写作三个工具,加上专业和健康人格,统称"311")的建立,到五种品质(价值观、思维方式、专业方法、专业技术和职业能力)的培养,三亚学院一直在探索如何提高本科教学课程质量。

如今,在国家和社会努力探索提高本科教育水平的大背景下,三亚学院在陆丹校长的领导下,适时提出了课程"三度"建设,并出台了实施指导性意见和推进方案,可谓恰逢其时。

那么,何为"三度"建设?

三亚学院提出并实施的课程"三度"建设包括三个方面,分别是:课程饱和度、课程深度和学业紧张度。

首先,我们谈一下何为课程饱和度。它指的是课程的涵盖范围和知识量,设计的出发点主要针对教师而言,具体又包括三个方面:

(1) 课程的知识面涵盖范围要广,时间要新。学生在一堂课中应该能够获得充足的知识信息,并且不过时。

(2) 知识之间应该能做到举一反三。教师在课堂中传授的各类知识和信息应该是一个有机的整体,知识与知识之间能够有效打通,让学生们学会举一反三。

(3) 教师课堂教学工作量应该饱满。教师上好一堂课,从备课到授课到课后作业的布置,整体工作量应该饱满并且在教师可以负担的范围内,改变过去一份讲义讲三年、五年甚至十年的不合理现象。

现在之所以很多人认为国内高校的本科课程大多数是"水课",课程饱和度不够是一个重要原因。教师不认真备课,一份讲义讲 N 年,课程信息陈旧,知识面狭窄。或者教师只会照本宣科,学生没有兴趣学,学了也没有用处。这样的课程当然是"水课"。要改变"水课"的性质,首先要加大课程饱和度,知识面要广、要新,并且互相融通,教师要花费足够的时间去备课,要用心设计课堂教学和课后作业,课程工作量要饱满。课程饱和度上来了,水分就少了,离"金课"就近了一步。

如果说饱和度是课程"量"的范畴,深度就是课程"质"的范畴。要打造一门"金课",它必须"有质有量"。因此,除了要提高课程饱和度,还要提高课程深度。

在实际教学和督导中,我们常常发现,有些课老师讲得绘声绘色,学生也爱听,一堂课下来,欢声笑语不断。但是,过后问学生学到了什么,学生可能什么也答不上来。这就说明课程的深度不够,比较肤浅。课程深度有利于学生专业能力的培养,有利于学生未来的进一步发展。

课程深度也体现在三个方面:

(1)课程的内容具有一定的研究性,教师不是复读机,不能只做知识的储存和传送者,还要做知识的创造者。

(2)课程的内容应该具有一定的难度,学生需要花费一定的努力才能真正掌握。

(3)课程的设计应该有利于培养学生对知识的探索兴趣和能力。

课程深度与课程饱和度是课程质量的正反面,二者的有机结合才能打造"金课"品质。如果说,课程饱和度体现的是"鱼",那么课程深度就是"渔"。课程深度的体现需要教师成为研究者,而不仅仅是教书匠。教师不仅传播知识,还要创造知识。教师不仅要教会学生知识,还要教会学生如何获取知识。课程饱和度体现了教师教学工作量的内在要求,课程深度则体现教师科研工作量的内在要求,是教师科研水平对教学的贡献度。

一门本科课程,兼顾了课程饱和度和课程深度这两方面,成为"金课"就有了基础。但是,一门课程教授的好坏不仅依赖教授者本身的付出,还需要被教授者的配合。再好的课程,学生不努力学习,都无法发挥其应有的价值。而且,从学习理论的客观规律来说,真正有效的学习是需要一定的痛苦过程的,是需要意志力去坚持的,真正轻松的学习是没有的。所谓的"愉快学习"指的是对学习的兴趣。此外,对于大多数人来说,特别是现阶段的大学生们,学习的自我约束力不够,更需要一定的外界压力。因此,除了课程饱和度和课程深度以外,要提高本科教学质量,还需要再加上一个维度——学业紧张度。课程饱和度和课程深度体现的是教学内容,而学业紧张度体现的则是教学手段。

学业紧张度也包括三个方面:

(1)要真考核,不要走过场。动真格的东西,人们才在意。

(2)要加强平时的过程考核,降低期末考核的比重。学生的努力学习应该体现在平时,而不是期末的突击。

(3)学生平时的阅读量、作业量要加大,学生更多的时间放在学习上,而不是做兼职、搞活动上。

一门课程没有上好,除了教师没有教好外,学生不认真学也是一个非常重要的原因,而且是内因。那么怎样才能让学生认真学?这是个必须站在学生的角度思考的问题。

首先,不管怎样,绝大多数学生还是在乎能不能顺利毕业的。因此,之所以学生在学习上花的时间不够,一个关键原因就是大学里的课程考核没有动真格,"水考核"导致"水课"。从问题根本上看,导致大学各种课程考核走过场的原因是因为大学评估的指标体系不合理,教师们既要保证课程质量,又要保证毕业率,因为毕业率是大学评估的一个重要指标,这就导致一些教师在考核上放水。久而久之,学生们也知道老师不敢真的抓他们,当然学习就会懈怠。其实,客观分析,考核与毕业率之间并不是因果关系,努力学习与毕业率之间才是因果关系。本来毕业率的高低应该反映学生努力学习情况的,但是,因为考核的走过场和放水,导致毕业率和学生努力之间变成了反向关系了。因此,要提高本科课程教学质量,必须让课程考核走回正轨。这样,也许开始几年会有"阵痛",会影响到毕业率,但是过了这个"阵痛期"后,就会进入良性循环。

其次,要加大过程考核比例,降低期末考核比重。对于很多理科类课程来说,要想期末考得好,必须平常就要努力,靠期末突击是不行的。但是,对于很多文科课程来说,期末成绩的好坏与平时努力的联系并不是很紧密,很多时候靠期末突击背一下,可能就考得比那些平时努力看书的同学还要高,这种形式的考核就起不到督促学生学习的作用。因此,必须加大平时考核所占比例,加强学生的日常学习。此外,加大平时考核比例,降低期末考核比例,也可以防止一些同学由于期末没有发挥好,进而影响一个学期课程评估的结果,对于学生更显公平。最后,加大平时考核比重,也可以时时保持学生们的学习压力,有利于营造大学的学习氛围。

最后,要提高本科教学质量,淘汰"水课",打造"金课",不仅要给教师增负,也要给学生增负。不能让学生把大学学习仅仅停留在课堂上,而是贯穿于一天的可支配时间当中。不仅是教师动起来,学生也要动起来,改变以往"老师讲,学生听"的被动学习方式,学生也要主动学习。因此,要加大学生平时阅读量,包括课前预习,同时增加课后作业量,并将其融入课程考核当中。

4. "三度"建设的价值及其意义

现今,我国已经进入高等教育大众化时代,具备大学学历文凭已经是各用人单位招聘员工的一个基本要求了。大学学历已经不能带来什么光环,只有学历后面的知识和能力才是用人单位看重的。因此,从学生自身未来职业发展的角度来看,在大学期间认认真真学好专业知识,是其未来就业的重要竞争优势。从国与国竞争的角度来看,人才是国家竞争力的最重要体现,而一个国家的人才基础就是大学生,特别是本科大学生。而本科大学生的培养好坏体现在本科课程教学上。因此,无论是从个人还是从国家的角度,尽快提高本科教学水平已经成为当务之急。

对于三亚学院这样一所成立不久的民办大学来说,提高本科教学水平显得尤其重要。因为民办大学没有政府的财政资助,没有所谓体制内的优势,只有在市场竞争中经过优胜劣汰才能生存下来。"让学生更好地走向社会"就是要向社会提供优质的"人才产品",而这依赖的就是大学的"生产质量",也就是本科教学水平。因此,在这种背景下,三亚学院在考虑国家和社会要求的基础上,结合本校校情,适时提出了课程"三度"建设,具有重要价值和意义。它是三亚学院在打造民办大学标杆的卓越进程中的又一次积极探索和实践。为了做好课程"三度"建设工作,三亚学院分别发布了《三亚学院课程"三度"建设指导性意见》和《三亚学院课程"三度"建设推进方案》,采用先试点后全面推广的建设路径,学校给予资金资助和政策支持,二级学院院长带头参与。目前,课程"三度"建设已经融入三亚学院教学的方方面面,被列入学校的工作计划当中,有方案、有步骤、有考核。相信经过一段时间的努力和探索,三亚学院课程"三度"建设一定能够取得应有的效果,本科教学水平再上一个新的台阶。

（丝路商学院　皮永华）

关于课程"三度"建设的思考

对于高等教育来说,教学改革是永恒的话题,三亚学院作为一流民办大学的标杆,学校始终坚持教学改革的深度、持续、系统探索。从构建课程地图到规范课程大纲,从重点专业建设到专硕点建设的积极推进,从五种品质塑造到应用型人才培养模式的构建以及办学纲要的制定实施,学校"以学生为中心"的学业体系已逐步建立。

1. 学院课程"三度"建设

本学期,学校加快推进课程"三度"建设,坚持"早""新"为先,争取让学生在有限的学业周期内学得更充分饱和,激发学业自信,突显"学生竞争力"。在学校建设方案的指导下,首批试点学院不断明晰建设要求,积极参与和完善建设环节,教师主动对标标准,积极组织课堂教学,努力让学生真正成为"三度"建设的受益者。法学与社会学学院(下简称"法社学院")作为学校首批试点学院积极参与到本次课程"三度"建设中,法社学院根据《三亚学院课程"三度"建设指导性意见》文件相关要求,科学合理制定本学院课程"三度"建设整体规划和具体实施方案,按年度分批进行课程"三度"建设,最终覆盖所有专业课程;从教学配套的系统性出发,瞄准打造系统完整的"四年学业拼图",做好整体设计、建设规划和具体落实工作。法社学院成立课程"三度"建设工作推进小组。工作推进小组由学院院长任组长,具体负责学院课程"三度"建设工作的整体规划、进度调控和经费使用监管等工作。每学期召开不少于两次课程"三度"建设专题工作会议,研讨、部署学院课程"三度"建设工作,有计划、有记录、有反馈、见成效。

(1) 坚持回归教育初心,"三度"建设秉持"以学生为中心"的理念,把时间和精力放在学生身上,提高对学生的关注和投入,提高课程质量,提高教学效果,通过课程改革促进学习革命,成就学生梦想。

（2）坚持持续改进，"三度"建设凸显"再设计"课程"三度"建设要根据专业的人才培养目标、课程在专业课程体系中的地位和作用，以及课程本身的特点，有效选择课程改革建设的切入点，适当选用教学内容、教学方式和考核方式，进行课程的再研究、再开发和再设计，不断积累，持续改进，形成课程特色。

（3）坚持成果导向，"三度"建设重在"见成效"，课程"三度"建设要坚持成果导向，以学生学习产出和学习能力提升作为评价课程的主要标准。通过课程的学习，教会学生学会学习和自主学习，提高学生的专业知识、专业方法、专业技术和专业能力，并有助于学生的专业成长和今后的职业发展。

2. 社会工作专业"三度"课程建设的思路、措施

2.1 专业建设的总体目标

构建特色鲜明的应用型人才培养方案，构建以能力为本的课程体系，推进教学方法和多样化的学业评价方式改革；坚持校企合作，建设高水平的实践教学基地，优化实习实践教学条件；加强"双师双能型"教师队伍建设，保障教学科研需要；搭建"校企合作、协同育人"人才培养平台，依托行业、服务地方，把社会工作专业建设成为特色鲜明的应用型本科专业。

2.2 专业建设的总体思路

秉承"让学生更好地走向社会"的办学使命，广泛开展行业调研，找准三亚学院社会工作专业人才培养的"应为、可为与能为"，突出人才培养的特色，制订人才培养方案；以人才培养方案为依据，分解人才培养目标与规格，以岗位群能力培养为本，构建学科课程体系；以人才培养方案为纲要，从课程出发，通过对课程教学和考核方式的改革，达到能力培养的目标。与此同时，注重实践教学的重要作用，实践考核着重考核学生掌握知识运用知识的能力。此外，以社会工作专业作为省首批应用型转型试点专业的契机，进一步优化行业联合培养的平台，进一步细化实习基地建设，进而推动教学改革的不断深化。

2.3 主要措施

1）制订人才培养方案，绘制学科课程地图

社会工作专业组织教师开展了广泛的行业需求调研，从分析本专业对应行业

及岗位的人才需求状况入手,以海南本地为主,兼顾珠三角地区,主要对目前社工行业的基本情况、发展趋势、对人才各方面的要求等进行调研。同时,我们还对同类型的学校在专业建设、人才培养、课程体系设置等多方面进行了调查。以三亚学院"十三五"发展规划的办学定位为基础,结合自身专业优势与条件,优化人才培养目标与培养规格,进而形成社会工作专业行业需求调研报告。通过实地调研走访与分析,找准三亚学院社会工作专业人才培养的"应为、可为与能为",总结和提炼社会工作岗位的基本素养与核心能力,最终制订社会工作专业应用型人才培养方案。

社会工作专业人才培养规格可细分为基本素养与核心能力。基本素养包括大学生的共同素养和专业素养,核心能力包括应用社会科学领域的一般能力,社会工作专业能力,以及适应岗位群具体要求的岗位能力。

在人才培养方向的构建上,我们设置了两个人才培养方向,即社会工作者和社会组织从业人员。这里说明两点:第一,岗位表述符合《2015年中华人民共和国职业分类大典》中的岗位表述;第二,"社会工作者"的培养方向,是考虑到海南社工发展的实际,以及在本科阶段不必要做专业领域的划分(妇女服务、青少年服务社工等)。"社会组织从业人员"的培养方向,是完全符合社会需求,社会企业、社会组织的建设与管理需要大量的专业人才,且国内并未有相关本科专业设置,就业前景光明。

以人才培养方案为依据,通过对人才培养目标的细分和树立,重构课程体系,分为通识教育课程模块、专业教育课程模块。其中第一大模块包含核心通识课程和共同基础课程。培养学生的综合素养,包括作为合格公民的素养、基本能力和健康的人格等。第二模块包含所有专业课程,有学科专业基础课、专业核心课程、专业方向课程以及实习实践课程等。

在课程设置上,突破原有的社会工作教育固有框架,借鉴中国香港、中国台湾的课程设置经验,增加技巧、能力等课程的内容,删减纯知识理论类的课程。此外,在第三学年春季学期和第四学年秋季学期增加8周的集中实习,采用"学校+行业"的双导师督导形式,着重学生的能力培养。秉持"以学生为中心"的理念,为了使学生能够更直观、形象地了解课程体系框架,也为了更好地展示课程设置与能力习得的对应关系,更明确岗位能力与专业知识的关系,制定学科课程地图。

2)深化教学方法与学业评价方式的改革

在教学改革方面,着重教学方法与评价方式的改革。我们以人才培养方案为基础,以课程体系为框架,理论教学与实践教学并重,对现有教学方式进行大胆创新,以期实现"能力培养"的目标;在考核方式上,采用多种形式的考核方式,主要目的是不仅考核对学生知识的掌握程度,更看重学生对知识的运营能力。

(1)教学方法改革方面。

① 小班化教学改革。"社区社会工作""老年社会工作"两门课程作为三亚学院首批小班化教学改革的试点课程均已进行两轮实践。教师在课堂讲授中,通过教师多元化的教学方式,帮助学生在课堂上有机会进行专业方法与技巧的练习,加大实操的内容,实现知识学习与能力锻炼的同步提高。

② Syllabus(课程大纲)的推广与使用。课程大纲是我国港澳台及海外高校广泛使用的一种教学文件,主要是在课程开始向学生介绍该课程的基本信息、进度安排、考核方式、评价标准等内容,严格规范课堂教学及师生权利义务。

课程大纲的使用改善了以往学生不知道教学进度、不了解老师评分标准等问题,是学生与教师之间的一份契约。课程大纲较以往教学计划的进步主要有以下三点:第一,明确了课程目标与学习成效,两者的区别在于,前者是教师的教学任务(教师要教什么),后者是学生的学习结果(学生学习后能获得什么——知识、能力等)。第二,严格表述了课程的评价方式和评分标准,学生能够明确知道课程分数的构成以及如何取得高分。第三,明确了教学进度,改革以往章节分配学时的惯例,按照教学周详细列出每一周的上课地点、时间、课程内容、课前准备材料等,做到上课前心中有数。

③ 在服务中学习的教学理念。在服务中学习是教学不仅局限在课堂上讲授课程知识,更重要的是将其与社会实践服务相结合,通过在项目实践中重新细化和反思专业所学,进一步强化能力的掌握和运用。在专业教学中,教师结合各自课程,有计划地设计实践服务项目,最终提升学生的服务意识和实务能力。

④ 体验式教学方法。根据学生的认知特点,还原教学内容于实际的情境中,使学生在体验的过程理解并建构知识、发展能力产生情感等。课上分组学习,锻炼带领小组的技巧;将社区居民大会的知识内容,放在社区的真实环境中学习;将服务对象请到课堂上,由案主评估学生的工作能力和效果。

(2)学业评价方式改革。

基于以能力为核心的课程体系建设、课堂授课方式的改革,考核成绩的灵活变化等一系列的变革,建构多样化的评价考核标准。

无论是考核标准还是考核范围或考核形式等方面,都要进行大胆的尝试。举例来说,要更加侧重学生对知识的掌握以及运用知识解决实际问题的能力;与知识掌握相比,专业价值、专业认同也同样可以作为考核评价的范围;此外,过去的考核主要以试卷类型的文本考试为主,缺乏灵活性,不能体现学生知识识记以外的能力,因此可以考虑加入课程设计(论文)、项目方案或小组面试等方法,达到多样化考核学生能力的目的。

3)加强"双师双能型"师资队伍建设

社会工作对于专业实践的要求极高,因此需要有相应的符合应用型培养的师资力量。一方面是为了满足课程实践教学的需要;另一方面,在学生进行校外实习时也可以作为校内督导进行同步跟进。为了满足双师双能型教师储备,要积极鼓励教师参与相关进修和培训,提高教师专业素养,特别是鼓励教师开展与专业相关的应用性研究和教学研究,提升教学和实践能力。

4)搭建"校政合作,协同育人"人才培养平台

(1)以能力培养为本,优化实践教学管理。

为了充分体现"以岗位能力培养为核心"的人才培养模式,增强学生对于社会工作实务的了解,增进理论向实务的转化与应用,提升学生社会工作实务能力,在教学进程的制订中,分别安排6周和8周的集中专业实践,要求学生在本地社会服务组织或相关政府部门进行专业实习,并由学校和实习单位指派专人定期进行双督导。

(2)创造条件,建立覆盖面广的实践教学基地。

建立长期稳定的实践教学平台,实践基地要与专业教学特别是人才培养方向相契合。要建立长期、紧密联系合作的校外教学资源,切实做到精而优。

(3)联系实际,探索多元化实践教学及产学合作方式。

与联合培养的实践教学基地协商,在兼顾学校教学要求和实践基地多元优势的基础上,共同制订实践教学方案。此外,在人才交流合作方面可进一步合作,如选派专业教师进驻实践基地开展相关服务,也可以选配兼职教师到学校进行行业授课,增加互动。此外,在毕业论文选题和指导方面可以有更进一步的合作。

2.4　课程"三度"建设对专业教师的要求

对于社会工作专业教育来说,如何加强社会工作教育的素质,如何有效地培养具有使命感和有能力的社会工作专业学生,这些都是近年来社会工作界及社会工作教育工作者所关注的问题。但是当我们回应这些问题时,我们的焦点都只会放在这些问题上:如何添加新的理论和介入模式?如何加强社会工作专业学生的知识和技术的训练?如何有效地运用不同的教学模式?此外,有不少大学社会工作专业老师愈来愈强调学术研究的重要,将更多的时间都放在推行研究项目及增加

学术著作的产量上。

但是很少会有人关注或者会问,社会工作专业教育的内涵应该是怎样？社会工作专业学生如何在老师身上看到或者学习到当社会工作者的模范？社会工作专业老师还拥有多少社会工作专业的个人素质呢？社会工作专业老师有没有运用社会工作专业的方法去教学和与学生相处？等等。更重要的是,当一个社会工作专业老师越来越不像社会工作专业的时候,他(她)是否还适合教社会工作专业呢？要提高社会工作专业教育水平及帮助社会工作专业学生有效的学习,我们要反思社会工作专业教育与社会工作专业本质的关系。对于社会工作专业教师来说,我们要相信,社会工作专业教育是与社会工作专业本质不可分割的,是具有社会工作专业特色的专业训练。真正的社会工作专业教育是要拥有社会工作专业特色或社会工作专业元素的,因此,我们要探索社会工作专业教育中所要包含的社会工作专业元素以及如何将社会工作专业元素注入社会工作专业教育中。

我认为,社会工作专业教育需要注意以下几个问题。

第一,社会工作专业教育工作者应视自己为一位"社会工作专业老师"多于是一位大学老师,社会工作专业老师要应用社会工作专业实务方法在日常教学中。在与学生日常接触中,要具有社会工作者的特点,让学生可以效仿,社会工作专业老师不应只着重强化自己的研究和学术能力,而是去继续保持和发展个人的社会工作者的特质。

第二,社会工作专业不只是提供服务,而是着重服务对象个人生命的转变与成长。因此,社会工作专业教育是一项生命的教育,不应只教学生知识,而是要帮助社会工作专业学生培养品格及成为有责任感的公民,社会工作专业老师要专注于帮助学生有更多的个人反思及自我成长。

第三,社会工作专业是一个十分强调关怀人的专业,需要有一颗关怀人的心。社会工作专业教育也应该是一项关怀的教育,社会工作专业老师同样地要关怀身边的学生。社会工作专业老师要努力建立支持和关怀的环境,可以帮助学生战胜困难与挑战。在日常的教与学工作中,多鼓励学生有"人性化的接触",让课堂充满关怀、支持、打气及有团队精神的气氛。

第四,社会工作专业很重视在实务中的实践,因此社会工作专业老师需要将所教的及希望学生所坚守的信念在课堂内实践出来,社会工作专业老师的模范对学生有很大的示范作用,身教比言教更重要。正所谓"在实务中实践我所学的,在教学中实践我所教的"。

总之,作为一名社会工作专业教师,我们要谨记社会工作专业教育是有"社工"

两个字的。我们不只是一个大学老师，而且是一个懂得运用社会工作专业方法于教学上的"社工老师"。社会工作专业老师要继续拥有及发展社会工作者的个人素质，在日常教学中活出社会工作者的特质和品格。

（法学与社会学学院　杨　扬）

电子信息类工科专业如何开展课程"三度"建设

    2018 年 6 月,教育部召开新时代全国高等学校本科教育工作会议,会议强调,要坚持"以本为本",推进"四个回归",加强建设高水平本科教育,全面提高人才培养质量,造就堪当民族复兴大任的时代新人。同时教育部明确各高校要全面梳理各门课程的教学内容,淘汰"水课"、打造"金课",合理提升学业挑战度、增加课程难度、拓展课程深度,切实提高课程教学质量。本科教育中的"水课"现象在中国高校内普遍存在,这与大学四年学业周期的课程设置和教师的教学方式方法有极大的相关性。专业核心课程是学生专业入门的基础,要将其作为一门"学问"进行科学配置和合理教学,专业教师要以"教育共同体"的教育理念,共同提升课程质量。高等学校要培养适应社会需要的高素质人才,需要从"严进宽出"回归到"严进严出"。这就需要全面系统地审视高等学校人才培养的全过程。"严"的前提是高校所设的课程是必要的、有价值的、有质量的。全面加强课程建设,先重视课程体系的构建,在此基础上再加强课程建设,"水课"建成"金课"才是有意义的。

    我国高校电子信息类工科专业所培养的人才难以满足行业发展的要求,人才培养模式传统,课程与行业人才标准和要求缺乏对接;教学内容与应用衔接不足;实践教学与理论教学分离,实验课程综合性、设计性不足;培养途径单一,教学以课堂知识传授为主,与行业缺乏联动,行业实践不足;学生学习自主性差,学习兴趣不浓,研究性学习开展不够,实践创新能力不强。虽然三亚学院近两年学生生源质量逐年提升,尤其是 2018 年在本科二批次以上招生占总招生计划的 90%,但学校招收的学生大部分依然数学功底较差、学习兴趣不高,他们实践动手能力和思维、创新能力却较强,对于不善于学而善于做的学生如何开展"课程饱和度、深度和学业紧张度建设"(以下简称课程"三度"建设),尤其对于电子信息类等对数学基础要求较高的工科类专业如何开展课程"三度"建设是亟须解决的问题,本文主要从开展电子信息类工科专业课程"三度"建设应该采取的措施和建设的方案进行阐述,以期能找到适合三亚学院等民办高校学生特点、符合三亚学院发展理念,能切实提高课程教学质量，全面提高人才培养质量的课程"三度"建设措施和方案。

1. 建设原则

1.1　坚持质量核心，"早""新"为先

课程"三度"建设，核心是课程质量的提高，要在课程的信息量、学科观点、专业理论和方法上下功夫。一方面，起步要"早"，做到知识先知、饱和度先受益、方法先学、应用价值先体验；另一方面，方法要"新"，强调在"专业知识架构的系统性"条件下的"新"，即"新观念、新观点、新内容、新方法、新技术"，突出早学、学新，学得有用。

1.2　坚持系统设计，管理同步

在教学管理安排上，设计系统性行动，系统支持课程"三度"建设，包括教学的系统性和教学配套的系统性。教学的系统性以课程大纲为载体，由相关任课教师按学校统一的建设标准设计完成；教学配套的系统性，由学校主导设计、学院安排，为学生组构无缝衔接的有饱和度、深度和紧张度的"四年学业拼图"。

1.3　坚持"加减"有度，精细存量

在课程饱和度、深度以及学业安排紧张度方面做"加法"，加大专业核心课学分。同时也要做"减法"，一是精细学分存量，学分适度减少，提高学分要求；二是在课程以外的活动上做"减法"，适度减少课程以外的校园活动，确保师生能够集中精力专注于课程"三度"建设。

2. 建设的指导思想和目标

为贯彻落实教育部本科教育工作会议精神，积极响应学生生源结构变化的内环境，有效实施学校"以学生为中心"的发展战略，紧扣提高课程质量目标，持续聚焦课程建设，三亚学院坚决推动课程"三度"建设，以此提升学生竞争力，促进学生成长成才，更好地实践"走进校园的目的是为了更好地走向社会"的育人理念。聚焦本科教育，聚焦"学生竞争力"，以课程"三度"建设为抓手，是三亚学院落实教育部对高校提升课程质量统一要求的重要举措，是学校积极应对新的生源结构变化

的快速响应,也是学校"十三五""十四五"时期人才培养的重点工作。学校高度重视提升课程和学生学习的饱和度、深度及全学业周期的学习紧张度。

电子信息与通信技术虽然发展很快,但通信的基础理论、基本知识却没有太大变化。因此,基础课、专业基础课教学体系基本不变,但教学内容和教学方法等要做必要调整。课程"三度"建设的重点在专业课(专业方向课和专业选修课)和实践教学环节(教学条件)上。保持现有人才培养方案、专业课程体系架构不变的情况下,专注于核心课程"三度"建设。主要从现有人才培养方案中的学科专业基础课和专业核心课中遴选专业核心课程,根据学科特点构建核心专业知识与能力。在课程"三度"建设中要特别注重唤起学生的课程质量自信和学业自信,以进一步取得与同辈群体的竞争优势。

3. 建设措施和方案

开展电子信息类工科专业课程"三度"建设,全面提高人才培养质量,最主要的是要加强学习过程管理,梳理所开课程的教学内容,注意课程之间前后的关联性,精简授课内容,充分利用网络资源,借助信息化平台,吸引学生注意力,调动学生学习情绪,活跃课堂氛围,提高学生用心率,提高教学质量,合理提升学业挑战度、增加课程难度、拓展课程深度。学校层面要积极鼓励和支持专业课程"三度"建设,学院层面领导干部要带头开展专业课程"三度"建设,带动老师们的积极性。要切实加强学习过程化考核,借助雨课堂或微助教学平台,通过综合利用中国大学慕课网络资源,改革教学方法、教学手段及考核方式,提高课程学习的饱和度和学习深度,提高学生的学习紧张度,严把毕业出口关,坚决取消"清考"制度。

3.1 学校层面鼓励积极,先行先试,分批建设,质量监控

三亚学院课程"三度"建设指导性意见中明确表示已选出 7 个学院先行试点,每个学院推荐专业参与建设,每个专业遴选 6～8 门核心课程进行建设,并且以立项的形式给予课程建设研究经费,在教学工作量计算方面给予配套支持。课程"三度"建设实行主要负责人责任制,层层递进,形成全系统责任落实体系。教学质量监控处、师资处、学生中心等多部门也积极联动配合,大力推进课程"三度"建设。通过学校的一系列政策和措施,教师们能意识到课程"三度"建设的重要性,提高了参与建设的积极性,通过质量监控,也让参与课程"三度"建设的教师们感到了任务的压力。

3.2   学院层面整体规划,院长和系主任参与,优选教师,质量优先

各学院应成立课程"三度"建设工作推进小组,负责学院课程"三度"建设工作的整体规划、进度调控和经费使用监管等工作。建立有效的课程"三度"建设质量监控体系,全面覆盖教师教学和学生学习过程,重视学生学习效果的跟踪评价,定期开展课程建设评估工作,注重教学反馈,定期开展学生座谈,了解学生需求。各学院院长和系主任至少参与一门课程的"三度"建设,在课程建设工作中要起带头示范作用,参与的课程"三度"建设质量要达到优良。优先遴选具有"双高"教师且近三年教学考核良好以上,至少有一年考核为优秀的教师担任课程主讲教师。

3.3   加强学习过程管理,进行电子信息类工科专业核心课程"三度"建设

根据国家专业认证(华盛顿协议等)要求和《普通高等学校本科专业类教学质量国家标准》,启动新一轮的人才培养方案修订;积极探索"准职业人"应用型人才培养模式改革;加强课程建设,改革教学内容和教学方法,着力提高课程饱和度和含金量;以提高"毕业生考研率、出国读研率、就业率和就业质量"为抓手,整体推动学风建设,引导学生转变学习观念和学习方式,营造良好的学习环境和学习文化;加强教风建设,加强对教师的培养培训,不断提升教师的教学和学术研究能力;加强教学设施建设,为学生提供良好的学习条件和环境。

课程"三度"建设在现行人才培养方案上只做"存量",不做"增量""减量",课堂教学合理"加码",对学生合理"增负"。学生在校学到什么,未来用到什么,可持续发展借助什么,这是本科教育的着力点,而课堂质量建设是重要抓手,抓住核心课程就基本抓住了专业质量。强调专业知识融会贯通,加大知识容量,理论讲深讲透的同时把知识的应用教给学生,增添案例,加深课程内容相互融合,突显知识的时效性和有效性,让学生学以致用。

1) 优化调整专业教学计划,科学设计,大胆创新实践教学模式

普通民办院校的学生虽然理论学习的能力较差,但实际动手的愿望和能力较强。结合民办院校的实际情况和这一特点,确立培养有效实用性创新人才为我们的培养目标和办学定位,加强实践教学。对照《普通高等学校本科专业类教学质量国家标准》中电子信息类的要求,通过对专业进行行业调研,对专业教学计划需要做精心修订和优化。在新的教学计划中强化基础、强调应用、尊重个性、注重实践与创新,形成以培养学生创新意识和实践能力为核心的教学体系。

调整和优化专业教学计划的指导思想要全面体现专业人才培养定位和目标。

主要从以下几个方面进行调整优化：①教学计划要准确把握应用型、实用性本科人才培养定位；②教学计划要明确应用型人才培养的三个特征，即理论的高层次性、应用的技能性和能力的多样性；③教学计划要坚持四项原则，即"科学、规范、拓宽"的专业建设原则、"理论够用，实践为重"的教学原则、"宽基础，重能力，求创新"的人才培养原则和促进学生"愉快学习，自主成长"的育人原则；④教学计划要立足经济社会发展对人才的需求；⑤教学计划要完善3学期模式，尤其是要做到夏季学期的实践教学的计划科学、规范和可行。

2）优化教学管理体系，加强教师队伍建设，提高青年教师实践创新能力

师资队伍是提高教学质量的根本。一方面要积极引进业务素质高的实验教学和管理人员，另一方面还要培养现有教师队伍。首先优化教学管理体系，成立课程团队（组）。教学团队以系列课程特别是主干课程为核心，按课程类别构建课程模块，以课程模块来组建教学团队。在组建教学团队和课程梯队的时候，有意识地把青年教师纳入到各个教学团队和课程梯队中，在经验丰富的老教师的指导下，要求他们认真定位自己的教学方向，讲好1~2门主干基础课，在教学实践中得到锻炼和提高。要全面梳理各门课程的教学内容，淘汰"水课"、打造"金课"。

为了培养教师自身的实践动手能力，通过任课教师实验课负责制、开设实践教学研究项目基金和改善实验室研究条件等方式鼓励任课教师特别是青年教师要常进实验室，组织安排教师参与到各种竞赛的培训中去，还要不定期地把教师送出去参加各类专项培训，鼓励他们更新知识，开展科学研究。

3）选用并编写适合本校学生的教材

在教材选用方面，需要根据专业发展方向、专业教学计划和课程内容的要求，根据教材编写、评估和选用制度，对教材进行慎重选择。对主干课程尽可能多地选用国家优秀教材，同时根据电子信息与通信技术快速发展的特点，注意选择新的专业教材，以保证学生能尽快接触到最新的相关专业知识，扩大学生的阅读量。在积极选用国家优秀教材的同时，针对学生的具体情况，鼓励并组织教师积极编写适用本专业课程的系列教材。

4）教学方法多样化，教学手段现代化，培养学生自学能力和创新能力

注重教学方法和手段的改革，针对不同课程的特点，逐步实现多媒体教学与常规板书教学方式的最佳结合，实现更佳的教学效果。努力实现教学方法的多样化，教学手段的现代化，注重课堂教学设计，注重增加学生的参与度，激发学生学习兴趣，保证学生基本职业能力和创新能力的培养。

（1）积极推行双向、互动的教学模式，采用启发式、讲座式、讨论式等教学方

法,充分利用雨课堂、微助教等教学工具以及中国大学 MOOC 等网络学习资源,调动学生的学习积极性、主动性和创造性。

(2)采用电路案例教学法,体现该课程对能力和知识的要求,使学生在基本技能方面得到系统的训练。

(3)倡导多媒体课件教学与传统教学手段相结合,任课老师要编写纸质教案,上课过程中要有板书设计,同时也要制作多媒体课件,体现教学内容的科学性、先进性和趣味性,吸引学生注意力,提高学习兴趣,让学生更好地理解和掌握所学的知识点及技能。

5)有效开展学科竞赛,促进学生实践创新能力的提高

学科竞赛是对知识深入理解、系统整理和实践运用的过程,竞赛结果集中体现了学生对知识的理解和运用能力、身体素质、心理素质和协作精神。参加学科竞赛可以让学生把所学理论知识运用于实践,培养学生解决实际问题的能力和创新能力。要以学科专业竞赛为龙头,促进学生实践创新能力的提高,提高学生的综合素质。

理工学院大力宣传学科竞赛,充分调动学生参加竞赛的积极性,近三年积极参加了中国"互联网+"大学生创新创业大赛、"科创杯"创新创业大赛、全国"挑战杯"大学生课外学术科技作品竞赛、全国大学生电子设计竞赛、全国大学生数学建模竞赛、全国电子专业人才设计与技能大赛、全国大学生数学竞赛和泛珠三角+大学生计算机作品赛等,实现以学科竞赛为载体,培养学生的实践创新应用能力,促进教学改革和教学质量的提高。

6)加强学习过程考核,严格考试纪律,坚决取消"清考"制度,增加学生紧张度

考核的方法和内容要体现严格要求的精神,有利于检查教和学两方面的效果,要考核学生基本知识的掌握及分析问题和解决问题的综合能力,具体考核方法可根据本课程的性质及特点,采取过程性考核、多元化考核等形式,加大过程考核成绩在课程总成绩中的比重。严格考试纪律,做好教师、学生考风考纪的教育工作和宣传工作,认真学习学校关于考试的相关规定,保证规定的切实落实。对于监考老师不认真履行监考职责的现象,一经发现立即上报,一经落实严肃处理。学生违纪、作弊一经查实,应根据学生违纪、作弊事实依据学校规定进行及时处理。严把毕业出口关,坚决取消"清考"制度,让学生对考试紧张起来,对学习重视起来。

对于电子信息类工科专业核心课程,在课堂授课以及中国大学慕课网络资源教学的基础上,借助微助教教学平台,通过设置课堂练习、布置大量作业以及单元测试等方式加强学生该课程学习的饱和度;同时,课程在讲授基本知识的同时,通

过综合利用中国大学慕课网络资源中该门课程的测试题以及部分高校考研题,有选择性地对简单的无线通信设备进行设计,加强该课程的学习深度;课程在加强学生学习饱和度和学习深度的基础上,通过微助教平台做测试题时间有限制、作业抄袭否决制、迟到旷课达到一定次数取消期末考试制、期末考试全知识覆盖制、期末考试高要求制以及学校学位要求的绩点制等方式提高学生的学习紧张度。

4. 总结

"三度"是对接学校系列教学改革的成果,兼具不同学科特点,饱和度、紧张度、深度互为一体,与学生认知习惯相关,也因课程而异。学校层面一定要试点先行,政策鼓励并资金支持,学院层面领导带头、选好选优,最后全面铺开。"好老师"应该是找到教师与学生的最佳结合点,让学生尽可能多接触前沿、接触专业知识点,形成课程化思维,能够感到压力而不痛、能够学习而不是负担,建立长效学习机制。

在"十三五"卓越发展时期,三亚学院制定了办学纲要,提出坚持"以学生为中心"的办学理念,聚焦"学生竞争力"战略核心,旨在推动全校师生转变教育思想和教育观念,"以学生发展为中心、以学生学习为中心、以学生学习效果为中心"深化教育教学改革,形成学校办学特色,不断提高人才培养质量,为社会培养出更多更好的高素质人才。我们要时刻牢记"人才培养为本"的宗旨,时刻牢记"学生走进校园是为了更好地走进社会的办学使命",在新的历史起点上,改革创新、锐意进取,着力办国家放心、社会认可、人民满意、对学生负责的好大学。

(理工学院　丁学用)

新工科背景下车辆工程专业课程"三度"建设的思考

大学课堂教学是高等院校教学的基本方式，是大学生学习科学知识、培养技术能力的重要途径，也是大学教育的重要组成部分。如果大学课堂教学方法适合相应的课程，则能在一定程度上调动学生的学习积极性，提高学生的课堂参与度，加强与教师的互动水平，使课堂教学达到良好的效果。但目前大学教育的对象、环境等均发生了较大变化，大学课堂教学现状不容乐观，学生不积极参与课堂教学，不认真听讲，不和老师互动，低头玩手机的现象比比皆是。这些问题会导致教学质量下降，影响学生知识素养和能力水平的提升，阻碍了大学教育的发展，主要表现在以下几个方面。

第一，教学内容安排不合理，教学效果不佳。教师没能做到教学内容与时俱进，还是沿用旧课程体系的内容，教师的教案使用多年不更新；教师没有根据学生的实际情况来安排教学内容，使得教学内容偏多且部分内容难度过大；教师讲课没能突出重点，逻辑性不强，影响学生的听课效果。

第二，教学方法落后，学生参与度低。学生在课堂上被动地听课，教师掌握着课堂教学的主动权，主宰着课堂教学的全过程，教师只是单方面向学生传递教学内容。这种方式不能有效激发学生的学习积极性，学生更不会与教师互动。

第三，考核方式单一，不能反映学生水平。目前很多高校在成绩评定中仍采用一次期末考试定最终成绩的方式，这种考核方式使学生的平时学习没有一定的紧张度，只会在临近期末考试的时候突击学习以应付考试，不利于学生的知识积累和综合能力的提升。

1. 课程"三度"建设是新时代本科教育的要求

1.1 高等教育改革发展的要求

我国的高等教育要把本科教育放在各层次人才培养的核心地位、教育教学的基础地位和新时代教育发展的前沿地位。要把"四个回归"作为高等院校改革发展的基本遵循,激励大学生们刻苦读书努力学习,引导教师们潜心教书辛勤育人,加快建设新时代高等教育强国。

中国高校的课堂挑战性和发达国家相比还是有一定距离的,普遍的现象是"水课"过多,"金课"太少。要打造高水平的"金课",提升课程内容的饱和度,适当增加课程的难度,从而加大学生的学业紧张度。要改革以往的教与学形态,大学教师要提高育人水平、熟练应用现代技术方法,积极开展参与式和探究式的个性化教学,推广混合式教学、翻转课堂等新型教学模式。

1.2　新工科建设的要求

"新工科"的概念自 2016 年提出以来,教育部组织专家和相关院校进行深入研讨,形成了"复旦共识""天大行动"和"北京指南"。其内涵是以立德树人为基本引领,以适应变化、塑造未来为建设理念,以交叉融合、继承创新、协调共享为实施途径,培养适应未来的新时代多元化、创新型工程技术人才。

新工科建设的关键任务就是在教与学方面重构人才知识体系。围绕产业链、创新链对学科布局和专业设置进行前瞻布局和动态调整,建设一批服务现代产业的新兴学科专业集群,加快传统学科专业的改造;基于时代和未来卓越工程人才核心素养和能力加快课程改革,更加注重前沿知识和学科交叉知识体系建设,更加注重实践创新性课程体系建设,更加注重工程教育通识课程体系建设。

2. 新工科背景下车辆工程专业课程体系改革措施

2.1　课程体系改革总体要求

针对新工科背景下车辆工程专业多学科交叉融合的特征和对专业工程科技人才在知识、能力和素质上的更高要求,在课程体系和教学内容改革方面需要做好以下三方面工作。

(1)注重通识教育对专业教育的基础和支撑作用,整合重组和优化通识教育课程体系,以支持多学科交叉融合的专业教育的开展。

(2)注重体现多学科交叉融合的新的专业课程的建设,以培养学生的跨学科思维和跨界整合能力。

(3)注重将新工科学科前沿知识和相关学科交叉知识、原理和方法融入专业教育课程体系,以开拓学生的视野,培养学生的未来能力。

就车辆工程专业来说,需要根据学院的整体规划,打造系统的"四年学业拼图",对专业课程体系进行整体设计,结合本科专业类教学质量国家标准(机械类)和工程认证体系的要求,完善车辆工程专业的人才培养目标和课程体系,并根据新工科建设的要求,对课程体系进行改造升级,以符合课程饱和度的要求。

2.2　课程体系饱和度升级措施

1)通识类课程

在数学和自然科学类方面,主要包括数学和物理学,并合理考虑化学和生命科学等知识领域。数学主要包括微积分、线性代数、微分方程、概率与数理统计、计算方法等相关知识领域。物理学主要包括力学、热学、电磁学、光学、近代物理学等相关知识领域。数学、物理学的教学内容应不低于教育部相关课程教学指导委员会制定的基本要求。

在车辆工程专业现行人才培养方案中,已经包含了高等数学、线性代数、概率与数理统计、大学物理等课程,缺少化学和计算方法方面的课程。对于车辆工程专业来说,新工科建设还要加入新能源汽车方面的内容,新能源汽车技术里面涉及电池技术,电池技术涉及化学方面的知识,所以以后修订的人才培养方案需要加入大学化学课程。计算方法方面的课程一般是指数值计算方法,其主要内容包括线性方程组的直接解法、解线性方程组的迭代法、矩阵的特征值和特征向量计算、插值法、曲线拟合、数值微分与数值积分、非线性方程和方程组的数值解法、常微分方程数值解法等。它是一种研究并解决数学问题的数值近似解方法,是在计算机上使用的解数学问题的方法,可以用于汽车设计阶段和实验阶段的计算分析及数据处理,后续修订人才培养方案将加入该课程。

2)学科专业基础类课程

学科基础知识被视为专业类基础知识,教学内容应覆盖以下知识领域的核心内容:工程图学、力学(材料力学、理论力学等)、热流体(流体力学、热力学或传热学)、电工电子学、材料科学基础等。车辆工程专业目前的课程体系涵盖了国家标准对于学科基础知识的要求。

3)专业核心类课程

专业知识课程须覆盖相应的核心知识领域,并培养学生将所学知识应用于复杂工程问题的能力。车辆工程专业核心知识领域包括机械设计基础、机械制造基础、车辆构造、车辆理论、车辆设计、车辆试验学等。

车辆工程专业目前开设了机械设计基础、汽车构造、汽车理论等课程,和《国标》相比,缺项是机械制造基础、汽车设计和汽车试验学。

机械制造基础的内容包括金属材料的性能、金属晶体及铁碳合金相图、钢的热处理、常用金属材料的选用、金属毛坯的成型;公差配合及尺寸测量、几何公差及检测、表面结构要求及检测;车削加工、铣削加工、刨削加工、磨削加工、钻削与镗削加工、机械加工工艺及夹具基本知识、现代制造技术等。本专业虽然没有开设机械制造基础,但所开设的金属工艺学和互换性与技术测量两门课基本包括了相关内容。

汽车设计主要是汽车传动系统、行驶系统、转向系统和制动系统中各总成的设计、结构方案的选择、主要参数的确定、主要零部件的强度计算,还包括汽车造型、车身布置与结构设计等内容,由于我校人才培养的定位是应用型人才,后续拟开设较少学时的汽车设计课程。

汽车试验学涵盖了试验数据测量的基本知识(如数据的分析处理、测量仪表的特性、信号的传输和采集等)、汽车工作状况基本参数(如温度、压力、流量、转速和功率等)的测量、汽车典型总成及整车的性能试验、汽车公害及检测等内容。本课程涉及的实验设备较多且价格昂贵,暂不考虑开设。

另外,在新工科建设的要求方面,课程体系的升级拟加入新能源汽车技术方面的课程,比如电动汽车原理与结构、电动汽车电池原理、电动汽车电机控制技术。

3. 车辆工程专业课程"三度"建设的思考

综合以上高等教育改革发展的背景和要求,为贯彻落实教育部本科教育工作会议精神,积极响应学生生源结构变化内环境,有效实施学校"以学生为中心"发展战略,紧扣提高课程质量目标,持续聚焦课程建设,学校决定推动课程饱和度、深度和学业紧张度建设,即课程"三度"建设。课程"三度"建设要坚持成果导向,以学生的学习能力提升作为评价课程的主要标准,教会学生自主学习,提高学生的专业知识、专业方法、专业技术和专业能力,并有助于学生的专业成长和职业发展。针对车辆工程专业课程"三度"建设有如下思考。

3.1 优选教学内容,紧跟技术前沿

在教学内容选取上,一定要紧跟汽车技术的发展前沿,尤其是当前汽车领域的热门话题,比如新能源汽车技术、智能网联汽车技术、无人驾驶汽车技术等。突出"新观念、新观点、新内容、新方法、新技术",结合吉利汽车集团在汽车新技术方面

的研发情况,使学生"学得早一些",知识先知道,体验先感受,取得知识自信和能力自信,获得竞争优势。

通过丰富、完善、创新课程大纲,不断扩容课程信息。教师要综合使用教材、参考资料,厘清车辆工程学科的知识脉络,把握任教课程在学科知识体系中的地位和作用,还原学科知识产生的特定情境,不断丰富课堂教学的知识信息、学术观点和技术方法。汽车技术的发展日新月异,课程大纲的内容不能一成不变,每一轮授课都要及时更新,尤其是课外阅读的内容更要及时更新,使学生"学得充分饱满一些"。

教师在选取教学内容和更新教学内容的同时,要阐释课堂教学内容背后所蕴含的价值旨趣,帮助学生拓宽知识广度,拓展知识深度,并使教学内容和学科体系中的先修知识进行关联、发生反应,从而使整个学科专业的知识结构具有系统性,使之内化为学生的学科素养。

3.2　优选教学方式,多种方式并用

车辆工程专业有部分结构类课程,比如机械设计基础、汽车发动机构造及原理、汽车构造等,教师可根据课程特点,打破先理论后实践的传统思维,将教学内容逆向安排,理论与实践教学同步设计,或将实践环节提前,学生先看到机械结构,获得直观感受,再通过拆装思考机构的工作原理,在思考的过程中就会形成理论的"缺失感",从而激发学生对理论学习的渴望,调动学生的积极性和主动性。

改变整节课教师讲、学生听的"满堂灌"教学方式,鼓励教师因课制宜,因材施教,推进信息技术与课堂教学深度融合,有效利用各种慕课平台,注重课内与课外相结合,线上线下相结合,合理运用混合式教学、翻转课堂、探究式学习等多种教学方式方法,使用现代信息技术使学生积极与教师互动,增加学生的课堂参与程度,提高学习效率。

引导学生将汽车理论知识的学习与实际生活中的汽车采购、汽车维护和保养、汽车驾驶等现实问题相结合,模拟真实情境,使学生身临其境地体验所学知识在实际解决问题方面所具有的价值,培养学生对专业知识应用的理解,学以致用,激发学生学习兴趣。

3.3　优选考核方式,突出过程考核

鼓励教师进行考核方式的改革,课程考核方式要既能符合课程的实际情况,又能较好地反映学生学习目标的达成度。比如工程制图课程,可以不采取期末考试

的形式,改为在限定时间内画出某个机械结构图纸的形式,这样不仅考查了学生将三维空间模型转换为二维平面图形的能力,还考查了学生利用国家标准正确制图的能力。

鼓励教师采用开放性问题、实际应用问题等考查学生综合素质的试题。鼓励"非标准答案考试",促进学生深度学习,启发学生思维,在成绩评定时关注学生分析问题的能力和解决问题的思路,重在发挥学生创造力。

教师应督促学生结合课程学习进行大量课外阅读,阅读课程相关的经典书籍和专业学术期刊,比如汽车技术、汽车发展史等,同时注意区分精读与泛读,并把阅读效果进行适当考核,考核结果在总成绩中占一定的比例,一般不低于10%。

增加过程考核,课程成绩由过程考核成绩和期末考试成绩综合评定。课程考核应突出课前预习的完成情况和课后作业的完成情况,通过预习报告、课堂测验、信息化软件考核(如微助教、雨课堂等)等方式检验学生完成情况,并加大在成绩考核中的比例,原则上课前预习、课后作业所占成绩比例不应低于10%,督促学生更好地完成课前、课后任务。

对于含有实验的课程,应加大实验考核所占的比例,并通过实验报告的撰写、实验过程的表现进行综合评定,鼓励实验学时较多的课程单独设置实验考试,以便进一步考查学生的工程实践能力。

4. 结束语

新时代的高等教育要"以本为本",推进"四个回归",着力推动课堂革命。课程是体现"以学生发展为中心"理念的"最后一公里",是教育最微观的问题,但解决的是教育最根本的问题。车辆工程专业会以学校的课程"三度"建设为契机,全面梳理各门课程的教学内容,淘汰低阶性、陈旧性、不用心的"水课",努力建设高阶性、创新性、具有挑战度的"金课",合理提升学业挑战度、增加课程难度、拓展课程深度,切实提高课程教学质量。

(理工学院　孙文福)

财务管理专业课程"三度"建设探讨

　　2018 年 8 月,教育部印发《关于狠抓新时代全国高等学校本科教育工作会议精神落实的通知》,提出合理提升学业挑战度、增加课程难度、拓展课程深度,切实提高课程教学质量。我校提出的课程"三度"建设,积极回应时代要求、响应内部需求,对于持续提高课程质量、全面提高人才培养能力具有重要的战略意义。财务管理专业积极参与课程"三度"建设,号召全体教师提升自身能力,打破传统教育思维和教学模式,努力将学生培养为具有竞争力的人才。

　　根据《海南省教育厅关于转发〈教育部关于加快建设高水平本科教育,全面提高人才培养能力的意见〉的通知》的要求,为深入贯彻落实教育部"新时代全国高等学校本科教育工作会议"精神,三亚学院积极响应学生生源结构变化内环境,有效实施学校以学生为中心的发展战略,紧扣提高课程质量目标,持续聚焦课程建设,推动课程饱和度、深度和学业紧张度建设。财务管理专业对标我校办学定位与目标,围绕深化教学改革,推进专业建设与课程"三度"建设等重点工作内容,结合专业工作实际,落实组织开展学习和研讨活动,增强全体教职员工育人意识和育人本领。

1. 关于课程"三度"建设的理解

　　课程"三度"建设是指课程饱和度、深度和学生四年的学业紧张度。看似与过去的教学改革活动类似,实则不然。我校提出的课程"三度"建设是真正建立在"我国高等学校本科教育工作会议"精神的基础上,结合我校办学理念与发展战略提出的对全校各部门、对任课教师、对全体学生新的目标和要求,对于财务管理专业全体师生都具有重大意义。财务管理专业师生在认真学习我校相关文件并经过几轮讨论后,构建了一个"专业负责人牵头,申报首批'三度'建设课程的教师为核心,全体财管专业师生共同参与"的课程建设团队。

1.1 以学生为中心，以提高学生竞争力为首要目标

"以学生为中心"既是我校的办学理念，同时也是我校的发展战略和全体教职工的工作原则与教育情怀。"以学生为中心"并非是无原则地偏袒学生，而是在日常的工作与教学中时刻将学生的"未来"铭记于心。作为秉承"以学生为中心"理念的高校教师，在开展每一项工作前都应自问这几个问题：我们要向社会输送怎样的人才？我们希望学生成为怎样的人？我们培养的学生应具有哪些竞争力？如何才能使我们的学生具有竞争力？现在的教学方式可以达到我们想要的结果吗？如果我们当前的教学方式、教学内容不能满足社会的需求，为了更好地应对越来越强的生源质量，以及社会经济的飞速发展，尤其在当前海南构建自贸区（港）的契机下，我校提出的课程"三度"建设是非常契合当前现状也是符合未来发展形势的。

1.2 坚持质量为核心

课程"三度"建设绝不是形式上的"多布置几次作业""课堂多提几次问"就可以达到的。在明确了培养学生竞争力为目标之时，对于整个课程的改革设计一定要坚持质量为核心，要做到改革的每一步都有意义、每一步都是为了更好，要在课程的信息量、学科观点、专业理论和方法上下功夫。实质上，这对财务管理专业的全体教师提出了更高要求。

财务管理原本就是一个实操性很强的专业。不同于会计专业的账目处理，财务管理专业在学生的管理能力、问题解决能力、财务分析能力以及对企业战略的规划能力方面具有更高要求。也就是说，财务管理专业既要懂财务，也要懂管理，还要懂规划。如果教学改革仅仅是教师"多布置作业""课堂多提问"，对于学生在上述方面的培养并无显著效果。因为绝大多数学生缺少实际工作经验，只注重形式上的"量"，而不注重"质"，只会造就更多"照本宣科"的教师，以及培养出更多"纸上谈兵"的学生。

因此，财务管理专业在课程"三度"建设时，不能单纯看有几次作业和课堂提问了几次，而要看作业都有哪些内容、哪些形式，课堂互动都是怎样设计的、为什么这样设计，这样的互动对于学生的能力培养有哪些帮助。另外，在教学质量提升方面，起步要"早"，做到知识先知、饱和度先收益、方法先学、应用价值先体验，以及方法要"新"，强调在"专业知识架构的系统性"条件下的"新"，即"新观念、新观点、新内容、新方法、新技术"，突出早学、学新、学得有用。

1.3　坚持系统设计，管理同步

　　财务管理专业在整个"三度"建设的讨论中，一直坚持教学管理安排设计要具有系统性，系统支持课程"三度"建设，包括教学的系统性和教学配套的系统性。教学的系统性以课程大纲为载体，由相关任课教师按学校统一的建设标准设计完成；教学配套的系统性，由学校主导设计、学院安排，为学生足够无缝衔接有饱和度、深度和紧张度的"四年学业拼图"。财务管理专业组织本专业全体教师开展学习和专项研讨活动，对标三亚学院课程"三度"建设标准，得出以下专业建设方案。

2. 财务管理专业"三度"建设总体设计规划

2.1　课程饱和度方面

　　（1）支持课程"三度"建设，以课程大纲为载体，进一步明确每门课程的参考书及参考资料，培养学生自主获取知识的能力。此项工作由任课教师完成，相关负责人审批，专业活动共同讨论，最终完善后才可以真正在教学中运用。扩容课程信息，不断丰富、完善、创新课程大纲，综合研析、融通使用教材、参考资料，厘清学科知识脉络，还原学科知识产生特定的情景，不断丰富课程教学或者课堂教学的知识信息、学科观点和技术方法，使学生"学得充分饱满一些""专业方法学得更多、更新一些"。

　　（2）提升课前预习效率及质量，财管专业教师尤其是参与首批"三度"课程建设的教师更应加强对课前预习的检查。课前预习的质量并不是说课前预习要学生自学掌握所有的知识点，而是在课前预习中形成主动探索知识的能动性，让学生带着问题来听课，从而更积极地参与课堂。

　　（3）适当加大课后作业，并非一味"加负"，而是让课后作业真正巩固课堂知识点，真正成为检测学生是否掌握所学知识的方式。另外，作业的形式也应当根据课程的不同而有所变化，让作业灵活有意义。如果作业的设计不够，极有可能使学生产生更多的烦躁抵触情绪，并且也不能真正达到提升"课程饱和度"的目的。

　　（4）财务管理专业教师应改变"照本宣科""满堂灌"的落后教学方式，鼓励教师因课制宜，因材施教，推进信息技术与课堂教学深度融合，注重课内与课外相结合，可运用混合式教学、翻转课堂、项目合作、探究式学习、游戏化学习等多种教学方式方法，增加学生的参与度和参与感，提高学习效率和获得感，推动课程教学改革。

2.2 课程深度方面

课程深度方面的改革实质首先是对于教师知识的掌握程度的一个提升。教师的肚子里先有"一桶水",才能给学生倒出"一碗水"。而财务管理专业由于很强的理论专业性与实操性,使得教师要想灌满肚子里的"一桶水"需要加倍努力的付出,不仅要关心了解最新的财务新规、财经动态,也要掌握当前的经济信息,更要具备一定的实操经验。因为如果教师本人都没有接触过实务,那么增加再多的课程深度也只是照本宣科式地提高难度,不能达到真正增强课程深度的初衷。有关课程深度方面的提升设计,归纳如下。

(1)在理论知识的讲解方面适度增加深度,引入理论产生的前因后果,在课堂讲授中适度介绍该理论在当今学术界的应用及发展,使学生"知其然"也知其"所以然"。

(2)课堂讲解一定要融入案例。财务管理专业的全部课程都需要在课堂讲解中结合实际课程情况融入案例,不能仅仅让学生"背概念""背定理"。在案例选择方面,将最新的案例或近期的热点案例融入教学,并在案例学习时,激发学生的讨论兴趣,与学生一同发现问题、分析问题、解决问题。这也阐述了前述提出的如何真正做到"以学生为中心,以提高学生竞争力为首要目标"。

2.3 学业紧张度方面

(1)适度提升专业核心课学分。很多学生都在高考后抱有"一考定终身""大学就不用学习了"的观点,于是整体来讲,许多高校的本科生学习紧张度极低。大学不是"乐园",大学是一个人真正获取未来职业技能、培养职业素养的地方。因此,为了纠正当前盛行的"懒散学风",需要各部门一起努力。财务管理专业经过全体教师的讨论,认为可以通过适度提升专业核心课学分来达到学生学习的紧张感。

(2)进一步规范考试试卷,适度提升专业核心课的试题难度和灵活性。考试难度的提升会直接使学生学习的主动性提高,但并不是考试难度越高越好。我们需要培养的是一个在社会中具有竞争力的人才,而非一个只会考试的"书呆子"。因此,试题的设计应当在保证专业性的基础上提升灵活性,结合实际案例,让学生慢慢有带入感地将自己推进"职业思维"。

(3)鼓励财务管理专业教师根据课程特点,改变先理论后实践的传统思维,将理论与实践教学同步设计,鼓励符合条件的课程,逆向进行课程安排,将实践环节提前,使学生先动手获得直观感受,造成理论的"确实感",激发学生对理论学习的渴望,调动学生的积极性和主动性。这一点对于财务类课程和管理类课程非常重要。由于这类课程实操性强,往往是"听起来道理很简单但实际操作时又无从下手"的感觉。因此,这类课程鼓励任课教师打破传统教育教学的顺序,采取"逆向思维"的方式。

(4) 严把毕业关。大学承担着向社会输送职业化人才的功能。如果大学的"毕业关"松懈了,会直接影响到社会经济发展的进步。因此,财管专业全体师生在课程"三度"建设的契机下,初步提出了如何提高毕业难度的相关要求。只有考试难了、毕业论文质量要求高了、难毕业了,才能真正使学生在主观方面提升学业紧张度,并将这种紧张度保持四年。

3. 以"公司战略与风险管理"为例探讨财务管理专业课程"三度"建设

"公司战略与风险管理"是财务管理专业的核心课,作为我校首批"三度"建设课程,对标我校课程"三度"建设指导标准,秉承"生为本",在课程饱和度、深度以及学业紧张度三方面进行了改革,使学生学会学习和自主学习,能够主动探索知识并运用所学知识解决实际问题,有助于学生以"职业者"的思路思考问题,使其毕业后尽快融入工作岗位。"公司战略与风险管理"围绕"三度"建设进行的设计和推进如下。

3.1　教学方面

1) 教材及参考书目

建议选用中国注册会计师协会编写的,最新版注册会计师考试指导教材:《2018 公司战略与风险管理》(ISBN 978 - 7 - 5095 - 8088 - 2)。为财务管理专业学生开设本门课程的目的是在掌握战略与风险管理的理论知识之上,培养其执业思考的能力以及通过注册会计师考试的能力。注册会计师考试指导教材是市面上内容更新最快、执业性最强、最规范的教材。因此,坚持使用当年最新的注会考试教材是对"课程饱和度"以及"课程深度"的最佳匹配。

参考书目为迈克尔波特的经典著作"竞争战略三部曲"以及最新出版的、具有学术前沿性的《战略的本质》(2016)、《风险管理精要》(2016);推荐的期刊为管理学的顶级期刊《管理世界》《南开管理评论》;还为学生推荐了 10 篇具有学术影响力的论文供阅读;在电子资料的获取方面,为学生推荐了权威网站以及顶级商学院的公开课供学生预习以及课后知识拓展。

综上,在教材及资料选取方面,教师严格对标"三度"建设指导要求,加大学生的课外阅读量,并对学生的学习效果进行定期及不定期的检查,及时获得反馈,取得了良好的效果。

2)教学方式

"公司战略与风险管理"在教学方式方面较为灵活多样,采取了多种教学方法以提升学生的自主学习兴趣与能力。由于企业管理类课程对于尚无工作经验的学生来讲有些空洞,因此笔者尽可能调动起学生自主探索知识的主观能动性以及将理论知识应用于实践的思考能力:传统讲授、情景模拟、案例教学以及学生团队模拟创业项目、翻转课堂、课程报告相结合,以提高学生的课堂参与度与主动发现问题、思考问题、解决问题的能力。

(1)第一节课要求学生自由组合小组团队。本学期的所有小组作业项目都以该团队的名义提交。若是小组作业,则团队内每个成员的成绩一样,充分提高学生的团队工作能力。

(2)对课前预习效果进行不定期检查。上课时会穿插课前布置学生自主预习的理论或案例,以提问的方式和学生进行互动讨论,来检查学生课前预习的效果。

(3)与课程相关的专业理论知识仍然以传统讲授为主,以保证学生充分理解理论知识并形成完整的知识体系。利用板书与多媒体课件、影音资料相结合的手段,加深学生对理论知识的理解。

(4)案例教学非常关键。选取实际企业案例不仅可以提高学生的学习兴趣,更可以使学生将理论知识与企业实际经营相关联。针对同一知识点,笔者和学生分别搜寻案例,一起在课堂中讨论,并由笔者作最后总结,帮助学生厘清思路。例如,在"企业组织结构"一节中,笔者先选取了携程作为案例,讨论其改变组织结构的动因,分析其组织结构的特点,再让学生下课后自行寻找与携程同类型的我国互联网企业的组织结构图,以及它们自成立至今有没有组织结构的变化,在第二堂课中与学生共同讨论。

(5)在"战略管理"和"风险管理"分别学完之后,选取一节课让学生上台对于所学知识进行复习总结并和台下的学生互动,提高学生的学习兴趣。

(6)学期末,学生模拟企业经营(可以是实际中已经存在的企业,更鼓励是学生自己创立的企业),在课堂中以 PPT 演示或情景模拟剧的形式汇报,另以书面形式提交相应文本。

3.2　考核方面

相较于过去的教学,"公司战略与风险管理"增加了过程考核和开放式考核的比重。一学期共布置了3次书面作业(提交的课程报告都在2 000字以上,一次小组报告,一次个人报告)以及2次视频作业。视频作业即学生课后自行观看互联网上的公开课(由笔者发给学生链接),第二次上课后针对教师设计的问题进行讨论。平时课堂上表现积极、主动参与讨论或回答问题并论述合理的,可以适当增加平时成绩,但原则上不得超过10％。期末考试卷对标课程"三度"建设要求也进行了相应调整,增加了主观题的比例并且增加了案例的复杂性,减少了"死记硬背"的考点。即使是选择题,也尽量以案例为题面,增加对学生理解以及应用能力的考查。在论述题中,增加了开放式问题,使学生以企业管理者的身份思考问题,如"企业遇到这样的问题后应该怎么办"? 没有完全标准的答案,只要学生论述有理有据并具有应用性、创新性,就是可以得分的。

4.　结论

我校提出的课程"三度"建设,积极回应时代要求、响应内部需求,对于持续提高课程质量、全面提高人才培养能力具有重要的战略意义。全体教师应当以"三度"建设为契机,提升自身能力、打破传统教育思维和教学模式,努力将学生培养为真正对社会有用的人才。

(管理学院　杨　帆)

基于教师共情能力的"三度"课程建设研究

1. 文献综述与问题的提出

"共情"这一概念最早源于德国哲学家维彻,是指把自己真实的心灵感受主动地投射到自己所看到的事物上的一种现象。心理学的含义是"情感进入"(铁钦纳,1909),认为人不但能够看到他人的情感,还能用心灵感受他人的情感。共情在结构上由认知共情和情绪共情两部分组成,认知共情指对他人目的、企图及信仰的理解,情绪共情指对他人情绪状态的感受(崔芳,2008)。孙炳海(2008)将这两部分内容进行了归纳总结,认知共情指对他人想法与观点的理解,是一种认知上的观点采择;情绪共情是对他人感受与情感的理解,是一种情感上的关注。对于教师而言,共情是一种非常重要的职业能力。曾敏(2006)总结了国内外共情的定义,提出共情是在不混淆自己与他人的体验和情感的基础上体验并理解他人的感受和情感的一种能力,除情绪共享和观点采择之外,还包括情绪调节能力。孙炳海(2008)认为共情能力能够使教师从学生立场出发考虑问题,根据学生的想法和感受调节自己的教学方式以引导学生成长。共情能力有助于改善学生学习要读,对学生的社会性和学业发展有促进作用(皮尔特,1999)。教师的共情能力不仅对中小学教育非常重要,对大学教育能否达到预期效果也同样重要。但在教学过程中,有相当一部分高校教师将学生视为被动的、机械的知识接收器,缺乏设身处地地从学生感受出发进行教学设计的意识和能力,导致教师的教学过程与学生的学习过程脱节,严重影响了教学效果。教师在教学过程中恰当地运用共情能力,不仅能对课堂气氛、师生关系的构建起到积极的作用,而且还能影响学生在言行举止、生活态度、价值观等社交与生涯各方面的表现。身教重于言教,教师的共情行为能使学生潜移默化地习得共情并运用共情。长期处在共情环境中的学生,能充分地建立和巩固自己的自尊和自信,形成自我价值感,有助于其亲社会行为的产生。而学生对教师及班级的信任,会促使他们形成对周围环境的普遍信任,让他们更加勇于探索和创新,有利于健全人格的形成。

为贯彻落实教育部加强本科教育工作会议精神,提升学校教学水平,三亚学院于 2018 年 10 月积极推动以"课程饱和度、深度、学业紧张度"为核心的课程"三度"建设。经过数月的建设,试点课程授课的知识密度和难度相比以前有了较大提高,学生的课业负担也随之加重。如今"三度"课程建设已经完成了第一阶段主要工作,首批试点课程考试工作也已经结束。必须看到,这一过程改变了学生懒散的学习状态,提升了他们对于知识的理解程度和学科认知能力,培养了他们自主学习的习惯。但是,无论对于教学管理者、教师和学生而言,普遍认为并未达到理想中的课程教学效果。原因是多方面的,本文从共情角度出发,以教师和学生在"三度"课程建设中实践经验、感受为依据,阐述师生在教与学过程中存在的不足并分析原因,最后给出提升教学效果的建议。

2. "三度"课程建设中存在的问题及原因

第一,教师观点采择能力的缺乏导致课程设计脱离学生认知能力和习惯,导致学生对课程内容的掌握不够深入。

基于课程"三度"建设中的饱和度和深度的要求,授课教师需要对课程体系进行再设计。具体来说,教师要在原有知识体系的基础上和教学大纲的范畴内,对重点知识的内涵进行深化的同时拓展其外延,并尽量把一些学科前沿知识融入原有教学内容。这一做法的教学目的有二:一是加强学生对于课程基础知识和基本技能的理解和掌握,尽量能够运用专业知识和思维方法去思考问题;二是培养学生以知识和技能为载体,引导学生感悟其中的学科思想,这是大学专业课教学的高层次要求,也是当今大学生普遍缺乏的东西。通过调研自己和其他教师的授课效果,笔者发现有较大比重的学生并没有达到预期中的对课程内容的扎实掌握和灵活应用。以管理学"三度"课程中的"企业决策的宏观环境"这一章节为例,笔者在原有的"PEST"模型的基础上,结合相关文献和自身的研究成果,增加了宏观环境因素融合时的冲突环境下的企业管理决策机制这一内容,这恰恰是现实的管理人员经常遇到的问题。为便于学生理解,笔者选取了快手直播平台在面对文化与政策冲突环境下进行企业决策这一案例,并自以为是地认为这样的课程内容设计能够促进大多数学生掌握此类问题的分析方法。但是,学生作业和考试的结果证明了只有少部分学生掌握了这一新增知识,更多的学生只是能够分析单一环境因素条件的企业决策问题。通过对部分学生进行访谈之后发现了原因：原来，大多数学生对文化和政策的概念掌握还非常肤浅，只了解其字面意思，甚至将"文化"粗浅地理解为文凭和学历。笔者在增加这一教学内容时，是以自身对文化概念的理解为前提进行设计的，作为经济思想史专业的博士，本人曾经有过系统研究"文化"这一概念的经历。这就导致对于教师本人"显而易见"的知识，对于学生而言却有着概念上的认知障碍。从共情角度进行分析，教师和学生对于同一概念的观点有着本质的不同，教师却没有认识到这一点，导致在进行课程内容设计时增加的内容严重脱离学生的认知习惯，完全不在一个"频道"上。这是典型的因为教师观点采择能力不足导致的课堂内容设计失当问题。

第二，教师情绪共享能力的不足导致无法准确感知学生的情绪状态，造成学生听课专注程度不够。

课堂学习是课程学习的核心，听课的专注程度又是决定课堂学习效果的关键。如果学生不能在课堂上持续地认真听讲，就算课程的饱和度再充足也是没意义的。据大多数教师反映，学生听课专注程度不够是当前课堂教学最主要的问题。除少数学生能够保持全程认真听讲之外，多数学生或多或少存在玩手机、溜号儿、看课外书甚至睡觉、聊天的现象。这既给授课教师带来了极大的挫败感，也让更多的学生无法达到课程的知识和能力要求。以管理学课堂教学为例，为了能够促进更多的学生全程投入听课，笔者尽量选取贴近他们生活的管理事件来阐述专业知识，比如微商管理、游戏直播平台的管理等。但在授课过程中发现，还是有将近40%的学生的课堂状态比较涣散。笔者作为2007年就在三亚学院工作的教师，开始时对这一点百思不得其解。因为笔者曾经教过从2005级到2018级工商管理、市场营销专业的大多数年级的学生。从个人角度来评价听课的专注程度，2013年入学之前的学生要好于之后入学的学生，2010年之前入学的学生听课专注程度最高。而笔者的授课风格却并未发生较大变化。如果仅仅把这一原因归为生源质量的变化是经不住推敲的，经过深入调研后发现，2013级学生多为95前甚至80后出生，从年龄上跟笔者差距不大，很多时候笔者从个人角度都能准确地揣测学生情绪，自己喜欢的表达方式学生恰好也喜欢，听课效果自然就好。但2013年后入学的学生多数为95后甚至00后，自幼的成长环境和授课教师有很大差异，也就形成了不同的情绪生成习惯。如果无法感受他们的情绪，就无法在感情上感染学生，也就无法让学生自发地保持专注的听课状态，甚至一些不当的言语还会伤害到他们的感情，导致排斥心理的产生。

第三，教师共情能力的缺乏导致作业布置的形式、难度和数量不当，没有起到应有的复习和预习效果。

为使课程"三度"建设具有可操作性和方向性,学校出台的"三度"建设标准有很多量化条例。在作业布置方面,对于课程作业布置的次数和题量都有具体的数量要求。从作业完成的情况来看,尽管几乎全部学生都能够及时上交作业,习题完成的准确性和全面性也能基本达到要求,但同质化现象却非常严重,存在一定程度的抄袭问题,这一点在以电子化文档为形式的作业形式中尤其严重。经过深入调查后发现,由于2018年10月底"三度"课程建设集中展开,几乎所有的课程同时加大了作业量,数量和难度远超从前。这导致部分学生一时无法适应突如其来的紧张状态,对很多作业的完成也采取敷衍了事的态度。以管理学的作业布置为例,笔者布置了"阿里巴巴'双11'企业计划方案"和"顺丰快递员工激励方案"两个综合性比较强的作业,需要学生查阅书本和互联网资料并整合分析后才可以完成。但是,从作业的完成情况和以作业为基础的考试题完成情况来看,相当一部分学生的用心程度是远远不够的。经过事后访谈得知,学生不认真完成作业的原因有二:一是认为这个作业的内容老师在课堂上详细地讲过,就没有必要自己再整理一遍了;二是认为这种实践性方案类型的作业如果能够采取翻转课堂的形式让自己去讲的话,能起到更好的学习效果。这暴露了教师在布置作业时存在的一个普遍的问题,就是形式单一,没有充分考虑到学生对于作业的看法和兴趣,也没有通过自身的情绪感染能力去促进学生对于作业的兴趣的产生和意义的认知。在调查过程中发现,相当一部分老师将自己视为主体,学生视为教育对象,完全按照自身的标准去理解学生。这种思维方式以教师自我为中心,很难走进学生心里,更不可能真正感受学生的内心世界。一味地将学生作业完成效果不达标归因于学生态度不认真或者能力不够,忽略了学生对于作业的看法和情绪反应。

3. 提升"三度"课程建设效果的共情策略

增强教师共情意识。共情能力是教师的基本能力,其重要性不亚于学科能力和语言表达能力,但有相当一部分教师没有认识到这种能力对于课程教学的重要性。虽然也有相当一部分教师在教学过程中体现共情倾向和反应,但多是一种无意识的表现,这也影响了共情能力的发挥。共情意识的缺乏会使教师将课程教学受挫归因于自身学识的匮乏或学生能力、态度的欠缺,也就无法有效解决课程建设中的一些问题。因此,无论是任何课程的教师,拥有共情意识是不断提升课程教学中教师共情能力的前提。

从理论和实践方面推进专业课程教师共情能力培养。在教育学领域,教师共情是重要的教育学知识体系的构成部分,内容丰富,具有很强的专业性。对于多数大学教师来说,即使具备共情意识,也很难具备丰富的共情知识基础。因此,学校需要根据课程教师的具体情况,组织专业的教师共情能力培训,促进教师具备丰富的共情能力理论知识。在教学实践的过程中,教师要有意识地利用理论知识指导教学,并通过总结经验教训从述情、接纳、分享、启发四个步骤提升共情能力。

(1) 建立师生沟通长效机制。共情能力提升的关键在于理解学生对于课程学习的观点、态度以及学习过程中的情绪反应。这一过程的实现仅仅依靠教师自身对于学生的推测或师生之间蜻蜓点水式的沟通是远远不够的。一方面学生之间具有较大的差异性,不同专业、不同班级,甚至相同班级的不同个体之间都有着显著的人生观、价值观差别;另一方面,学生的情绪、认知习惯还随着时间的推移和外在环境的改变而改变。因此,师生之间的沟通一定是科学而持续性的。在具体的操作上,可以采用戴维斯人际反应指针量表来测量师生的共情倾向,并通过建立兼具约束性和激励性的长效沟通制度来形成师生沟通的良好习惯。

(2) 充分发挥教师的引导能力。正确的师生关系绝不是学生对于教师的言听计从,教师的共情能力也并不代表教师要迎合学生任何的知识和情绪需求,而是教师站在学生的角度理解学生的想法和情感,并通过适当的沟通将这种理解反馈给学生,让学生感觉到被理解和尊重。与此同时,教师要通过沟通和引导的方式让学生认识到自身在学业上的不足以及努力学习对自己的意义,从而促进学生自主学习和成长的能力。

(3) 保持教师对教育的敏感性。所谓教育敏感,是指教师对富有教育意义的载体以及影响教育目标实现的因素有一种灵敏的"教育嗅觉"。它使教师可以从纷繁复杂的教育活动事实中看出教育影响的发展、变化的趋势,善于捕捉有教育价值的各种信息材料,增强教育行动的计划性和预见性。要培养教师的共情能力,就要保持教师的教育敏感性,即对学生情感和需要的敏锐的察觉能力,能够从学生细微的变化中感受学生的情绪。比如教师可以从学生的语言交流、行为表现,甚至一个表情、一个动作中感受到学生的情绪体验,从而理解和把握学生的情感和需要。只有具备这种教育敏感,教师才能做到与学生共情,基于学生的需要不断调整教育计划和方案来促进其发展。

(管理学院　黄晓野)

提升教学质量　加强"三度"建设

——以汉语言文学专业为例

1. "三度"建设是提升教学质量的必然要求

2018年以来,教育部下发系列文件,针对本科教育中存在的问题,提出要下大力气整顿教学环境、维护教学秩序、切实提高教学质量。同时,我校新生生源结构和学生学业需求也在不断发生变化,在这种大环境和个体发展需求的共同作用下,学校对于课程质量建设的紧迫感和使命感也在不断加深。因此,积极回应时代要求、响应内部需求,学校决定推动"课程饱和度、深度和学业紧张度建设"。

开展课程"三度"建设,对于持续提高课程质量、全面提升人才培养能力具有重要的战略意义。高校的根本任务在于人才培养,培养出适应社会需求、具有创新精神、实践能力、人格健康的应用型人才一直是我校的主要工作目标,而目标的实现最终要靠教学工作来完成。可以说在高校的各项工作中,教学是重中之重,高校的其他工作也都应该围绕教学来展开。教学质量的高低是评价一所高校办学水平的最重要标准。因此,如何将教学工作推向深入、如何将教学工作做扎实而不仅仅流于形式,是每一位高校工作者都要认真思考的,而课程"三度"建设的提出,正是进一步提升教学质量的必然要求。"三度"针对每一门具体的课程而提出,既是课程建设的重要依据,也是衡量课程质量的重要标准。

2. 汉语言文学专业课程特点及现状

要推进课程"三度"建设,首先要对课程的特点及现状有所了解。就汉语言文学专业而言,其课程普遍存在以下特点:

第一,理论性强,而应用性不足。根据教育部下发的《中国语言文学类教学质量国家标准》汉语言文学专业基础(必修)课程包括:文学概论、语言学概论、古代汉语、现代汉语、中国古代文学、中国现当代文学、外国文学、大学写作。其中除了写作课程实践性稍强，其他课程均以理论知识的学习为主。

第二，知识广博，而更新较慢。汉语言文学专业作为中文系下设的一个主要专业，在大学发展史上有着悠久历史，底蕴丰厚，古今中外的文化都有涉及。但另一方面，教学内容相对固定，以"古代文学"课程来说，内容一直是从先秦到元明清，几十年来从未改变。因为人文性学科很难短时间内获得重大的理论突破。

第三，教学成果显现周期长，可视性差。作为传统的人文学科，汉语言文学专业以培养学生的人文素养为主，成果体现在对社会观念与精神取向的影响上，因此很难用具体的一个可以精确计量的标准来衡量。同时，人文素养的培养重在潜移默化，仅仅是大学四年很难快速显现成果。大多数时候成果显现的周期都比较长，甚至一二十年之后也是有可能的。

正是因为汉语言文学专业课程具有以上特点，所以也直接影响到汉语言文学专业的授课情况。如授课以教师讲授为主，学生参与度不高；教师的讲课方法单一、固定，不能有效吸引学生的注意力；授课内容更新较慢，不能将最新学术热点介绍到课堂上来；课程评价标准老旧，主观性较强。

3. 汉语言文学专业如何加强课程"三度"建设

根据《三亚学院课程"三度"建设推进方案》的要求，"三度"建设需要坚持三个原则：一是回归初心，秉持"生为本"；二是持续改进，凸显"再设计"；三是成果导向，重在"见成效"。汉语言文学专业应该根据以上原则，结合专业课程实际情况，在教师、教学内容、教学方法、考核方式等多方面进行建设。

3.1 充分发挥教师在课程"三度"建设中的作用

虽然在整个教学过程中强调以学生为主体，然而教师的作用不容忽视，也无法替代。教师直接关乎课程改革的成败。

教师在课程改革中的地位和作用体现在三个方面：首先，教师是课程的研制者。课程要想上好、能够符合本科人才培养的要求，首先就要对本门课程进行研究。研究其在人才培养规划中的位置、地位、作用；研究其重难点；研究其章节结构。因此，无论制作教学方案还是制订教学大纲，都得由教师来完成。第二，教师是课程实施者。教学活动的组织、教学手段的运用、教学内容的讲解，都需要教师来执行。第三，教师是课程评价者。一门课程最终是否取得了理想的效果，学生的接受程度如何,教材是否很好地配合了课堂教学,教学手段是否调动了学生学习的兴趣,教师是最有发言权的人。正是因为教师在以上几个方面具有不可替代的作用,因此在课程"三度"建设中也一定要充分发挥教师的作用。

要发挥教师的作用需要特别注意两点:

(1) 提高教师的责任意识。高校承担着培养人才的重任,而具体的培养过程则主要由教师来实施。高校教师不仅要做好科研,教书育人更是基础和根本,只有站稳讲台,站好讲台,才能体现自己的职业价值。而就"三度"建设而言,课程饱和度、深度、学业紧张度都需要教师投入更多的时间、精力去认真找寻教学的规律、研究教学内容和方法。因此,责任意识是必不可少,而且是十分重要的。责任意识直接决定了整个课程"三度"建设能否顺利开展并取得预期效果。

(2) 提高教师自身素质,树立终身学习的理念。高校教师要想上好一堂课,并不是简单的事情,除了经验的积累外,丰富的知识储备尤为重要。而当前的社会正处于日新月异的变化中,知识的更新和淘汰比历史上任何阶段都来得更加迅速。让学生更好地走向社会,培养能够和社会无缝对接的毕业生,首先就要传授他们当前社会最需要的知识、最及时的信息。以数年不更新的旧知识、老方法来教学,无疑是在误人子弟。而就汉语言文学专业来说,虽然知识更新与理工科专业相比速度稍慢,但也不是一成不变的。社会在变,热点也在变化,研究的具体问题也不同。哪怕是对同一个问题随着时代的变化也可以有不同的思考,不同的解读。以汉语言文学中的写作课为例,以往我们注重写作理论的讲授,而轻实践。现在为了提高学生的写作能力,更好地适应社会的需要,引入了创意写作的理念。而什么是真正意义上的创意写作,创意写作如何去教授,如何更好地组织课堂,教师自身是否具备教授创意写作的能力,这些都是需要教师去继续学习、不断提高的地方。教师只有认识到终身学习的重要性、必要性,才能不躺在历史的功劳簿上,不停留在已取得的职称、学历上,才能在工作中保持着积极性、主动性,才能让一门课程常教常新,让课程无论是对学生还是对教师自身都保持着持久的吸引力。

(3) 尊重教师的主体地位,创建自由、平等、和谐的工作环境。教师只有在实行民主管理、尊重个人价值、重视人的主体性的环境里工作,才可能将全部身心、精力投入到教学中去。重视教师权利与义务的统一是促使教师主体价值实现的关键。每位教师有自己的上课方式、备课习惯、研究方式,应该尊重教师个人的选择,尽可能给教师上课创造良好的外部环境,允许其去探索、去实践新的教学方法。

3.2　以成果导向型教学助推"三度"建设

在《三亚学院"三度"建设推进方案》中特别提到"要坚持成果导向,以学生学习产出和学习能力提升作为评价课程的主要标准,通过课程的学习,教会学生学会学习和自主学习,提高学生的专业知识、专业方法、专业技术和专业能力,并有助于学生的专业成长和今后的职业发展"。

为什么要坚持成果导向呢? 有三个方面原因:从学生角度来讲,成果能够激励他们的学习,让他们尝到获得知识、取得成果的快感,从而更好地去学习,形成良性的学习惯性;从教师的角度来讲,成果可以让教师更深层次地思考本门课程能够带给学生哪些知识、培养他们什么样的能力,为他们今后走上社会起到什么样的作用;从教学管理的角度来讲,成果导向也可以更方便、更客观地对一门课程做出评价。

当然,成果导向需要首先明确成果是什么,汉语言文学专业因为学科性质的关系,所以成果不能以一项发明或者专利来定义,我们也不能把学生个个都培养成作家、诗人,要求其著作等身,但一份策划书、一份实施方案、一则新闻通讯、一堂语文示范课、一份令用人单位满意的服务还是可行的。每一门课要结合课程性质和学生的特点在合理的范围内确定其成果。

与成果导向型教学模式相适应的就是教学方法的调整和对教学过程的重新设计。参考汉语言文学专业一些课程前期的经验以及同类院校的一些做法,可以把整个教学过程分为任务、准备、行动、检查评估、展示五个步骤。以汉语言文学专业基础课程"中国现当代文学"为例,可以对这五个步骤做简单说明:第一步,引入任务。任务的设置需要考虑课程的教学目的。就"中国现当代文学"来说,教学目标在于进入 20 世纪以来的历史语境和文艺生态环境,掌握中国文学的现代转型,以期学生获得中国现当代文学史的基本认知;强调走进文本世界的专业阅读,深入考察重要的作家、作品,以培养学生的文学感悟力与审美力;放眼 20 世纪中国文学乃至世界文学的整体格局,对中国现当代文学的发展趋向和思潮、社团、流派等文坛现象做多维度的诠释,认识当代文学创作的经验、教训与发展规律。了解整体教学目标后,在介绍现代戏剧的章节中,我们可以进行一次现代经典戏剧课堂表演与评论为主题的活动。此次活动以小组为单位完成,各小组成员之间要求分工明确,既要有表演,也要兼顾评述。这样的活动可以调动学生的学习热情,在经典戏剧的表演中回顾现代戏剧百年以来走过的道路。当然,教师在布置任务时要对任务进行详细说明,要有非常明确的细节要求。第二步就是学生的准备阶段。学生可以自己按要求组队、分工,查找相关资料,确定表演的戏剧作品,并深入了解戏剧作品的发表年代、作家情况、产生影响、历史意义等方面的背景知识。第三步就是行动,将前期准备付诸实施。包括脱稿的戏剧排练,PPT的制作、讲解。根据情况处理各种需要解决的问题。第四步是检查评估。教师需要及时跟进,了解各小组的进展情况,特别是存在的不足之处和偏差要及时纠正。最后一步是展示,将前期准备的成果在一个合适的时间地点按原定计划展示出来,寓教于乐,以学生为主体,教师起到辅助及掌控全局的作用。当然以上只是"中国现当代文学"课堂教学中的一次小的任务,这五个步骤也仅是一个大致的框架,具体到每一门课,每一项工作、任务还需要有针对性的详细规划。

而在成果导向型教学实施过程中,专业层面也是可以有所作为的,一方面检查、督促课程的正常实施,另一方面提供服务,尽可能创造条件帮助教师达到既定目标。前一方面,专业层面可以在开学之前和任课教师进行充分的沟通、确定本门课程的成果以及展现形式。以汉语言文学专业基础课程"创意写作"为例,在课程开始之前专业层面就可以要求任课教师在学期结束时提供一本学生的作品集。"古代文学"可以承办一场古典文化的知识比赛,或者完成一个中国古代诗歌与信息的采集项目等。总之,专业层面提前和任课教师沟通,将任务以一种可视化的载体明确下来,专业负责监督任务的落实推进。当教师教学实施过程中遇到瓶颈、困难时,专业可以集思广益,一起想办法,或者积极与有关部门沟通协调,克服困难,保障教学构想的顺利实施。

3.3　改革考评方式,调动学生学习的主动性

汉语言文学专业课程知识性强、理论性强,其考核方式多以传统闭卷考试为主。优点是可以促进学生对基础知识的记忆,实现课程教学知识目标。然而弊端也很明显,存在着考核形式单一、题型陈旧、考核知识面有限等问题。对于不少学生来说考前一个月的突击背诵,完全可以蒙混过关。这样既不利于全面客观地考核学生对一门课程的掌握情况,也会在一定程度上抑制学生的学习积极性。因此,为了更好地调动学生学习的主动性,可以在考评方式上进行一些调整。

(1)建立学习评价档案,采取多角度多形式多次检测的考核方式。突出课前预习、课后学习以及作业完成情况的考核,通过课堂提问、提交读书报告、背诵作品、专题讨论、课程论文写作等方式检验学生学习情况。同时建立学生课堂学习评价档案,贯穿于整个教学过程,详细记录,综合评价。

(2)实行过程性考核和期末考试相结合的考核制度,综合评定学生的学科成

绩。试卷成绩所占比例可以依照每门课程的性质及教学目标来设定,在出题的形式及内容方面也可以更加多元,更富有时代气息,努力将知识性与应用性更好地结合。

(3) 适当加分,对于一些表现优异,取得突出成绩的同学,比如在全国核心期刊公开发表与本门课程相关的研究性学术论文,或者文学创作获得国家级奖项都可以考虑适当加分或者直接免考,以调动学生学习的积极性、主动性、创造性。

当然考评方式还有很多种,每门课程的性质不同采用的考评方式也不尽相同,可以允许任课教师进行大胆探索,不断总结、不断改进,一定可以找寻到最为恰当、有效、科学的方式,切实调动学生学习的主动性。

(人文与传播学院　胡冬智)

俄语专业课程"三度"建设可行性研究

为贯彻落实教育部本科教育工作会议精神,积极响应学生生源结构变化内环境,有效实施"以学生为中心"发展战略,紧扣提高课程质量目标,持续聚焦课程建设,三亚学院决定推动课程饱和度、深度和学业紧张度建设(即课程"三度"建设)。"十三五"期间,围绕提升学生竞争力,促进学生成长成才,提高学生的学习能力和学业水平,俄语专业的教学工作持续聚焦在课程建设,从人才培养方案的修订、课程体系对标"五种品质"、课程大纲国际化、核心课程小班化等方面进行了连续的、系统的教育教学改革。

1. 专业特色为课程"三度"建设提供坚实基础

三亚学院俄语专业是海南省特色专业,坚持"俄语+"模式,培养高竞争力俄语应用人才。三亚学院自 2006 年起首开俄语翻译导游专业,共招收学生 36 人;为适应海南省地方经济的发展,2007 年改为俄语(旅业商务)专业。专业特色是:①以经济发展需求为出发点,以"俄语+旅业商务"的复合型专业和培养复合性、应用型俄语人才为特色,建立有特色的"外语+专业"的人才培养方案和模式。②借助地缘优势,与俄罗斯莫斯科国立大学、俄罗斯沃罗涅日国立大学、哈萨克斯坦阿拜国立师范大学等知名大学合作办学,以互派本科生学习、本硕连读、硕博连读、教师互访、科研与项目合作等多种形式,建立一个多形式、多途径、有影响、有实效的国际合作办学模式。③据行业需求和就业市场需求,开设并实时调整以俄语语言知识为基础,以旅游、酒店、商务知识为专业的理论及特色实践课程体系,建立长期稳定的实践教学基地,通过"校企合作""校校合作""院院合作"服务社会,共同培养应用型人才。

俄语专业以招生促培养、以培养促就业、以就业促招生,推动人才培养工作的全面良性联动。定期开展毕业生和用人单位跟踪回访及人才市场需求调研等工作,适时调整课程设置及人才培养方案,及时把人才培养和社会需求有机结合起来,促进人才培养质量、就业质量不断提高。

2. 师资力量为课程"三度"建设提供有力保障

作为海南省级特色专业,雄厚的师资团队为课程"三度"建设提供了有力保障。

外国语学院俄语专业形成了以学科建设吸引人才,以人才建设加强学科建设的良性互动机制。经过努力,培养造就出一支不仅具有一定数量,并且在年龄、职称、学历、学缘结构上合理,具有创新精神、充满活力、团结合作的雄厚师资团队。外国语学院俄语专业共有外籍教师3名,中国教师6名,其中3名教师为博士,其余教师全部为硕士;职称方面,教授2人,副教授2人,讲师5人;年龄结构,55岁以上老教师3人,中年教师(36~50岁)3人,青年教师(36岁以下)3人;学缘结构,9名教师全部毕业于俄罗斯或中国知名院校的俄语专业,如莫斯科国立语言大学、俄罗斯远东联邦大学、俄罗斯沃罗涅日国立大学、武汉大学、黑龙江大学等,并且5名中国教师具有赴俄留学研修的经历;俄语专业培养出两名双师型教师,分别受聘于海南省对俄旅游发展知名企业。特别需要提到的是我们的三位外籍教师,都是高学历、高职称且从事对外俄语教学25年以上,可以说对外俄语教学经验非常丰富。

为加大对中青年教师的培养力度,造就一批有创新能力和发展潜力的中青年学术带头人和学术骨干,努力提高师资队伍的整体素质,学院和专业贯彻思想政治素质和业务水平提高并重,理论与实践相结合,按需培训、学用一致的方针,坚持以教学科研第一线中青年教师为主,优先支持有发展前途的中青年教师通过岗位培训、单科进修、学历学位进修、参与学术交流、专业实践等多种形式提高专业水平和自身修养。

3. 小班教学、通识核心课改革成果为课程"三度"建设提供依据

俄语专业的"俄语翻译理论与实践"和"俄语模拟导游"两门课程分别申请了三亚学院第五批和第七批小班授课教学改革,并取得良好的效果,同时在全校范围内开设了三门通识核心课程。

基于"互联网+"的时代背景,针对应用型本科院校"俄语翻译理论与实践"课程,从更新教学理念和教学内容、创新教学互动模式、改革考核方式等多个角度进

行混合式教学改革研究,并基于教学数据对教学改革效果进行评估。通过数据分析认为,基于互联网智慧教学平台和互联网资源的混合式俄语翻译理论与实践课程在整体教学效果、学生学习效果、师生互动、翻译能力训练方面都取得了较好的成果。课程改革有助于俄语翻译能力的培养,学生的语言对比思维、翻译意识有较大提升,针对多义词理解、句子结构分析、理解翻译中文化现象等能力明显增强,对翻译实践的参与度有明显提升,畏难情绪明显降低,教学改革获得预期效果。"俄语翻译理论与实践"课程的教学改革过程中,针对该课程具有理论性和实践性都很强的课程特点,结合学生特点和国内外教育理念,基本形成了基于翻转课堂理念的混合式教学模式构建。在课程的建设过程中针对不同专题特点,有效兼容了翻转教学和混合式教学的模式,同时对课程教学内容进行了重新取舍和重新设计,较大程度上提高了学生的学习兴趣和学习效率。

"俄语模拟导游"课程是俄语专业涉外旅游方向的核心课程,是一门综合模拟实训课程。该课程遵循学生职业技能培养的基本规律,以校企合作共同培养应用型俄语涉外旅游人才为指导思想,以俄语导游工作流程为导向,设置俄语导游员的操作技能和智力技能两大模块化教学内容。课程教学理念、教学内容、教学组织形式、课程考核方式等方面都结合课程和学生实际进行了全面的小班教学改革。在整体教学效果、学生学习效果、师生互动、俄语导游工作实际操作能力训练等方面都取得了一定的成果。"俄语模拟导游"课程遵循学生职业技能培养的基本规律,以校企合作共同培养应用型俄语涉外旅游人才为指导思想,以俄语导游工作流程为导向,设置俄语导游员的操作技能和智力技能两大模块化教学内容,分别由 7 大项目、6 大任务组成。操作技能模块是对俄语导游工作基本步骤的认识,其中包括俄语导游服务礼仪、带团工作的规范化服务、制订俄语团队行程计划、旅游沿途活动设计与组织等;在智力技能模块中主要进行自然景观和人文景观的俄语景点讲解训练,录制三亚及周边地区主要景区(南山旅游文化区、南湾猴岛、槟榔谷、呀诺达热带雨林公园、南田温泉、蜈支洲岛)的俄语语音播报,模拟应急情况处理训练。每一个模块都附有小结、案例分析、复习思考题等供学生选择使用。

面向全校开设的通识课程"中俄教育发展比较史"建设,在总结国内外经验的基础上探索了应用型高校通识课程的建设路径,重点研究了通过通识课程内容设计、教学资源建设、丰富教学互动、优化考核体系等手段培养学生的历史观与比较思维。

4. 稳定优越的国内外实践平台为课程"三度"建设成果提供反馈意见

　　知识来源于实践,能力来源于实践,素质更需要在实践中养成。外国语学院俄语专业树立实践教学是与理论教学同等重要的培养应用型人才主要渠道的观念,优化资源,打造高水平的实验实践教学平台,多途径培养学生的能力和素质。

　　为了培养具有高竞争力的应用型俄语人才,提高学生的语言运用能力和实际工作能力,俄语专业充分利用优越的校内和校外资源为学生创造了良好的实践教学平台。三亚学院建有俄语数字语音实验室、俄语中心,定期邀请俄语专家和相关行业高层领导进行交流讲座,提高学生语言应用能力,开阔学生视野。同时,俄语专业老师和外教在授课之余,也积极指导学生开展丰富多彩的第二课堂活动,创建俄语合唱团、俄语诗歌朗诵班、俄语话剧班,组织俄语角、俄语会话、俄语演讲比赛、双语(英、俄)演讲比赛、翻译比赛、征文比赛、系列学术报告等活动,多种举措共同打造了一个"以学生为中心"的实践教学体系。

　　学生在校学习期间,能够参加全国俄语大赛、海南省俄语翻译大赛,展示个人才华及能力,并且可以凭借优异成绩申请中国国家留学基金委公派留学名额。同时我们会联合企业、高校共同举办多项的省级、校级俄语竞赛,获奖者将有机会赴俄罗斯及哈萨克斯坦等知名高校留学 6~12 个月或被企事业单位提前择优录取。俄语专业通过多渠道培养具有创新精神、实践能力与国际视野、人格健康的复合性、应用型俄语人才,提高学生的语言运用能力和实际工作能力,充分利用优越的校内和校外资源进行"校企合作""校校合作""院院合作",为学生创造了良好的实践教学平台。俄语专业先后与海南多家高星级酒店和大型企业建立了实训基地,提高学生与俄罗斯人交往的实际能力,丰富学生的实践经验,不断增强自身的就业竞争力。

　　特别值得一提的是专业实习与毕业实习的专业切合度很高。例如,俄语专业选派 18 名 2016 级学生赴俄罗斯国立沃罗涅日大学进行为期 14 周的专业实习。本次专业实习与 2016 级俄语专业教学计划中"专业实习"时间安排相同,是具体落实三亚学院育人理念、实现外国语学院人才培养目标的重要环节之一。具体实习目的如下:①增强学生对俄罗斯社会、国情、专业背景的了解;②加强理论与实践的联系,促进学生巩固和运用所学有关旅游和商务的专业知识,增强俄语的实际应用能力和跨文化交际能力;③培养分析问题、解决问题的实际工作能力和创新精神,提高社会适应力和可持续发展能力。专业实习共计 210 学时,主要开设课程有两个方向,即文化实习和实践实习。其中文化方向的课程有俄罗斯文化、沃罗涅日区域文化、俄罗斯各区域文化、俄罗斯作曲家及作品赏析、俄罗斯的绘画历史、俄语语音实践、视频培训等;实践实习包括沃罗涅日市旅游资源及中俄商务往来调研、沃罗涅日州旅游资源及中俄商务往来调研、俄罗斯其他城市旅游资源及中俄商务往来调研。学生需要在每周提交一篇俄语实习周志,实习结束后提交实习报告(不少于1 500单词)。

毕业实习改革了课程模式,为实际就业能力提高做准备。例如,毕业实习期间,学生可以选择赴俄罗斯进行相关主题实习,为就业或者升学进修做准备。在学生毕业实习期间,可以选择俄罗斯对外俄语等级考试的相关内容进行培训,培训结束后,提出参加相应等级考试,并且在此期间方便学生为研究生入系考试做充足的准备,如准备相应课程考试、课堂听课体验、指导教师的选择、攻读专业选择、高校选择等。

5. 俄语专业课程"三度"建设的工作重点

5.1 制订专业整体规划

根据《三亚学院课程"三度"建设指导性意见》文件相关要求,科学合理制订专业课程"三度"建设整体规划和具体实施方案,从专业核心课程开始进行课程"三度"建设,最终覆盖所有专业课程,做好整体设计、建设规划和具体落实工作。课程"三度"建设要根据俄语专业的人才培养目标、课程在专业课程体系中的地位和作用,以及课程本身的特点,有效选择课程改革建设的切入点,适当选用教学内容、教学方式和考核方式,进行课程的再研究、再开发和再设计,不断积累,持续改进,形成课程特色。俄语专业保持现有人才培养方案、专业课程体系架构不变的情况下,专注于核心课程的"三度"建设,主要从现有人才培养方案中的学科专业基础课和专业核心课中遴选专业核心课程,优选"双高"教师为主讲教师。

5.2 有效进行质量监控

以教师教学和学生学习过程为切入点,重视学生学习效果的跟踪评价。定期开展课程建设评估工作,注重教学反馈。定期开展学生座谈,了解学生需求。课程"三度"建设要坚持成果导向,以学生学习产出和学习能力提升作为评价课程的主要标准,通过课程的学习,教会学生学会学习和自主学习,提高学生的专业知识、专业方法、专业技术和专业能力,并有助于学生的专业成长和今后的职业发展。

5.3　优选教学方式、优化考核方式

教师可根据课程特点,打破先理论后实践的传统思维,将理论与实践教学同步设计,鼓励符合条件的课程,逆向进行课程安排,将实践环节提前,使学生先动手获得直观感受,造成理论的"缺失感",激发学生对理论学习的渴望,调动学生的积极性和主动性。改变"照本宣科""满堂灌"的落后教学方式,鼓励教师因课制宜,因材施教,推进信息技术与课堂教学深度融合,注重课内与课外相结合,科学运用混合式教学、翻转课堂、项目合作、探究式学习、游戏化学习等多种教学方式方法,增加学生的参与度和参与感,提高学习效率和获得感,推动课程教学改革。引导学生将理论知识、实践能力的学习与实际生活、现实问题相结合,模拟真实情境,使学生体验所学知识在实际解决问题方面所具有的价值,加强实际操作,培养学生对专业知识应用的理解,学以致用,激发学生学习兴趣。

课程考核方式的设计应能较好反馈学生学习目标的达成度。鼓励教师降低知识性考核题目比例,采用开放性问题、实际应用问题等考查学生综合素质的试题。鼓励"非标准答案考试",促进学生深度学习,在命题时注重启发学生思维,在成绩评定时关注学生分析问题的能力和解决问题的思路,重在发挥学生创造力,激发学生灵感和创意、突出阅读比例、突出过程考核。

课程"三度"建设要坚持"以学生为中心"的理念,回归教育初心,把时间和精力放在学生身上,提高对学生的关注和投入,切实提高课程质量,切实提高教学效果,通过课程改革促进学习革命,成就学生梦想。

(外国语学院　吴亚男)

课程"三度"建设的价值主张及改革探索

为全面贯彻落实全国教育大会精神,加快形成高水平人才培养体系,培养德、智、体、美、劳全面发展的社会主义建设者和接班人,加快建设高水平本科教育、全面提高人才培养能力,新时代振兴本科教育已成为全国各界和有关部门的普遍共识。建设教育强国是中华民族伟大复兴的基础工程,高等教育是国家发展水平和发展潜力的重要标志。统筹推进"五位一体"总体布局和协调推进"四个全面"战略布局,建成社会主义现代化强国,实现中华民族伟大复兴,对高等教育的需要,对科学知识和优秀人才的需要,比以往任何时候都更为迫切。本科生是高素质专门人才培养的最大群体,本科阶段是学生世界观、价值观、人生观形成的关键阶段,本科教育是提高高等教育质量的最重要基础。办好我国高校,办出世界一流大学,人才培养是本,本科教育是根。建设高等教育强国必须坚持"以本为本",加快建设高水平本科教育,培养大批有理想、有本领、有担当的高素质专门人才,为全面建成小康社会、基本实现社会主义现代化、建成社会主义现代化强国提供强大的人才支撑和智力支持。

当前,我国高等教育正处于内涵发展、质量提升、改革攻坚的关键时期和全面提高人才培养能力、建设高等教育强国的关键阶段。进入新时代以来,高等教育发展取得了历史性成就,高等教育综合改革全面推进,高校办学更加聚焦人才培养,立德树人成效显著。但人才培养的中心地位和本科教学的基础地位还不够巩固,一些学校领导精力、教师精力、学生精力、资源投入仍不到位,教育理念仍相对滞后,评价标准和政策机制导向仍不够聚焦。高等学校必须主动适应国家战略发展新需求和世界高等教育发展新趋势,牢牢抓住全面提高人才培养能力这个核心点,把本科教育放在人才培养的核心地位、教育教学的基础地位、新时代教育发展的前沿地位,振兴本科教育,形成高水平人才培养体系,奋力开创高等教育新局面。

1. 课程"三度"建设的改革探索

1.1 课程"三度"建设的价值内涵

"三度"是对课程质量的规范要求,是禁止"水课"的重要着力点。对于目前的本科人才培养质量难题,课程"三度"建设是确保人才培养质量的关键。

1)饱和度

长期以来,传统的本科课堂教学的内容设计过于依赖教材,而教材自身的更新速度偏慢,无法反映现实的新发展、新问题和新理论。造成学生课堂所学与实际应用的联系不够紧密,出现不同程度的脱离问题。新时代本科课堂教学应更多促进教学内容饱和度提升,借助新技术、新形式来丰富教学内容,在基本的教材理论知识之外,引入拓展阅读书目、期刊文献、研究报告等,融入课堂教学设计中,让同学们熟悉学科专业背景、实践应用环境、社会职业要求等多个维度。同时,由于课堂时间有限,部分教学内容可以在课前或课后以学业任务的形式加以推进,或者运用在线课堂、慕课等形式组织学生自学。但课前课后的学习任务需要一定的检验反馈,不能完全忽视学生的学习情况。尤其是对于学科经典书目、高级别期刊文献等理论偏强的文献阅读应加大检查。部分应用型专业的同学对实践性课程兴趣较大,但对理论性课程缺乏耐心,而必要的、扎实的理论功底是职业长远发展的基础,更是学生良好的学习习惯养成的训练过程,所以通过阅读心得的交流、汇报等形式改进课程饱和度。同时,理论运用需要结合实际,在课外学习中布置学生关注、思考和分析现实问题,利用所学课程知识来研究现实问题,发展理论知识的应用价值所在,并在课堂上进行分享,也能为未来职业发展创造前期的经验积累。

2)紧张度

信息时代,学生获取知识、资讯的渠道更多,条件更为便利,照本宣科的教学形式已无法激发学生兴趣。在课程内容饱和的同时,应有一定的学业紧张度,适当的紧迫感会促使学生投入更多时间、精力。课程考核设计是提升学业紧张度的主要路径,但并非是最终目的。之前的考试考查多以期末论文、调查报告或闭卷为主,并不关注学生平时的学习表现,学生也多是期末临时抱佛脚或依赖老师的期末复习,学生的真正收获较少,对成长不利。所以,可改变课程的平时与期末的考核比重,增加平时学习的过程测评势在必行。同时利用学生的好胜心自尊心,在同学之间开展平时学业的反馈评价,激发学生上进心,形成"你追我赶"的学习氛围,有助于良好学风的塑造。也可以利用新技术,例如微助教来动态公布每位同学的平时成绩,让同学们看到自己的表现以及与其他同学的差距,形成无形的紧迫感。此外,期末考试不再统一复习,而是依据教学大纲将所考核的内容分散在平时的学习与训练之中,减少学生对期末复习的依赖。另外,鉴于学生尚不具备良好的自觉性,可设置学习过程中的具体目标、任务和检验形式、时间节点,并提前告知学生,让学生认真准备,在规定的时间点提交符合标准要求的学业成果,起到对学生的督促作用。

3) 深度

任何一个学科专业均有其缘起、流变及前沿创新,课程仅是学科专业中相对成熟的基本构成。未来职业发展是依托完善的课程体系来培养学生的综合能力和素养。在单门课程的教学中,还依托主要的学科体系知识,例如新兴的学科起源于其他学科的创新演变和实际发展,在自身的成长期,发展不够成熟,所以除了基本的知识理论,还应有更深入的学科积淀作为课程根基,像旅游学对管理学、经济学的依赖。同时,旅游管理类专业的应用实践课程相对多,与实际联系紧密,但应用背后的理论支撑和学理背景更需要有深度理解,才能让同学们在职场发展中具有核心竞争优势。例如,餐饮、房务、礼仪、茶艺、酒水等在掌握实践动手操作的同时,应从管理角度反思操作的价值及创新,从经营管理者视角出发看待问题,但学生多处于深度思考的惰性区间,需要认真组织和激发学生的深度思考,可考虑在考核环节设置加分项,对能深度思考并优质完成学业任务、参加第二课堂或比赛项目的给予加分,因为,专业比赛项目是体现综合能力和水平的良好锻炼机会,也是课堂教学在相对真实环境中的应用,更是反映深度思考价值的平台。同时,通过组织学生参加专家学者讲座、行业高管讲座等形式,与课程结合,促进学生深度学习和提高自我。

1.2 课程"三度"建设的改革思路

1) 以学生为中心的因材施教

课程建设的目标是服务于人才培养,教学改革需要围绕学生为中心,找到学生关注点、兴趣点,因材施教才能达到应有效果。而不同专业学科的性质之间差异较大,课程定位及作用也有不同层次的要求,而课程体系是有内在逻辑的,需要存在前后顺序以对应不同年级的同学,且学生的学识基础、课程性质也是影响课程"三度"建设的主要因素。所以,有些课程需要加深难度,有些在饱和度上应有反映,有些课程还需要进一步提升学生的学业紧迫度,以避免一刀切的统一模板化。例如,对大一同学,老师应在了解他们的学识基础上,根据课程性质来设计"三度",对核心基础课可加大饱和度和深度,引导学生形成良好阅读思考、分析写作的专业习惯;实践类课程则需要提升深度,主动挖掘应用背后的知识以及与其他课程的关联;工具方法类课程,例如英语、计算机、中文写作等旨在培养学生运用工具的能力和信息素养,应给予学生更多的练习机会,饱和度要有保证。此外,对于低年级同学的课程,应突出宽口径和厚基础,突出课程饱和度;对高年级同学,应提升课程的深度,这样的建设思路将更符合学生的成长规律。

2) 熟悉专业学科及课程和教学方式方法

课堂设计的前提是教师对专业学科及课程的深刻理解,并对"三度"的价值意义给予充分的认识,明确所在专业人才培养的目标、课程体系结构,以更好地、具体地优化设计课程内容。另外,要求教师在设计教学中,整理出丰富的教学内容,保证饱和度,并适当延伸课程的深度,不停留于简单的一般知识,而是能追溯到学科的源头、流变或基本原理的现实指导意义,并且关注现实发展动态,能用专业理论有意识分析具体问题。在教学方式方法方面,教师以课堂设计、引导组织、辅导答疑为主,将课堂由教为主转变为学生学为主,让学生行动起来,积极参与到学习过程中,更多时间是学生学习、发言、汇报、讨论、写作,老师以基本说明、引导、分析、概括、点评为主。所以,需要老师创新教学方式方法,设计理论联系实际的命题与内容,布置理论知识与行业现象的问题给学生,以多元化方法、手段来激发学生兴趣。例如微助教的工具技术等,多采用开放式的讨论、汇报、写作等,鼓励学生创新思考并给予奖励。

3) 以科研成果反哺教学

"三度"建设需要有一定的前沿成果做铺垫,科研是对专业学科中热点难点焦点问题的深度分析。高校教师不仅是知识搬运工,更是加工者和传承创新者。所以,教师有责任参与到科研工作中,开展深度的思考分析和成果创新,将科研的成果融汇入教学之中,使学生在学习知识、专业技能方面能够与时俱进。尤其是新兴学科与受技术驱动变革较快的学科,例如互联网、人工智能、大数据等。此外部分学生未来走向高级管理岗位或者以后进修学习,科学研究的基本素养和方法需要在本科阶段有一定的锻炼。通过融入科研成果或者以小项目形式组织学生主持或参与特定的研究课题或创新项目,这也是"三度"课程的良好体现,也可以让学生志愿参加到老师所主持的科研项目中,熟悉项目、论文写作的完成过程,为未来发展创造条件。而且科研素养一方面需要实际参与交流,另一方面前期的积累依然很关键,布置学生完成阅读书目、文献的任务是养成专业思维必经之路,以此让学生掌握必需的知识,也鼓励学生自发组织专业课学习小组,相互交流、监督是良好的形式之一。

2. 课程"三度"建设的协同机制

课程建设是人才培养的关键,它同时也离不开多方面的配合支持,需要完善相关的协同机制。

2.1 基于学情的教学相辅机制

"三度"建设的因材施教必须对学生的学情有切实把握,包括公共基础课学业、专业课基础、学生文理课比例、对学习的态度兴趣、对专业职业的看法及规划等。学生来自全国各地,家庭背景、学业基础、认知的差异是不可避免的。因此,有必要与学生工作的部门、老师配合关注学情及动态变化,对学业困难、学习习惯不佳的同学给予更多关注。因为,"三度"不仅是对课程的要求,也要考虑作为承接主体的学生,他们对"三度"的理解感知一定存在差异,有的感受简单容易,有的则感觉复杂困难,甚至对老师的变革或要求标准的态度不一致,有的支持理解,有的沉默抵触,所以也要通过学生工作来宣传引导,让学生配合和参与到"三度"课程建设中,引起学生的重视,唤起学生参与的热情。此外,对"三度"建设过程中的学情及时与思想导师沟通,以便更好地完善改进"三度"建设的方法思路,真正让"三度"成为教学新常态。

2.2 教学改革的包容机制

改革是不同于常规的创新之举,是对旧规则的变革,更是一种大胆尝试,所以,经验不足是难以避免的。教学改革由于缺少成功经验,可能会有多种不足,例如"三度"的程度可能过强或者依旧不够,学生的学习效果可能呈现波动变化,或者不够理想。改革不是一蹴而就的,可能需要相对长期的积累过程,让"三度"成为常态更多是让师生在心理上对"三度"有牢固的意识和支持,根本上树立良好教风和学风的要求。而这个目标的实现需要师生共同努力,并能包容改革中暂时的不足之处,给予师生更多更大的尝试空间,对于方向正确的改革一定要坚持,即便是学生成绩不理想,课堂反馈不佳,也要发挥包容机制的作用,认真分析和查找原因,实事求是,帮助、指导任课教师之间相互交流提升,而非对老师的改革探索过多干预和指责。包容机制体现在教学管理、考核等多个环节,让老师放开手脚积极创新,而不是畏首畏尾、因循守旧,否则只会让教学改革和课程"三度"建设受阻。同时,包容机制也反映在教学的过程中,鉴于教学的不可逆特性,可关注改革带来的良好变化,未必停留于最后的一次考试,因为持续的改进提升是课堂效果提高的必要之环,理应给予重视,而且过程是营造学习、教学氛围的关键。

2.3 完善的配套保障机制

"三度"建设需要在师生共识的条件下开展,此外还需要有完善的多方保障。首先,教学设施设备应符合教学需要,例如必要的教学软件、配套设备、教学器材等。现代信息化教学的普及率越来越高,混合课堂、线上教学都将成为大势所趋,这需要具备完善的设施设备条件做硬件支撑。其次,课程考核的有效保障机制,因为"三度"对平时的教学较为重视,所以加大平时的考核比例也是课程管理的保证条件,这可以促进学生平时的学习紧迫度。再次,教辅资料的购置保障要到位,除了主讲教材,涉及其他的辅助教材、文献资料等。在给予学生一定自主购买的选择同时,缺少了必要的约束,依然有部分学生尚未购置教材,或者以查找不到和无法购置为由,并未开展课堂所需要的文献资料阅读。因此,有必要规定必须准备主讲教材,并按要求阅读教材及相关资料,部分是网络电子文献,部分是纸质图书,尽量以图书馆现有的资料为主,以便学生查找。此外,教师收集到的电子资源可以提前分享给学生学习,拓展阅读部分的内容可以多元化,单一有限的图书资料无法满足所有同学的学习需要。最后,丰富课外第二课堂的学习构成,开辟多种学习的渠道路径,将学术讲座、高管讲座纳入教学课堂内容,以便让学生开阔视野,丰富知识。

3. 结论

"三度"是顺应新时代本科教育质量提升的重要抓手,为更好地推进"三度"建设,有必要充分认识其价值主张,明确"三度"的内涵及建设要求,并应从因材施教、熟知课程、创新方式方法、科研反哺教学等方面设计"三度"课程,同时在教学相辅、包容改革、完善配套等方面创造有利的保障机制。课程"三度"建设需要师生共同参与,更需要教学管理的优化支持,在持续完善中形成良好的教风、学风,提升学生核心竞争力,以更好地走向社会。

(旅游与酒店管理学院　鲍富元)

基于"三度"角度构建有效课程教学的思考

1. 课程教学"三度"建设的必要性

1.1 专业人才培养的要求

高等院校兴办高尔夫专业教育开始于 20 世纪 90 年代,几乎是与高尔夫运动发展同时起步,目前已有上百所院校培养高尔夫专业人才。伴随着高尔夫教育的快速发展,高尔夫专业教材建设也经历了从无到有、从少到多,其质量也在逐步走向成熟,目前各类型教材已达百多本,增长速度非常快。在中国高尔夫教育的办学形式中,主要存在四种办学形式:境外合作、校企合作、校际合作、独立办学。其中,本科和研究生院不涉及校企合作、校际合作,独立办学形式以本科居多。国内院校高尔夫专业培养人才主要集中在俱乐部经营管理、赛事组织管理、教练员和运动员、草坪管理、球场运营管理等。高尔夫行业一直呈现出对专业人才的高需求,需求存在差异,人才培养与市场需求之间存在矛盾:高端人才需求较大、低层次人才供应过多。因而,本科高尔夫专业教育之质量竞争即"以学生为中心的发展"将是人才培养的重要关注点。随着人口红利的逐步消失,学生生源结构发生了变化,开设高尔夫专业院校数量自 2014 左右年达到峰值后,增长数量趋于稳定,个别地区(如海南)开设院校总数和总体招生规模在缩减,专业现在已经进入了以"质量"取胜阶段,专业建设中课堂教学质量的提升迫在眉睫。我校作为民办独立本科院校,2005 年高尔夫专业建设以来一直以培养行业中高级管理人才为目标,2018 年由旅游管理专业转至休闲体育专业招生,专业人才培养目标重新调整,如何从休闲体育专业角度思考建设课程饱和度、课程深度和学业紧张度,即"三度",是新形势下专业人才培养的要求。

1.2　课程教学建设的要求

课程是教学工作的基本要素,是构成人才培养方案的基本单元,是专业人才培养规格的基本构建,也是实现教学目的的基本保证。课程教学既是决定一所学校人才培养和教学质量的最基本要素,又是师资、生源和管理水平等的综合反映。目前国内上百所院校开设高尔夫专业,约三分之一院校依托体育专业方向培养人才,开设高尔夫专业的院校与高尔夫球场在中国分部基本一致,集中在华南、华东等沿海省份,我校休闲体育专业下设的高尔夫专业方向,面临的竞争十分激烈。在学生生源结构发生变化的今天,思考课程饱和度、课程深度和学业紧张度"三度"建设,一方面是落实教育部本科工作会议精神,另一方面也是实施"以学生为中心"的战略要求,同时也是课程教学建设下提高课程教学质量目标的要求。

1.3　课程教学本身特质的要求

休伯曼(Huberman,M.)提道:随着教育知识的积累和巩固,教师改革的尝试与自我评估之间会给其职业生涯带来课堂教学的困惑,该困惑、自我怀疑会随着"教学相长"直至轻松、自信地完成课程教学。我校大部分教师处于刚迈进该职业生涯周期期间,即处于成长迈向成熟期。课堂教学的困惑源自其本质的复杂性。其复杂性主要体现在授课内容(学科)、授课对象(学生)和授课主体(教师)三方面。学科发展具有前沿性,知识更新非常快,教师备足了授课内容,但储备的知识与学科之间仍存在差异,表现在对教学内容的全局性把握不足。再则,无论是个体学生还是群体学生,其发展水平、基础学识、兴趣、爱好、个性差异等都是复杂的、泛化的,都需要教师高超的智慧来确定教学的重难点,设计探究的内容和程序,预设教学情境(学生的困惑、生成的话题、教师参与的策略等)等设计整个教学过程。再则,是授课主体(教师)存在复杂性,教师认识到自我的内心世界,剖析自己、发掘自己,将自我投射到课堂教学中仍是艰难的。因此,课程教学复杂性的特点也需要教师教学相长,在"三度"方面进行教学改革。

2.　"三度"建设的建议

2.1　协调课程设置的饱和度

1) 以人才培养目标为基础

为了更好地实施每一门课程饱和度,课程设置就需要在"减法"与"加法"之间合理地协调。从专业设置角度来看,要基于人才培养目标设置课程,课程数量、课时与学分之间要合理。高尔夫专业是休闲体育下设的一个专业方向,课程设置依托休闲体育专业开设。其人才培养目标基于社会、行业需求和学科与专业要求而设定。人才培养侧重在:第一,体育与竞技运动相关工作的应用型人才培养模块,涉及体育基础理论与体育竞技相关课程;第二,休闲体育项目策划与指导相关工作的应用型人才培养模块,涉及体育营销与体育产业相关课程;第三高尔夫产业运营管理相关工作的应用型人才培养模块,涉及高尔夫产业管理基础理论与技能课程。

2) 以教学大纲为载体

具体实施每一门课程教学任务时,师生之间应遵循教学课堂、认真学与认真教的原则。由于诸多因素,大学中存在学生不认真学、教师不认真教,师生"混课"现象,这样难免让人为大学授课质量担忧。课程教学是人才培育目标实现的关键,一方面要求学生回归课堂、认真学,另一方面教师也需要守好三尺讲台、潜心教书育人。因此,教师设置课程的饱和度应以教学大纲为载体,潜心教学,从教学目标、培养要求、课程内容以及具体授课对象、要求阅读的书籍等予以系统设计。具体改革中,教师应以教学大纲为载体,全面、系统认真备课,从参考书、课前预习、教学内容、课堂检查、课后作业、课程考核方法、试卷等各方面进行深入的改革等。如根据教学内容,可以对学生提出明确具体的预习任务,提出相关的问题,让学生在课前准备。心理学家罗杰斯认为,教师设计的问题与学生的兴趣点间产生"碰撞",只有学生认为对这些问题对自己有意义时,才会认真对待教师提出的任务并自我、主动地参与到课堂学习中。

3) 教学方法匹配教学内容

课堂教学进度有要求,课堂授课时间有限定,在教学目标与课堂要求之间,教师储备足够的知识容量,优化教学内容,精心选择教学方法,增加课堂的饱和度,课堂教学的有效性也会提高。达到这样的境界,需要教师有深厚的知识储备,需要教师留心身边的事物,更需要不停地思考,精心地设计。课堂的饱和度是提高课堂有效性的决定因素。课程教学实施过程中的饱和度,还需要注意预习和课堂上安排的任务难易度。太难或者不在学生兴趣点的任务往往收效不大,因此,任务设计需要有一定技巧,同时在课堂教学中,还需要合理使用教学方法。如翻转课堂或者任务型教学中往往会安排比较多的小组合作活动,倡导学生参与到课堂教学中,让学生通过提前准备材料和教师在课堂上互动来促进学习。此类安排既可提高学生的主动学习和预习学习能力,又能培养学生的实践能力和创新精神。在课堂教学中,教师可以设计利于小组合作的活动,以达到培养能力的目的。但有些课堂活动看似热闹非凡,其实收效甚微,活动处于"浮动"状态,并未真正"互动"起来。小组活动成了课堂的装饰品和调味品,教学仅停留于形式和表层。以"体育旅游概论"为例,一门2学分、30课时的理论课程,教学过程中即考虑到学生参与,又要完成教学目标,难度不小,因此每一个45分钟的课程,若是学生参与人数较多即广泛参与了课堂教学且参与时间占到三分之一,课堂气氛活跃热闹,但有可能会忽视对教学内容的正确把握,忽视对活动的体验和反思,反而导致活动华而不实。因此,课堂教学中需要教师在设计课堂教学的学习任务和材料呈现阶段性出现,同时要注意两点:一是集中和保持学生的注意力;二是使学生明确了解材料的组成,以便有整体的方向感。也就是说在呈现材料前,教师应设计一两个关键问题,让学生带着问题有目的地去进行学习思考,做到有的放矢。

　　无论是案例教学、翻转课堂、项目导向等,均以挖掘学生的潜能、激发学生兴趣为着眼点,以实现教学目标和任务、有效实施教学大纲为目的,那么教学方法的有效使用对提高课堂教学饱和度也会有较大影响。

2.2　挖掘课程深度

1) 根据人才培养要求设计课程

　　从专业人才培养角度来看,对于课程教学和课程考核,应根据人才培养要求课程,设计课程知识的深度与宽度,充分衔接教学内容与教学大纲,努力挖掘课堂的深度。这需要思考知识容量与课程的饱和度,教学时间利用的有效率和学生负担的合理性。课程的深度与知识容量相关,课程的有效性也与课程知识深入及容量相关。根据要求设计的国际教学大纲,学习目标较重,课程资料和教学要求算下来任务量不小。一门课推荐的教材和辅助阅读书籍合计在3~6本左右,如果教师像传声筒一样,仅传授课本知识,不进行有效拓宽与拓深课程,透过现象挖掘背后的理论,很难满足学生的求知欲望。综合课程资料和融会贯通挖掘知识的深度,是提高教学效率有效途径。每节课都应该在教材与阅读书目基础上有所加深,增加课堂的容量,以提高课堂教学效率。即有效地将大纲上列的阅读书目融会贯通进入课堂教学中,有效延伸课堂的深度。不仅是完成课程教学,还应该留有疑问,继续探索未解决的问题。即下课的时候,一定要让学生带着思考走出教室,延伸课堂的长度,提高课堂教学的有效性。

2) 把握知识结构与学生的发展关系

　　"怎样看待知识,站在什么立场上理解知识的性质,如何把握知识的内在结构及其与学生发展的关系,究竟如何处理课程教学中的知识教学问题,的确是需要谨慎面对的问题。"因此,课程深度教学,要树立正确的知识立场,由表层的知识符号教学走向深度教学,从表面化的学生活动走向指向认知的实践活动,实现课堂教学基于知识学习而不是游离于知识学习之外的丰富价值。

3) 师生共建课程教学进程

加深课程深度,从根本来看重点在于教师的教学设计、教学理论水平与课堂掌控能力。但最终需要通过学生反映出来,课程教学最终目的还是为了人才培养服务。课程实施过程中,为了有效挖掘课程深度,还需要师生共同负责课程学习进程。一方面,教师要聚焦学生,深入分析授课对象特征,以学生为主体认真备课,思考教育,扎实教育理论,设计课堂教学内容;另一方面教师与学生一起共同营造教学过程,一同完成课堂教学。大学的讲堂是知识自由的殿堂,质疑、批判与探讨精神应存在,因而课堂教学设计中,还需要留有思考空间,将课堂教学延伸至课外。

2.3　合理增负,提升学业的紧张度

1) 宽进严出,严格学业管理

从目前的人才培养目标和教学任务、教学大纲来看,大学本科学生的四年学业任务是非常重的,但是具体实施过程中,学生存在把握不够紧的情况。因而可以考虑严格教学评价,剔除"水课",同时实行淘汰机制,给学生增负,严格学业管理,通过"宽进严出"提高大学教育质量,即大学生需要合理增负,提升大学生的学业紧张度。

2) 课程设置的合理性

学业紧张度与课程设置之间存在相关性。落实学业紧张度体现在合理增加专业课程难度、深度和增加课程饱和度和课程的可选择性,激发学生学习动力和专业兴趣。因此,如何有效衔接课程设置与学生学业之间的度是每一位老师都需要考虑的。而在不同类型的课程之间还存在区别,课程目标定位清晰、课程安排合理、课程评价体系健全与学生的学业紧张度也有相关性。因此,专业课程需要根据要求设置,注意课程目标与课程安排之间的衔接性和合理性。大一大二课程不应过于饱满,应留出一定的自主学习时间,大三大四也需要一定课程衔接上,不应过于松散,课程评价体系要体现出学生的学业紧张度。

3) 课程地图实施的有效性

课程地图从调研到绘制到实施已经有三年,但课程地图的实施还需要看到培养目标是否完成的有效性,学生能从课程地图上真切地看到每一阶段自己学习的进度与目标之间的差距,这可以让学生在四年学习中抓紧自己的学业。在课程地

图的实施过程中,需要围绕以学生为主来办教育,引导学生静心学习与思考,合理给大学生增负,从培养人才角度出发优化课程教育。

3. 小结

总之,课程饱和度、课程深度和学业紧张度的"三度"教学改革,无论是从课前教学的人才培养方案、教学大纲与教学目标的改革,还是教学实施过程中的教学大纲、教学方法、知识结构,以及课程教学进程中的课前预习、课中实施、作业反馈、考试检测等设计思考,抑或课堂教学评价几个方面,课程的"三度"建设需要从教学管理者到教学实施者提高认知,兢兢业业潜心教育,以学生为主,深刻把握课堂教学实施的效果与人才培养目标的达成之间的关系,认真踏实地完成课堂教学;也需要每一个学生认真对待学业,不急躁、不功利,静心学习。

(体育学院　吴兰卡)

如何理解高校课程"三度"建设

随着国家对高等教育的重视,中国高等教育"井喷式"飞速发展。截至2018年,中国大学生在校人数达到3 700万,全世界第一,全国各类高校达到了2 852所,位居世界第二。预计到2019年,高等教育毛入学率将达到50%以上,进入高等教育普及化阶段。但在高等教育快速发展的过程中,很多高校在本科教育培养过程中出现了通识教育理念缺失、以学生和学习为中心的教育理念落实不够、培养目标过于宽泛、轻教学等突出问题。再加上在高校里,无论职称提升还是年终考核,盛行唯论文、唯科研的要求,导致在高校中教师没有精力和动力关注教学,提升教学能力,学生学习没有目标,以不挂科、能及格为学习要求,进而出现了学生质量差,学校只能让毕业的尴尬现象。这种"严进宽出"的中国高校现象带来的后果非常严重,本科教育质量可想而知。在这样的背景下,为贯彻落实教育部狠抓新时代全国高等学校本科教育的工作,为适应新时期本科教育发展的新变化,三亚学院率先在2018年开始着手积极推动课程"三度"建设,这与教育部在2018年召开的新时代全国高等学校本科教育工作会议的要求不谋而合,也是有效实施学校学生为中心发展战略,对深刻提高教风和学风,切实提升本科教学质量和学业质量,全面提高人才培育能力具有重要的战略意义。

"三度"建设指的是提升课程和学生学习的饱和度、深度及全学业周期的学习紧张度。

第一,提升课程和学生学习的饱和度就是要求本科课堂教学内容要合理增加,对学生合理"增负",提升大学生的学业挑战度。如何达到提升课程饱和度,恰好就是教育部提出的"回归常识、回归本分"内涵,就是要让大学教育中的教师能够潜心教书育人,让学生刻苦读书学习。从教师角度来说,只有潜心教育才能深度思考课程教学内容与学生能力培养的关系,才能改革教学方法和教学形式,才能设计出反映前沿性和时代性的课程内容,才能把握教学内容难度,才能培养学生解决复杂问题的综合能力和高级思维,才具备实现"金课"的可能性。从学生角度来说,只有刻苦努力才能从网络的碎片化学习走向专业系统的学习,才能专注于专业课程内容,才能有对专业的认知和兴趣,才能有目的地积极地学习专业知识,才能从被动学习转到主动学习。

第二,提升课程深度就是挖掘本科教育要教什么,学生来学什么,学生未来能用到什么,这就和专业教学有很大关系。无论什么专业学科知识都是长时间积累建立的系统体系,不了解专业,不了解课程在专业中的地位作用,就会出现教师不知道怎么教、学生不知道怎么学的状况。本科教育中的"水课"现象在某种程度就是没有处理好课程在专业的地位层次以及与其他课程的关系,就是没有处理好教学内容与教学方法的结合问题所致。专业核心课程是学生专业入门的基础,强调要教给学生知道专业所必要掌握的基本思想、基本理论、基本方法和基本技术。专业核心课是一个专业中开设的富有该专业特色、以该专业中以及相对应的岗位群中最核心的理论和技能为内容的课程,要将其作为一门"学问"进行科学配置和合理教学,抓住专业核心课程就基本抓住了专业内涵,提升课程深度就应该是从专业核心课程入手,围绕专业架构深挖教学内容,课程设置要体现专业系统体系,课程内容选择基本理论和前沿性、时代性的结合,课程实施引导鼓励学生积极参与、质疑与批评,课程考核无论是平常作业还是学期考核增加一定难度。

第三,提升全学业周期的学习紧张度就是增加学生学习压力,改变学风,从"严进宽出"回归到"严进严出"。改变学生对学习的重视程度,通过紧张的学习,认识课程和专业知识的内涵和意义,帮助学生结合专业找到人生的目标。学生的迫切感和压力感来源于自身的专业学习需求,既体现自己的专业人生规划要求,也体现学校和教师对学生达到的教学结果的要求,是学生上课目的性、需求性和积极性的根本来源。在提升紧张度的过程中,学生了解专业和课程的作用和价值,教师通过压力强化提高学生主动学习能力和自控力。在实际的教学过程中,学校要严要求,如学分不达标,本科变专科;考试不过关,有可能退学、留级等,并能够严格执行;教师要严考核,强化过程考核,加强阶段测评,通过考核促使学生加强学习,提高对自己的要求,进而改变学生的学习态度,规范学习行为。学生要在学习中主动学习和思考,认识专业学习和就业岗位所需的一般能力、核心能力和岗位能力,养成良好的学习习惯,让自己具备终生学习的意愿和能力,才能通过不断学习,丰富知识,适应知识的老化更替,提升自己的专业能力,增强自己的就业竞争力。

第四,再通俗地说"三度"建设,也就是打造"金课"和狠抓教风、学风建设。

高校的"增负",最终目的是"增效",是提高教学质量,提升学生竞争力。2018年6月召开的"新时代全国高等学校本科教育工作会"上,教育部陈宝生部长第一次提出了"金课"概念,随后"金课"被写入教育部文件。第十一届"中国大学教学论坛"上,教育部高等教育司司长吴岩做了题为"建设中国金课"的报告。提出了"金课"的"两性一度"标准,即高阶性、创新性、挑战度。所谓"高阶性",就是知识能力素质的有机融合,是要培养学生解决复杂问题的综合能力和高级思维。所谓"创新性",是课程内容反映前沿性和时代性,教学形式呈现先进性和互动性,学习结果具有探究性和个性化。所谓"挑战度",是指课程有一定难度,需要跳一跳才能够得着,对老师备课和学生课下有较高要求。相反,"水课"是低阶性、陈旧性和不用心的课。这个标准界定了什么是金课,什么是水课。

但在"三度"建设过程中,打造"金课"首先需要教师热爱教学、倾心教学、研究教学,潜心教书育人,能够回归本分。这就是对教风的要求,改变以往教师唯科研、唯论文的工作方向回归教育初心。如何回归?只有满足学生的真正需求,才是最好的教育,因此只有站上讲台才知道学生的要求是什么,才能提高教学质量。在课堂教学上,自己真正理解专业体系,不断更新充实改变教学内容,不断创新授课方式。所以打造"金课"需要广泛征求意见,通过调研、组织学生讨论等方式,挖掘学生的真正需求,结合专业需求和学生人生规划需求开设课程,同时对教师评价考核制度要完善,不能死板按照条条框框来考核,教师要有充分的自主和自由,一门课程需要在教学中不断地摸索、思考、调整、更新、补充、完善。如何更科学地评价教师值得思考。

抓住学风也就抓住了"严出"的问题。大学生时代,是人一生中的最为关键的阶段,更是人生观、世界观、学习观形成的阶段。但在实际教学中,学生的学风却不容乐观。这是一个复杂的过程,既有社会发展带来的冲击,也有教学中的管理,还有学生认识不足的问题。如今获取知识的渠道更加丰富和方便,传统的授课教学方式面临巨大挑战,但网络知识没有体系,往往以片段碎片来呈现,很难使学生获得体系性专业知识,也不会培养学生学习和思考的能力,更不要说网络存在大量的负能量负信息,学生很难把握判断,也很难控制自己。需要教师在教学中多花心思,改革教学模式、改进课程评价、丰富课程形态,才能把学生的心思和目光拉回课堂,激发其学习兴趣。在管理上严要求,严把毕业出口关,严进严出,让学分不达标就会被淘汰成为学生的基本认知,有了刚性的制度约束配合柔性的专业教学,才能保证严进严出。日常的教学管理中加强课堂的点名制度,且要严格执行,杜绝逃课、旷课等现象出现,对学生平时的作业情况严要求。

总之,三亚学院提出的"三度"建设是"聚焦本科教育,聚焦'学生竞争力',是学校落实教育部对高校提升课程质量统一要求的重要举措,是学校积极应对新的生源结构变化的快速响应,也是学校'十三五''十四五'时期人才培养的重点工作。"就是学校和教师要把时间和精力放在学生身上,提高对学生的关注和投入,教会学生学会学习和自主学习,提高学生竞争力。只有这样才能全面提高人才培养质量,造就堪当民族复兴大任的时代新人。

(健康产业管理学院　任丙南)

课程教学改革永远在路上

——对课程"三度"建设的理解与思考

在可爱的学生们抱怨课堂教学太"水"的时候,老师们也对此深感疑惑和无奈。大学生的学习主动性、学习效果以及职业能力都在悄无声息地下滑,表面风光的考试分数背后是否与老师划定了考试范围有关,放了水? 如何扭转大学的学风和教风? 到底从何处入手才能真正提高高等教育质量?

2018 年 8 月,根据《关于狠抓新时代全国高等学校本科教育工作会议精神落实的通知》(教高函〔2018〕8 号)要求,"金课"不仅首次被写入教育部文件,并且各高校全面梳理各门课程的教学内容,淘汰"水课"、打造"金课",合理提升学业挑战度、增加课程难度、拓展课程深度,切实提高课程教学质量。为了贯彻落实教育部本科教育工作会议精神,积极响应学生生源结构变化内环境,学校发布《三亚学院课程"三度"建设指导性意见》和《三亚学院课程"三度"建设推进方案》,有效实施"以学生为中心"的发展战略,紧扣提高课程教学目标,持续聚焦课程建设,以课程改革带动人才培养质量的提升。

要想人才培养质量真正得以提升,课程教学改革是其核心环节。课程是学院与专业实施人才培养的主要载体,尤其在践行 OBE(工程教育专业认证)理念下的课程教学,不仅是专业参与和通过工程认证的前提条件,也是人才培养质量提高的有效路径。在任何专业的人才培养体系中,每门课程均有支撑专业人才培养目标与毕业要求的达成的课程目标与教学目标,并且依托课前预习、课堂教学、课后答疑和反馈三位一体化的教学模式,相辅相成,其中课堂教学是整个环节的核心。随着新的《普通高等学校本科专业类教学质量国家标准》(2018 版)颁布,为顺应时代要求,在具有中国特色的高等教育教学质量标准体系背景下,有必要对课程教学内容及其质量评价进行重新审视。

1. 当前课程教学存在的问题

自 1998 年第一次教学工作会议以来,高等学校教学工作取得了很多成就和经验。例如,大学毕业生的基本工作能力满足度一直稳步提升。麦可思公司从2015届到2017届、连续三年对大学生毕业半年后培养质量跟踪评价,其数据分析如图8所示。

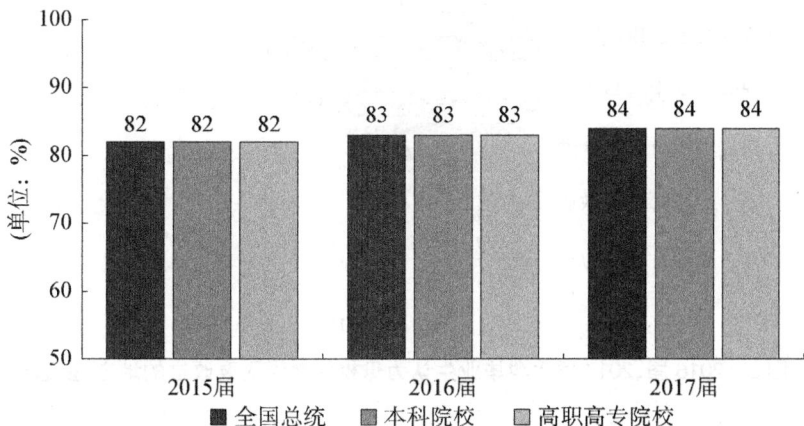

图8　麦可思-中国2015～2017届大学毕业生培养质量跟踪评价

由此可以看出,大学毕业生的基本工作能力满意度由2015届的82%上升至2017届的84%,持续增长。

但是,随着我国社会主义社会现代化建设步伐加快、技术日益更新以及人们对知识渴求越来越强烈,高等教育规模越来越庞大,高等教育制度改革也进入深水区,导致高校教学工作出现了"前不见古人,后不见来者"的情况及问题,亟待解决。例如,对学生的课前预习缺乏必要的教学内容设计与干预,课堂教学中存在师生互动内容设计不够,课后缺乏必要沟通、教学效果检验和反馈机制。这些缺陷直接影响了学生在新教学模式下的学习效果,甚至让部分自主性、学习能力、学习毅力较差的学生沦为课程教学改革模式的旁观者,其学习效果可想而知。

麦可思公司于2017年3月、2018年3月从全国高校大学生中分别抽样28.9万份、30.6万份完成2016、2017届大学毕业生培养质量跟踪评价报告,报告数据表明,2016、2017届大学毕业生对母校教学的满意度分别为88%、89%。其中,本科院校2016、2017届毕业生对母校教学的满意度分别为87%、88%。报告数据也分析了2016、2017届本科毕业生认为母校的教学需要改进的地方,如图9所示。

从图9可以看出,我们大部分专业教师是称职的,并且得到了学生的认可,但仍然有一些问题。2017届本科毕业生认为,母校的教学最需要改进的地方为"实习和实践环节不够"(64%)、"无法调动学生学习兴趣"(46%)、课程内容不实用或

(单位：%)

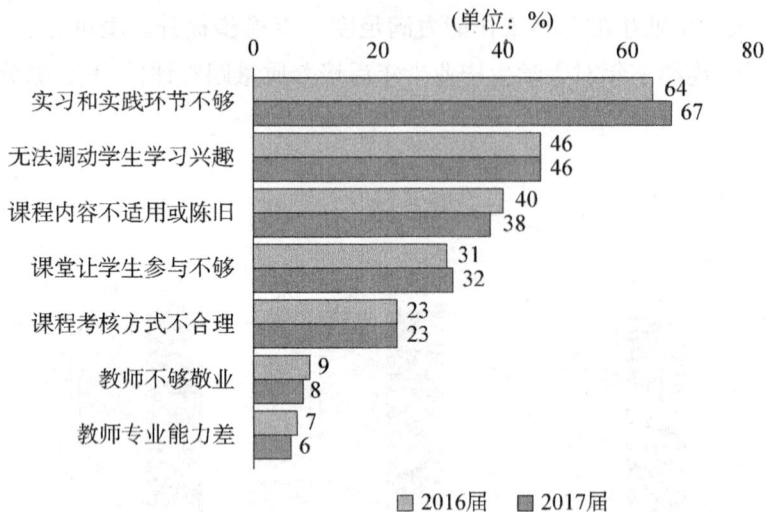

图9　2016届、2017届本科毕业生认为母校的教学需要改进的地方（多选）

陈旧（38％）。

2. 课程教学改革的基本思路

针对上述问题，根据本学校、专业的实际情况，对照学院课程"三度"建设标准，改革教学内容，调整教学方式，激发学生学习兴趣，同时加大对教学效果采用过程性、多元的评价方式，提升课堂教学的学习能力培养与教学效果，特别是培养学生的学习自主能力、创新能力、与团队沟通和合作能力。下面以"分布式原理与方法"课程建设为例进行说明。

2.1　教学内容面向应用能力，教学方法多样化

哪些学习内容更有价值？教学内容是否符合教学要求？课程内容应该满足培养应用型人才的学校定位和社会对大数据分布式存储、计算、管理人才的职业需求，能够增强学生的专业职业能力，还要包括培养学生积极人格，激发学生学习兴趣，形成能够自主、持续学习的动力。

1）培养应用型人才

学校的定位是培养应用型人才，应用型人才指将科学规律与知识应用于社会生产实践，为社会创造直接价值的人才，重在培养其理论联系实际、将专业知识转化为社会生产实践的能力。课程教学目标重在分布式系统应用能力培养，在教学

内容选择上就需要更多地挑选分布式系统工作原理、常见分布式计算系统 Hadoop、Spark 的内容以及基于 Hadoop、Spark 的案例应用开发，而不是立足分布式系统(数据库、计算系统)开发、设计能力培养，那属于研究型人才范畴。

2) 大数据架构人才需求增幅较大

据中商产业研究院发布的《2018—2023 年中国大数据行业发展前景及投资机会研究报告》数据图预测，预计 2020 年中国大数据行业市场规模将达到 13 619 亿元(见图 10)。在 Boss 直聘 2018 年 1 月 10 日发布的《2017 互联网人才趋势白皮书》中的数据统计图显示，数据架构师成为企业争抢对象，过去一年招聘需求提高 175% 以上(见图 11)。

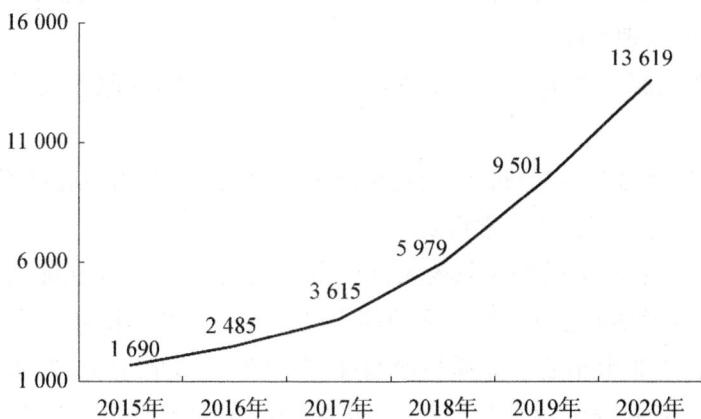

图 10　中国大数据市场规模及预测(单位：亿元)

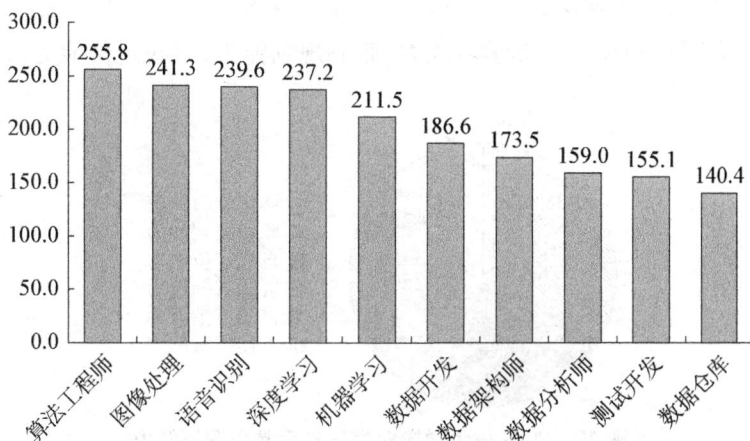

图 11　2017 年需求增幅最大的 TOP10 职位(单位：%)

为进一步明确专业发展方向,优化人才培养规格,本专业在 2018 年 3～5 月份派出部分教师以各种形式深入走访多家企事业单位及已经开设本专业(包括方向)院校,以了解行业需求为重点,逆向制订人才培养方案。根据职业岗位确定课程,细化课程内容及其对毕业达成度的支持。经过调研、反思,根据专业培养目标确定课程目标,决定课程内容。根据调研反思结果,本课程应该涉及内容如下:

(1)大数据与 Hadoop 生态系统。详细介绍分析 Hadoop 的分布式文件系统 HDFS、NoSQL 的原理与应用;分布式计算框架 MapReduce、HBase、Hive。

(2)文件系统(HDFS)。详细介绍 HDFS 部署,基于 HDFS 的高性能提供高吞吐量的数据访问。

(3)分布式数据处理。详细介绍分析 Map、Reduce 计算模型、Hadoop Map、Reduce 技术的原理与应用。

(4)分布式原理及应用。主要介绍 Spark 平台的实现原理及其在行业中的应用。

(5)可视化管理。对分布式平台、存储资源的调度采用可视化技术。

3)职业能力对工作也非常重要

大学毕业生在逐渐转变为职场人过程中,会逐渐认识到职业能力对工作的重要性。那么,大学毕业生认为哪种职业能力最重要? 麦可思公司曾对 2014 届大学毕业生进行过毕业半年后培养质量的跟踪评价(2015 年初完成,回收全国样本约26.4 万,其中本科生样本约 12.6 万、高职高专生样本约 13.8 万),2017 年底对此全国样本进行了三年后的再次跟踪评价,回收全国样本约 8.2 万,其中本科生样本约 3.9 万、高职高专生样本约 4.3 万。2014 届大学毕业生三年后数据分析结果如图 12 所示,表明在职场中持续学习能力、职业规划能力、自我定位能力最重要。

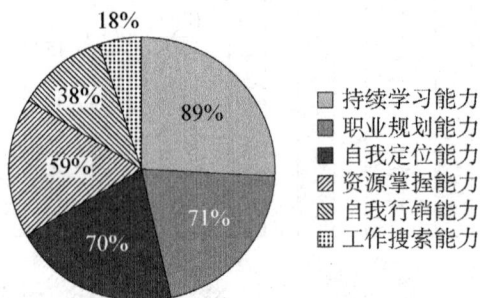

图 12　2014 届大学毕业生三年后常见职场能力

学历代表过去,学习力才能决定未来。不管你是 985、211 高校毕业生,还是双一流高校毕业生,如果一味吃老本,没有持续接受、学习新的知识,不断给自己充电,最后一定会被时代所淘汰。而自主学习能力决定学生的终身学习能力。为了培养大数据专业自主学习能力,需要大幅减少验证型实验,增加设计型、综合型、创新型实验所占比例,打破实验之间的隔阂,以实际工程项目入手,搭建满足业务需求的大数据平台技术架构。如,以基于某团购网大型离线数据电商分析平台为例,如果整体设计解决方案,可以将分析平台分为基础设施、分布式架构、数据存储系统、业务应用等 4 个部分。接着,根据教学目标、技术高低层次依次分解每次实验内容,但是要保证整个实验体系浑然一体,与实际工程紧密结合。让学生融入解决工程项目的过程中,培养学生从工程角度思考问题,引导学生利用所学理论知识自主寻找解决实际工程问题的方法,不仅能增强学生的实践能力,获得成功的效能,还能激发学生的学习动力,养成自主学习的习惯,最终培养学生持续学习等的能力。

2.2　采用多种教学方法,激发学生学习兴趣

教学如同烹饪美味佳肴,光有好的食料还不行。教学方法如何与教学内容相结合,才能提高教学效果? 需要立足教学目标的达成,根据学习者的个性化特征、学习基础,挑选课程教学内容,分析完成教学目标的关键点和可能影响毕业达成的重点和难点问题,采用多种教学策略、形式、方法与手段。

培养学生能够根据业务需求完成平台搭建,包括分布式计算、存储、可视化管理编程实现自动化部署,是分布式原理与方法课程的重点,也是难点。教学方法的选择要紧扣此实际,针对包括学情的学生基本特征进行策划和制定。首先,要了解学情,深入了解学生的专业基础、学习兴趣、学习风格、学习行为习惯、学习能力等特征,对学生个性化学情数据量化,让教师深层了解学生个体学习需求和整体情况,才能挑选符合教学内容的教学方法,如项目教学方法、启发式教学、翻转课堂+网络教学等方式营造活跃的课堂氛围,启发学生思考,为自主学习能力培养夯实基础;其次,教学设计以激发学生兴趣为中心,兴趣是最好的老师,学生只有对内容感兴趣后才会忘掉时间,主动地探索深层知识,在兴趣中探索和学习。再次,在课堂教学中多设计问题,在课堂教学过程中要精心设疑,引导学生对所学知识产生怀疑,不仅能够实现对简单知识的组合、再加工,更重要的是培养学生的批判精神和创新精神。而且,在阶段性测试中要求学生大胆尝试,在挫折中获取知识,曲折的求知过程让学生更加印象深刻;教师不仅要正确面对学生的错误,还可挖陷阱把学

生带入常见认识误区并及时引导解决,让学生有一种"众里寻他千百度,蓦然回首,那人却在灯火阑珊处"的领悟。最后,对基于生活案例或实际工程问题的教学案例,教师应尽可能地创造生活情境或者转化自己的学术研究成果于教学实践中,并鼓励、引导学生积极参与到实践活动当中,充分调动学生的兴趣,主动在学生团队中进行思想碰撞,形成集体创作成果,让每个学生都有成就感。同时,让课前、课堂与课后三位一体化,跨时间、空间引入符合教学内容的教学方式、教学方法、个性化推荐的教学资源等多方面改革的课堂教学模式。

但是,在课堂上要真正吸引学生的学习兴趣、注意力,则对教师教学能力提出了更大的挑战。随着"00后"大学生逐渐成为我校学生的主体,我们会发现他们的情况与前面的学生迥然不同。他们伴随着互联网十、大数据、人工智能、物联网时代成长,通过智能设备,包括智能手机、平板、电脑从高速互联网上获取知识已经成为习惯,对知识的简单加工不再是他们所想、所要,综合分析和运用知识的能力才是他们所希望获得的。如果教师不能顺势而为,不积极获取前沿知识并消化、吸收,而是仅仅向他们传授书本知识,甚至照本宣科,不仅不能抓住学生的眼球,而且该课程一定就是大学生心目中名副其实的"水课",注定被淘汰。

学生的积极性和兴趣是如何激发并持续的?内源动机主要指的是某种活动产生的诱因源于人本身的内在因素。好奇心是人们基于自身意志、自主认识建构外部世界的出发点。然而,好奇心,虽然可以激发学生学习的兴趣,产生初步学习行为,但是不能保证他们在后续学习中的学习积极性、热情不会大幅衰减,遇到困难不逃避。根据马斯洛需求层次理论,我们可以知道需求层次越高、难度适中的需求可以让学生的积极性、兴趣不衰减,能够持续维持。在学生求知过程中,无论是大学期间还是毕业后的自我学习,要一直保持学习积极性、兴趣,应该做到下面几个方面:首先,教师要教会学生如何正确自我定位,确定恰当的需求目标,在汲取知识和实践过程中不同层次学生都能获得成就感;其次,设计分组实践模式,获取知识的同时教会学生如何有效沟通、如何激发团队创新能力、分享团队学习成果,培养职业能力的同时培养职业道德及自信、自强不息的品质。因此,把积极人格培养作为教学培养目标的重要组成部分,包含在教学内容里,采用多种方式引导学生主动学习,培养学生持续学习的动力和兴趣。

2.3　制定多元的评价方式,促进学生深层学习

针对课堂教学设计不同,可以根据具体的教学场景选择恰当的评价方法。由于建设课程属于实践类课程,而且知识的积累是螺旋式上升的,所以"一考定调"的

考核方式不适合,需要加大过程性考核力度,并适当增加其在最终成果考核中的比例。在具体考核过程中可以采用分层、个体、同学、教师评价相结合的方法,避免以偏概全。分层评价尊重学生的个体差异,采用个性化评价方法,对基础好的学生考核标准要高一些,保护不同学生的学习积极性,在清楚自己定位的基础上,一步一个脚印,踏踏实实前进。自我评价,即是学生对自己学习情况的认识,在适当方法的指导下,可以让学生对自己目前的学习状态、学习效果有一个正确的认识,为后面的进一步学习打下基础。同学互评,让学生对同学进行评价,可以让学生与同学在对照、比较中自我反省,从中发现自己的优点、缺点。这不仅可以培养学生的思辨能力,还可以让学生懂得如何与同学有效沟通、分享成果。教师评价,利用前后学习成效对比、学习状态等方面,全方位地看待学生知识、能力、素质,利用各种指标给出一个合理的评价,并给出后续改进措施。

　　总之,在响应教育部、学校积极探索"金课"模式的深入研究与思考下,针对当前教学中普遍存在的实习和实践环节不够、无法调动学生学习兴趣、课程内容不实用或陈旧等问题。本文根据学校、专业的实际情况,对照学院课程"三度"建设标准,改革教学内容,调整教学方式,激发学生学习兴趣,同时加大对教学效果采用过程性、多元的评价方式,提升课堂教学的学习能力培养与教学效果,特别是培养学生的学习自主能力、创新能力、与团队沟通和合作能力,使学生成为"掌握理论知识、具有工程实践能力、拥有创新精神"的创新型应用型人才。

(信息与智能工程学院　周显春)

双语化教学背景下"三度"建设与课程实施的思考

人才培养靠课程，课程使命在育人，培养和造就高素质的创造性人才，为创新型国家建设提供充沛的后备力量和发展动力，这是在当代和未来我国大学课程不可回避的挑战性课题，创新素质的人才关乎民族的创新能力和国家的发展后劲。课程饱和度、课程深度和学业紧张度，即课程"三度"建设为教师"教学创新"提供了广阔的舞台，无论"课程文本""课程实施""课程习得"都需要教师去认知，去再创造，从这个意义上说，课程"三度"建设的成败归根结底取决于教师，"教师即课程"。

1. 时代对教师角色转换的呼唤

随着社会的不断变化和发展，人们对人才提出了新的标准，因而教师也面临着许多的问题与挑战。"三度"建设，教师是关键中的关键，因此，促进教师从知识型教师向智慧型教师的过渡已刻不容缓。以知识为对象、以知识为教育的目的、以传授知识为己任的知识本位教师观具有很大的局限性。在现代知识增长方式的支配下，教师扮演了一个课程知识的"传递与解释的匠人"以及学生学习课程知识的"组织者""评价者"与"反馈者"，长期如此，教师和学生一样，在原则上被剥夺了对知识的独特理解、批判反思及创新精神，在如此机械、缺乏灵性的课程中学生的创造性就难以被激发。

此次"三度"建设不论是课程标准、课程理念都强调以学生为本，教学工作不是简单的知识堆砌活动，它是人与人之间对话、交流的过程。因此，智慧型教师在教学过程中突出表现为营造轻松的课堂，并善于与学生进行沟通与情感交流，课程的教学目标也更多地指向学生的发展，"师生关怀，亲密无间、相互熏陶，教学相长"。显然，这样的情景更有利于学生的自由发展，更有利于学生的实践创新，还学生以课堂主体地位，让学生做课堂的主人，教师就可以随时从学生身上学到许多自己没有的知识；从学生在无穷的智慧中增长自己的智慧，学生也可以在教师为其创设的民主、和谐的氛围中大胆地争辩、自由地发言、灵活地提问、快乐地成长。

2. 重构课程目标

　　顺应社会、知识和人本身发展的创新需求,课程"三度"建设旨在培养包括创新人才、创造能力、创意行为在内的具有创新素质的人才。从情感态度价值观(主体与附庸、安稳与风险、自由与集中)、认知(合作与竞争、平等与效率、名与实)、过程与方法(单一与多元、守成与发展、封闭与开放)三个层面九个视角来看,要抛弃"等、靠、要",救赎自己的附庸性,确立由自我意识、自为能力、自动实践组成的主体性;允许错误、接受风险,承担、确认失败和冒险在创新中的价值;在强调集中与统一的同时,更应积极倡导指向创新的自由思考、自由精神;既有以所有参与者的雄厚实力、全身必投入为基础的真诚的合作能力,又有以包容对手、遵守规则为前提的竞争能力;避免用平等标准来要求人们在认知能力上"齐步走"式地发展,树立能力发展上的效率观念并提高思维效率;不再囿于"清淡",关注生活、深入社会、重视实践;克服单一、僵化的思维和方法,欢迎多角度、多因素的方法;抑制静态、守成性的思维惯性,掌握动态、发展性的思维方式方法;由封闭走向开放。

3. "三度"建设探究性课程设计

　　教师通过课堂教学融合不同的教学理念,教师会呈现不同的教学活动和学习效果。强调课堂教学的本质还需要明确什么是有效的学习,就是说,学习是情景性的身心活动过程,即"境由心造",要想实现有效学习,教师就应该努力营造适合每个学习者的环境。当然,这种新型的以学习者为中心的课堂教学,研究的方向为发散式,向以学生整体发展的指导性学习和回答解疑为主,在这种状态下,师生通过高昂的认知和情感投注,进入积极思考的有效学习状态。所以,课堂教学的重点应把教师从"权威"的位置拉到学生中来,关注的焦点放在学生层面。

3.1 教学设计要符合学生的实际

　　教学的任务是从了解学生、从学生的真实问题出发来组织学生学习,是让学习者有可能从个人实际需要与可能出发展开学习活动。因而,从以"备课"为前提的教学方式转为以"备学生"为重点,这一转变会有个过程。从这个角度说,"备课"的实质就是根据学生的实际情况即"备学生";而"教学设计"就是根据不同类型的学生设计出符合他们需要的进度,引导学生发现问题,激发真正有效的学习活动。然而,随着学生年龄的增长和年级的升高,不同组别的学生应采用不同的学习方式。因此在强调教学多样化的同时,还要认识到在这一过程中,教师应减少统一讲解和统一要求,加大自主学习比重,增加如课堂讨论、实验、观察等环节的分组活动。另外,对于不同组别的学生区别对待,注意即使不能做到完全的因人施教,也不要把统一听讲变成统一操练,至少针对不同群体也应该准备两三种教学安排,让那些看不明白新课内容的学生也有事可做。越到大三、大四,越应该考虑学生由于水平和追求的不同会呈现的知识与能力结构。年级越高,教师所要关注的讲解或演示指导就会越深入,从问题出发设计教学,通过发现或创设情境引导学生认识新现象,这样真正有效的学习活动才会被引发,课程饱和度才能真正得以实施。

3.2　学习方式应多样

传统的课堂教学,学生们听教师讲解、观看图片或录像,即"听中学"和"看中学"。"三度"建设中提升课程紧张度中一直倡导的是"做中学"。除此之外,通过多种方法分析不同学生的特点,有针对性地提出教学设计和学生活动方式,特别是在每位学生的差异化学习方式下,其阅读和自主学习应是教师在统一设计中格外关注的事在双语教学的大班授课环境下,学生进行英文交流的空间和时间是有限的,加上教学进度和评价方式的限制,在双语授课下务必节约学生时间,激发学生兴趣。

3.3　重构课程实施

苏霍姆林斯基说过:上课并不像把预先量好、裁制好的衣服纸样摆到布上去。问题的全部实质就在于,我们的工作对象不是布,而是有血有肉的、有着敏感而娇弱的心灵和精神的学生。因此,一个真正的能工巧匠好像是把这个纸样放在心里。

1)灵活地开展教学活动

实际上,学校在实际生活中存在四种课程:一是设想的课程,以课程标准、教学计划与教学大纲为代表,是主流社会统一的强制性规定,表现在对教材编写的指导与限定上;二是设计的课程,由少数专家根据国家颁布的标准编制,以各种各样的教科书与辅助读物为代表;三是实施的课程,即在学校实际运行中课表规定的课程,强化应试需要的知识或能力训练,此类课程广泛与学生发生实际关系;四是实现的课程,这也正是"三度"建设要求的课程,教师通过交流、对话、自主探究,实现有计划地组织、指导学生学习。因此,无论学校、教师进行了怎样的精心设计与安排,如果没有学习者的主观活动,即"紧张度",任何课程都只能是空中楼阁。正像泰勒所说的那样,对一位在教师精彩讲授的课堂上正认真准备课后的篮球比赛的学生而言,无论课表上安排的、教师讲解的是什么课程,他其实只是在准备篮球比赛。设想的课程、设计的课程、实施的课程都与学生有关,都可能对学生产生直接或间接的影响,而最终对学生起作用的,是实现的课程,是师生双方在国家、社会以及教育行政管理机构等诸多影响下最终实现的课程。从设想的课程转变为实现的课程,起关键作用的是学校的教师。因为只有教师才是把文字文本的设计转化成师生双方实践活动的主动设计者与积极推进者,是唯一能够全面接触教学活动各个要素的关键人员。教师有可能改变教学计划、课程安排、教学内容与要求,也有机会影响学习者的学习愿望与学习行动。当然,真正的教育技巧和艺术就在于,一旦有这种必要,教师就能随时改变课时计划。在认识到课程实施的本质是具体的现实情境下调和影响课程实施诸因素、平衡课程理想与实施情境的系列关系、创造课程新文化的过程的基础上,在目的观上明确课程实施就是创造性地组织学生学习课程内容以实现课程目标的过程,课程实施改革的主要任务是重新设计和组织课程内容的学习进程以完成新的课程目标;把课程实施主体的地位与权利还给学生,重建"主导"与"主体"真正、合理"双赢"的师生关系;在教学观上反对灌输式教学,重新认识启发式教学,大力提倡探究性、反思性与合作性教学,在教学过程中促进各种形式的质疑、交流、对话与合作。进而选择适当的课程实施模式与方法。

2) 因势利导地进行教育

充分发挥学生的探究精神和解决问题的能力是一个拥有教育智慧的教师必备的能力,如果说课堂教学是一个个小生命系统的交流,那么教师要保护好几十甚至上百个生命的大系统,就必须分情况维持好课堂的生态平衡,充分发挥学生解决问题的能力。教师正确引导、循循善诱,也是教师的智慧与教育能力的体现。

古人云:"故君子之教谕也:道而弗牵,强而弗抑,开而弗达。"意思是优秀教师要引导、鞭策和激励学生,而不是牵着学生走。为此,教师应在课堂上营造活跃的思想交流气氛,用高度的智慧引导学生展开对话,发表或提出自己的感受、怀疑和建议,如此,"三度"建设之课程深度方可收到良好的教育效果。

(丝路商学院　李晓伊)

"以学生为中心"的课程"三度"建设

从1999年大学本科教育扩招以来,大学本科文凭的成色似乎受到拷问。社会质疑的不是扩招以及高等教育大众化,而是对大学生的学习风气担忧。曾几何时,大学"严进宽出","60分万岁,61分浪费"的功利主义盛行,大学生"兼职"成为"主业",代课群悄然兴起,诸如此类的偏离高等教育理想和情怀的状况日趋普遍,直到2018年6月,新时代全国高等学校本科教育工作会议在成都召开。三亚学院为贯彻落实教育部本科教育工作会议精神,积极响应学生生源结构变化的环境,有效实施学校以学生为中心的发展战略,紧扣提高课程质量目标,持续聚焦课程建设,决定推动课程饱和度、深度和学业紧张度建设。作为三亚学院的教育管理者,本人从理想、现状、底线三个层次论述"三度"建设的意义,结合自己的教学实践,构想了"以学生为中心的"课程"三度"建设。

在狠抓本科教育工作的时代背景下,三亚学院以学生为中心,积极响应大环境提出的要求,2018年10月中旬,陆校长走访各学院,调研"提升课程和学生学习的饱和度、深度及全学业周期的学习紧张度建设(简称'三度建设')"。校长指出,聚焦本科教育,聚焦"学生竞争力",以课程"三度"建设为抓手,是学校落实教育部对高校提升课程质量统一要求的重要举措,是学校积极应对新的生源结构变化的快速响应,也是学校"十三五""十四五"时期人才培养的重点工作。本次课程改革在现行人才培养方案上只做"存量",不做"增量""减量",课堂教学合理"加码",对学生合理"增负"。

"三度"的本质是什么?如何才能超越三亚学院以往的"以教风建设促学风""小班及课程论文""课程地图""专业入门指导""符合国际规范的课程大纲""双能型教师""上课不玩手机"等一系列教学改革活动?下文将首先明确"三度"建设的意义,然后遵循"以学生为中心",并结合本人教学经验及对学习的意义的思考,勾勒出课程"三度"的行动要素。

1. 从理想、现状、底线谈"三度"意义

1.1　以培养学生的专业核心能力为理想

作为教育者,教育情怀是我们的理想,教育的本质是塑造人的个性,从这一角度看,大学的"严进宽出"似乎有了依据——社会呼唤个性解放,倡导大学的个性教育,部分学生理直气壮地以发展个性的名义反对规章制度,抵制教学为本,部分大学受扩招导向和保住生源的影响,偏离了大学教育的专业教育属性,偏离了培养学生就业能力的办学方向。

三亚学院倡导"以学生为中心",学生终究会由学校走向社会,职业能力是立足社会的根本,因此,三亚学院各专业通过行业需求调研,摸清了职业的素养要求和能力标准,将培养学生的专业核心能力作为打造就业能力的根本。

因此,"三度"的首要意义是脱离不切实际的幻想,将本科教育回归到专业核心能力这个根本上。当然,培养专业核心能力的形式,是"三度"的重点,课程"三度"的建设者应该根据专业的人才培养目标,课程在专业课程体系中的地位和作用,以及课程本身的特点,有效选择培养专业核心能力的切入点,适当选用教学内容、教学方式和考核方式,进行课程的再研究。

1.2　如何应对知识碎片化的现状

在海量信息时代,与其说知识碎片化,还不如说信息碎片化。互联网的飞速发展,新媒体的层出不穷,乃至以慕课为代表的一系列新教育手段,都让教师困惑——我们怎样才能做得更好? 实质上,信息时代将教师相对学生的知识、理论、方法等教育优势扫荡得所剩无几。一方面,这促进了教师紧跟知识更新步伐,以新知识应对新要求;另一方面,教师在课堂上的掌控力岌岌可危。试想,当"公司金融"教师课上讲授资本结构理论时,问及信号理论的逻辑时,学生以市场是有效的驳斥信号理论时,教师一方面试图肯定学生的积极思考精神,另一方面要迅速地思考有效市场理论的前提是什么以及如何讲解,这就是高校教师面临的教学现状。从积极的角度看,学生接受大量信息,有助于拓展知识视野,然而,理性地看,未经思考的信息进入到学生脑海中,引起课堂上学生用 B 去质疑 A,课堂教学会停滞在梳理碎片化知识和课堂讲授内容的逻辑关系上。在知识碎片化现状下,教师应优选教学内容,追求"早"即是"新",在教学内容选取上,起步要"早",给学生以"新",

突出"新观念、新观点、新内容、新方法、新技术",使学生较同辈人"学得早一些",知识先知道,体验先感受,取得知识自信和能力自信,获得竞争优势。

1.3 坚守底线,以初心要求学生

本人曾经对财务管理专业 2017 级新生进行过大一上学期校园生活调查,以气候、校园环境、食宿、出行等外部客观条件为衡量标准,56.61％的新生表示适应校园生活;78.31％的新生表示在大学要考虑的事情变多了,排名所有"大学生活不同于以往在校阶段生活"的选项之首。其次为"课程难度大"(46.56％),再次为"学习目标还不明确"(35.98％),33.33％的新生表示老师管得少了,26.46％的新生认为课时变少了。29.63％的新生借阅了至少一本《专业入门指导》推荐的专业书籍,在没有借阅专业书籍的新生中,45.86％认为课业压力大,无暇阅读;26.32％把精力放在了考取职业资格证书(初级会计)上;20.3％的新生有自己的阅读选择。教师诚然希望以高标准要求学生,课前预习、课上阅读、提问、练习、团队讨论、课外阅读、教师答疑,样样不少。然而,学生关注的是期末考试过不过,期末复习划不划重点成了评判教师的标准,当被问及喜欢哪一种考试课教学方式时,46.56％选择"教师明确教学重点和难点,提供用于引导学习的阅读材料,通过课上阅读、课上练习、课上讨论、问答、小测验等形式,提高学生的学习投入,学生自主选择课外学习方式,教师提供课后讨论、答疑;教师指定考试的复习范围";33.86％选择"课堂教学以教师讲授为主,学生自主选择课下学习方式;教师指定考试的复习范围";15.87％选择"教师明确教学重点和难点,提供用于引导学习的阅读材料,推行团队任务式学习方式,定期与学习团队互动;教师不指定考试的复习范围";只有 3.7％选择"课堂教学以教师讲授为主,学生自主选择课下学习方式,教师提供课后讨论、答疑机会;教师不指定考试的复习范围"。

虽然高校学风存在一定程度的问题,但是教风不可因此而懈怠,唯有坚守底线才能不忘初心。何为底线? 课程"三度"建设给出了掷地有声的答案,三亚学院办学底线就是"三度"课程,"三度"建设要坚持"以学生为中心"的理念,回归教育初心,把时间和精力放在学生身上,提高对学生的关注和投入,切实提高课程质量,切实提高教学效果。

2. "以学生为中心"的"三度"建设

对症才能下药——学风确实有待提高,这是笔者从事了 8 年高校教学之后的

感受。如果我们提升标准，明确规则，三亚学院自然就会通过学生在职业发展方面的优秀而彰显卓越，而"以学生为中心"这个原则正是"三度"落实的根本。学生是什么？学生是学习的主体，是建构学习的意义和内容的人，这是建构主义学习理论的核心思想。

2.1　严肃学生规则

如何体现"以学生为中心"，首先就是严肃规则。学生手册中明确规定了宿舍生活、课堂出勤、课堂表现、考试行为等学生活动，那么就应该严格执行规则。本人在教学工作中发现，课前考勤严，出勤率就高，然而课间离开的苗头出现了，改为授课结束前点名，人到了，但是上课用心率得不到有效监控，于是本人又改为课上随机点名提问，学生看似紧张了，实则有一部分学生对提问毫不在乎，被提问到直接回答"不知道""不会"。因此，严肃规则之后，还应优化课程设计，使学习由"要我学"转变为"我要学"。

2.2　以考核形式引导学生建立理性预期

课程改革应重点改革考核方式。不指定考试范围（重点）、题型全部为主观题，包括必答题和选答题，卷面成绩占50％，团队任务成绩占20％，课程论文成绩占30％。考核方式的改革不是形式，而是实质，其本质是以教风促学风，彻底改变"60分万岁，61分浪费"的学风，其目的是引导学生建立对学习过程的理性预期——考试成绩取决于学习态度、努力程度及学习方法。

2.3　团队学习主导学习过程

建构主义认为，"知识不是通过教师传授得到，而是学习者在一定的情境，即社会文化背景下，借助其他人（包括教师和学习伙伴）的帮助，利用必要的学习资料，通过意义建构的方式而获得"。课程"三度"应"以团队任务形式组织教学活动，开课之初，教师请学生自由组建学习团队，倡导学生以团队为单位进行课下学习；随着教学内容的展开，教师提供阅读资料，布置任务，要求团队分解任务到每个成员，并告知学生，成绩评定以团队为单位。团队任务教学模式内嵌约束机制，个人的自我约束和团队的组织约束，在团队情景中，学习既是个人活动，又是集体活动，个人必须完成分内任务，个人的怠倦将增加团队伙伴的负担，甚至导致团队任务无法完成，团队的指责甚至排斥将抑制个人怠倦。当然，团队的组建是自愿的而不是强制的，团队成员间的关系激励团队成员为团队利益而努力行动"。

2.4　提问检验课堂阅读效果

"建构主义提倡在教师指导下的、以学习者为中心的学习,也就是说,既强调学习者的认知主体作用,又不忽视教师的指导作用,教师是意义建构的帮助者、促进者,而不是知识的传授者与灌输者。学生是信息加工的主体,是意义的主动建构者,而不是外部刺激的被动接受者和被灌输的对象。"因此,要想提升学生的能力,就要培养学生建构学习的意义和学习的方法,教师应引导和激励学生主导学习过程。课堂教学中,"安排阅读教材环节,要求学生精读某章节,并提示该部分的知识点及其在知识体系中的位置、难点在哪里;学生阅读之后,教师将准备好的问题展示给学生,问题或者是理论陈述,或者是知识应用。对于理论陈述类问题,教师要求学生必须脱离教材,以自己对理论的理解陈述理论;对于知识应用类问题,问题一定要提得'细',力求追溯到学生回答这一问题的思维起点——'苏格拉底式的提问'"。

2.5　课外阅读结合师生座谈

学习不仅要在课堂上进行,更应在课下展开。对于大学生而言,由于没有升学压力,学生往往忽略课下学习,因此,教师应设计课下学习形式,并且能够切实引导和监督课下学习。教师应围绕课程教学重点,选取和其相关的、学术性较强的文献,要求个人阅读结合团队讨论,以扩展知识视野、提高理论水平;教师要求团队定期邀请教师参与座谈,汇报阅读体会,探讨文献主题、研究方法并归纳学术观点,教师则针对普遍反映的难点,启发学生思路。

2.6　知识图谱总结课程

建构主义的学习理论强调教师的引导作用。学生思考方法的养成和能力的提高,离不开教师对学习内容的提纲挈领,对知识联系的归纳整理。以笔者讲授的"财务管理学"为例,财务管理学"是一门综合性极强的课程,学生需具备金融学、会计学、财务报表分析等课程的知识,基于此,温故而知新是教学的应有之义,新知识点的讲授结合对已学习过的基本定义、理论、方法的复习,并且强调知识点之间的联系,力求学生在思考的过程中建立对财务学理论、知识的融会贯通"。能够清晰并精炼地表达出课程知识点及其联系的图谱是引导学生主动学习的利器。以遴选有实践价值的教学内容为基础,"财务管理学"知识图谱呈现如图13。

图13说明,"折现是金融理论最基本的思想,也是应用最广泛的工具,它位于

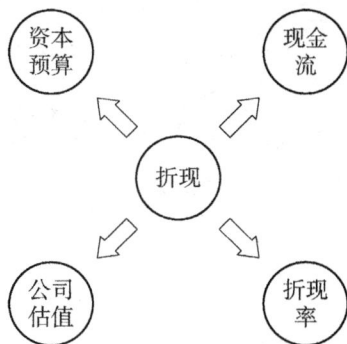

图 13   "财务管理学"知识图谱

图的中心,向右延伸的箭头指向折现的要素——现金流和折现率,二者缺哪一个,折现都无法进行。向左延伸的箭头指向折现的应用——资本预算和公司估值,无一不体现折现的思想。学生可以继续延伸该图,比如,现金流向右引出箭头,指向财务管理学中定义过并应用的现金流种类——不规则现金流、规则现金流(年金)、经营性现金流、UCF、LCF;折现率可以引发学生温故——什么可以充当折现率?它们具有什么财务含义?如何确定它们的数值? 这样,期望报酬率、资本成本、权益资本成本、杠杆权益资本成本、加权平均资本成本等概念以及资本资产定价模型、MM 命题 II 等理论被牵出来了。向左继续延伸该图,从资本预算回顾 NPV 及NPV 法则,而计算 NPV 又不可避免地需要预测现金流,确定折现率,财务管理学知识点以互相依赖的方式联系在一起了"。

3. 结语

《三亚学院课程"三度"建设指导性意见》明确指出"推动课程饱和度、深度和学业紧张度建设"。"以学生为中心"是"三度"的精髓,提升学业紧张度有的放矢,促使学生理性预期学习努力程度和学习成果之间的关系,而课程饱和度建设要求教师积极响应教学改革的要求,从教学内容、授课形式、课外学习、社会实践等多方面提升教学投入,引导学生成为主体。课程深度作为打造学生专业能力的重要保证要以创新实习、实训、实践形式来完成。

(盛宝金融科技商学院   刘翔宇)

参考文献

［1］刘献君.大学课程建设的发展趋势[J].高等教育研究,2014(2)：62－69.

［2］刘鸿儒,凌秋千.基于"个性化"教育向度的"核心素养"培育[J].现代教育管理,2015(8)：95－99.

［3］周光礼."双一流"建设中的学术突破-论大学学科、专业、课程一体化建设[J].教育研究,2016(5)：72－76.

［4］张大良.着力推动高校加快现代信息技术与教育教学深度融合[J].中国大学教育.2016(7)：6－11.

［5］车丽娜,徐继存.学校课程建设的合理性省察[J].课程.教材.教法,2016,36(10)：19－24.

［6］蔺红春,徐继存.我国学校课程建设十五年：回顾与反思[J].教育学报,2017(2)：56－63.

［7］吴岩.建好用好学好国家精品在线开放课程,努力写好高等教育"奋进之笔"[J].中国大学教学,2018(1)：7－9.

［8］张蜀巷,张林.谈谈我院建立试题库之必要性和方法[J].丝路学刊,1997(4).

［9］黄亮亮."双一流"建设背景下地方高校研究生课程教学改革初探[J].大学教育,2019(1)：174－176.

［10］叶志明.对学科、专业和课程及其在高校发展中作用的再认识[J].中国大学教学,2010(1)：37－42.

［11］滕万庆,任正义,肖刚.新技术时代背景下高校教学改革与探[J].黑龙江教育(高教研究与评估),2019(1).

［12］米子川,李毅,郭亚楠.过程性学习投入对大学生学习成绩的影响——基于 NSSE 测量的比较[J].高等财经教育研究,2018(1).

［13］但家荣,张中梅.大学生自主学习路径建构探讨[J].发明与创新(职业教育),2018(7).

［14］王世嫘,陈英敏.2000—2016 年"全美大学生学习性投入调查"年度报告解析及其启示[J].外国教育研究,2018(6).

［15］王宇,段珊珊,魏亚非.圭尔夫大学图书馆学习共享空间的实践与启示[J].情报探索,2014(5).

［16］刘俊萍.基于互联网时代高校教学改革的思考[J].产业与科技论坛,2019(2).

［17］何仁龙,潘艺林.基础性实践性国际性转型期课程目标的发展倾向及其启示[J].清华大学教育研究,2003(2)：97－103.

［18］蒋华林,张玮玮.985 院校课程认知目标达成度及国际比较[J].高等工程教育研究,2014(2)：75－79.

［19］周海涛.大学课程目标与内容调查报告对三所综合性大学本科课程的调查分析[J].教育

研究,2004(1):65-71.

[20] 庄玉昆,褚远辉.高校课堂教学问题及改革之道[J].中国高教研究,2013(7):39-41.

[21] 叶信治.从美国大学教学特点看我国大学教学盲点[J].高等教育研究,2011(11):68-75.

[22] 别敦荣.大学教学方法创新与提高高等教育质量[J].清华大学教育研究,2009(8):95-101.

[23] 郑家茂,潘晓卉,丁德胜,徐悦.构建研究型大学师生互动本科教学模式[J].高等工程教育研究,2004(6):23-26.

[24] 叶信治.美国大学课程质量保证机制研究[J].西南交通大学学报(社会科学版),2011,12(06):58-64.

[25] 陈宝生.在新时代全国高等学校本科教育工作会议上的讲话[J].中国高等教育,2018(Z3):4-10.

[26] 陆国栋.治理"水课"打造"金课"[J].中国大学教学,2018(9):23-25.

[27] 林健.工程教育认证与工程教育改革和发展[J].高等工程教育研究,2015(2):10-19.

[28] 汪源,王良成.电路基础课程中以学生为中心教育理念的探索与实践[J].实验室研究与探索.2018(10):211-215+250.

[29] 朱桂萍,于歆杰."电路原理"MOOC资源的多种应用形式实践[J].电气电子教学学报,2017,39(3):6-8+28.

[30] 张强,张海峰,唐岩,于歆杰,赵常丽.电路原理基于SPOC翻转课堂教学模式的反馈及思考[J].实验技术与管理,2015,32(9):179-182+186.

[31] 陈燕秀.基于MOOC"电路原理"翻转课堂教学改革实践[J].电气电子教学学报,2016,38(2):43-45+49.

[32] 丁学用.通信原理教学改革与"3+3"实践教学模式[J].电子世界,2013(16):161.

[33] 盛敬,刘国满.大学课堂教学中存在的问题分析与对策[J].科技视界,2017(16):57-58.

[34] 胡超群,孙金海.大学课堂教学问题分析与对策[J].大学教育,2013(19):105-106.

[35] 钟登华.新工科建设的内涵与行动[J].高等工程教育研究,2017(3):1-6.

[36] 崔芳,南云,罗跃嘉.共情的认知神经研究回顾[J].心理科学进展,2008(2):250-254.

[37] 孙炳海,於丽娜,黄小忠,冯小佳.教师的共情偏好:自我判断与学生判断的一致性研究[J].中国特殊教育,2008(11):81-85.

[38] 李香娥.论教师的共情能力及其培养[J].教学与管理,2014(9):64-68.

[39] 刘茜,张素红."三位一体"混合式教学模式在应用型本科院校人才培养中的应用[J].金陵科技学院学报(社会科学版),2018,32(04):75-78.

[40] 王德昌,伍祥,吴锦华,霍清华.应用型本科教学中的考核模式改革与实践[J].计算机教育,2019(01):108-110+115.

[41] 王贺.应用型本科高校"一流"学科建设中学科、专业、课程的关系探析[J].高教学刊,2019(01):12-14+17.

[42] 房敏.课程建设视角下应用型本科高校学科专业一体化建设的基本路径研究[J].云南农业大学学报(社会科学),2019(01):105-110.

[43] 梁琳.地方应用型本科院校转型发展中学分制的实施[J].教育教学论坛,2019(04):248-249.

[44] 杨鸣.浅谈高校本科教学改革[J].学周刊,2019(09):14-15.

[45] 马云鹏.深度学习视域下的课堂变革[J].全球教育展望,2018,47(10):52-63.

［46］谭凤,唐滔.基于深度学习的课堂教学策略研究[J].当代教育实践与教学研究(电子刊),2018(11)：832.

［47］郑茜茜,白福宝,杨柳.大学生学习拖延类型与压力知觉、压力应对策略的关系[J].太原城市职业技术学院学报,2018(7)：94-95.

［48］吴金凤.增加课堂的饱和度和有效性[J].中华活页文选(教师版),2017(4).

［49］卢晓东.论学习量[J].中国高教研究,2015(6)：38.

［50］季诚钧,张亚莉.高校课程地图的理念、要素与特征：基于台湾经验.[J].中国高教研究,2015(12).

［51］施晓秋,刘军."三位一体"课堂教学模式改革实践[J].中国大学教学,2015(8).

［52］田绪红,邝颖杰,肖磊,刘财兴.大数据应用人才的知识、能力、素质结构及其培养[J].计算机教育,2017(08)：57-60.

［53］陈敏,陈伯望,江学良.从教与学的辩证关系谈工程专业学生自主学习能力培养[J].当代教育理论与实践,2016(12).

［54］王新武,王北方.新建本科院校转型发展中三位一体实践教学平台的建设与应用[J].实验技术与管理,2018,35(11)：164-166+216.

［55］张义,宛楠,刘涛.启发式教学法在C语言程序设计教学中的应用[J].电脑知识与技术,2013,9(19)：4478-4480.

［56］杨洪,李知遥,张志强.数据科学与大数据技术专业实践能力培养体系的探索与实践[J].成都大学学报(社会科学版),2018(03)：106-112.

［57］施晓秋.遵循专业认证OBE理念的课程教学设计与实施[J].高等工程教育研究,2018(05)：154-160.

［58］陆昌勤,方俐洛,凌文辁.组织行为学中自我效能感研究的历史、现状与思考[J].心理科学,2002,25(3)：345-346.

［59］何昭青.促进大学生积极人格发展的课程教学策略[J].渭南师范学院学报,2014,29(19)：63-65.

［60］凡文吉.大学课程资本视野下我国高校课程管理的改革研究[D].湖南：湖南师范大学博士学位论文,2016.

［61］安国琴.后现代课程评价研究[D].重庆：西南大学硕士学位论文,2014.

［62］贾楠.基于翻转课堂的高校教学模式改革研究[D].辽宁师范大学硕士论文,2017(5).

［63］史航.基于学生个性发展的高校课程设置研究[D].江苏大学硕士论文,2017(6).

［64］赵娟.当前我国大学课程设计的问题及优化[D].湖南师范大学,2010.

［65］牛畅.中美两国研究型大学本科生课程之比较[D].南京师范大学,2008.

［66］李学丽.高等教育大众化阶段大学生学习质量问题研究以山东省某高校为例[D].山东师范大学,2010.

［67］万文龙.博客在大学英语教学中应用的构想[J].河南科技学院学报,2010(12).

［68］刘翔宇.核心能力、建构主义与三亚学院《财务管理学》教学实践[J].时代金融,2016(11).

［69］毛茜.英语项目教学的理论与实践[J].湖北经济学院学报(人文社会科学版),2011(11).

［70］曾敏.教师共情能力训练研究[D].西南大学硕士论文,2012：1.

［71］孙婷.基于教学满意度的本科教学优化策略研究[D].苏州大学,2016.

［72］王永会.地方高校本科生学风调查与学风建设研究[D].河北科技大学,2019.

［73］戴维·米德伍得,尼尔·伯顿.课程管理[M].吕良环,译.杭州：浙江教育出版社,2008.

［74］ 王向红. 中国高等教育评估质量保证研究［M］. 北京：中央编译出版社，2017.

［75］ 美国中部州高等教育委员会. 美国高等教育质量认证与评估［M］. 北京：北京大学出版社，2013.

［76］ 梁忠环. 民办高等教育教学质量保障体系研究［M］. 山东：中国海洋大学大学出版社，2012.

［77］ 特伦斯. W. 拜高尔克. 亚太地区高等教育：质量与公共利益［M］. 上海：华东师范大学出版社，2012.

［78］ 小威廉·E. 多尔. 后现代课程观［M］. 王红宇，译. 北京：教育科学出版社，2015.

［79］ 潘懋元. 应用型人才培养的理论与实践［M］. 福建：厦门大学出版社，2011.

［80］ 施良方. 课程理论课程的基础、原理与问题［M］. 北京：教育科学出版社，1996.

［81］ 于歆杰. 以学生为中心的教与学——利用慕课资源实施翻转课堂的实践（第2版）［M］. 北京：高等教育出版社，2017.

［82］ 彭聃龄. 普通心理学（修订）［M］. 北京：北京师范大学出版社，2004.

［83］ 刘吉林. 教育智慧引论［M］. 山东：山东教育出版社，2009.

［84］ 谢祥清. 素质教育教程［M］. 湖南：湖南师范大学出版社，2010.

［85］ 潘懋元. 高等教育学［M］. 福建：福建教育出版社，1995.

［86］ 薛天祥. 高等教育学［M］. 广西：广西师范大学出版社，2001.

［87］ 谢安邦. 高等教育学［M］. 北京：高等教育出版社，1999.

［88］ 陈玉琨. 课程改革与课程评价［M］. 北京：教育科学出版社，2001.

［89］ 布鲁姆. 教育目标分类学［M］. 北京：外语教学与研究出版社.

［90］ Pace, C. R. Achievement and the Quality of Student Effort［M］. Washington D. C：Department of Education, 1982.

［91］ Chickerig, A. W. , Gamson, Z. F. Seven Principles for Good Practice in Undergraduate Education［J］. AAHE Bulletin, 1987.

［92］ Kuh, G. D. Assessing What Really Matters to Student Learning［J］. Change. 2001,33(3)：10 - 17.

［93］ Peart, N. A. , Campbell, F. A. At-risk Students' Perceptions of Teacher Effectivenes［J］. Journal for aJust and Caring Education, 1999,5(3)：269 - 284.

［94］ Titchener. E. Elementary psychology of the thought progress［J］. 1990. New York：Macmillan, 211 - 217.